JN083354

河合塾
SERIES

マーク式 基礎問題集

公共

河合塾講師
金城 透・秦野 勝・吉見直倫
…[共著]

河合出版

はじめに

　本書は，大学入試科目の「公共」（主として大学入学共通テストにて出題される『公共』）で求められる「思考力・判断力・表現力」の確固とした土台づくりをねらいとした問題集です。

　「思考力・判断力」を十分に発揮するためには，その基礎となる知識が必要となります。その知識の土台づくりに役立つ基本テキストは，やはり教科書であり，入試対策の第一歩は教科書に書かれた内容の理解といえます。教科書の内容を十分に理解できているかどうかを確認するためには，問題演習が欠かせません。本書は，その確かな土台づくりを，効果的・効率的に行えるように編まれています。

　「公共」の教科書は，三つの編からなっています。教科書会社間で各編のテーマの名称に違いが見られますが，基本的には，第1編は「公共の扉」，第2編は「自立した主体としてよりよい社会の形成に参画する私たち」，第3編は「持続可能な社会づくりに参画するために」の三編構成となっています。第1編では倫理分野と政治分野の一部が，第2編では政治分野の一部と経済分野，国際分野が，第3編では課題探究学習分野が，それぞれ扱われています。本書は，そうした教科書で扱われる編構成に従い，それぞれの分野の問題を配置しています。また，それぞれの分野ごとに *step 1* と *step 2* を設け，段階的に学習できるように配慮しました（*step 1* にはそれぞれの分野の基本事項を確認するための問題を，*step 2* には総合的な問題を配置しました）。

　本書は次のような手順で利用すると，効果的・効率的な土台づくりができると思います。

・第一に，教科書あるいはそれに類する参考書を使って，基本事項の習得を図りましょう。

・第二に，その知識を土台に，本書を利用して，問題を解きながら，学習してきた知識の習得の度合いを確認するとともに，基礎力・応用力を磨いていきましょう。その際，正解が導きだせるということだけでなく，その他の選択肢に関しても，解説を参考にして知識を広げる材料として利用するという学習姿勢が大切です。

・第三に，もう一度，教科書に立ち戻って，周辺的な知識を含めて再確認を行いましょう。この演習⇒再確認という作業の繰り返しが確実な知識習得の近道です。

　本書を有効に利用し，目標とする得点をあげられることを祈念しています。

目　次

第3編　持続可能な社会づくりに参画するために　　　　145

第 1 編

公共の扉

第1章　公共的な空間をつくる私たち

step 1

1-1 現代社会に生きる青年

問1　青年期に関する記述として最も適当なものを，次の①～④のうちから一つ選べ。　1

①　児童期から青年期への移行に伴って現れる，身体的な性差の様々な特徴は，第一次性徴と呼ばれる。

②　ハヴィガーストは，青年期を迎える前にあらかじめ達成しておくべき課題の一つとして，職業の選択やそのための準備を挙げた。

③　青年期の始まりと終わりの時期は，時代や文化が異なったとしても一定であるとされる。

④　レヴィンは，子どもと大人いずれの集団にも安定的には属しにくい特徴を捉えて，青年期にある人をマージナル・マンと呼んだ。

問2　次の文章中の　A　～　C　に入る語句や人名の組合せとして最も適当なものを，後の①～⑧のうちから一つ選べ。　2

　青年期から成人期への移行に際しては，成年式等，大人への仲間入りの儀礼，すなわち　A　を経験するように，社会から求められることがある。さらには，青年自身が自分らしさの確立に向けて取り組むことも，重視されてきた。例えば，心理・社会的な発達理論を提起した　B　は，青年期の発達課題の一つとして，時間の流れのなかで，様々な場面にわたり，自分が自分であることの確信を得ることを挙げた。こうした課題が達成されない様子を指して，彼は　C　と呼んだ。

①　A　モラトリアム　　B　エリクソン　　C　第二反抗期
②　A　モラトリアム　　B　エリクソン　　C　アイデンティティ拡散
③　A　モラトリアム　　B　フロイト　　C　第二反抗期
④　A　モラトリアム　　B　フロイト　　C　アイデンティティ拡散
⑤　A　イニシエーション　　B　エリクソン　　C　第二反抗期
⑥　A　イニシエーション　　B　エリクソン　　C　アイデンティティ拡散
⑦　A　イニシエーション　　B　フロイト　　C　第二反抗期
⑧　A　イニシエーション　　B　フロイト　　C　アイデンティティ拡散

問3　マズローは，人間の欲求は次の**図**のような階層構造を成すという考えを提唱している。欲求の内容を説明した記述**ア〜ウ**と，**図**中の**A〜C**にあてはまる欲求との組合せとして最も適当なものを，後の**①〜⑥**のうちから一つ選べ。　3

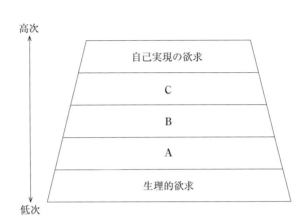

ア　自分を尊敬したり，他者から認められたりしたいという欲求

イ　他者と関わり，自分が所属する集団に受け入れてほしいという欲求

ウ　危険を避けて，安全に暮らしていきたいという欲求

① **ア**−A　　**イ**−B　　**ウ**−C　　　② **ア**−A　　**イ**−C　　**ウ**−B

③ **ア**−B　　**イ**−A　　**ウ**−C　　　④ **ア**−B　　**イ**−C　　**ウ**−A

⑤ **ア**−C　　**イ**−A　　**ウ**−B　　　⑥ **ア**−C　　**イ**−B　　**ウ**−A

問4　心の揺らぎへの無意識的な対処である防衛機制（防衛反応）に関する記述として**適当でないもの**を，次の**①〜④**のうちから一つ選べ。　4

① 現在の行動や思考などから，それ以前の未熟な段階の行動や思考などに逆戻りすることは，退行と呼ばれる。

② 受け入れがたい感情や考えを，反対のものに置き換えて行動することは，反動形成と呼ばれる。

③ 自らの心のなかにある感情や気もちを，他者がもっているものとして認知することは，昇華と呼ばれる。

④ 欲求が満たされないことを，もっともらしい理由をつけて正当化することは，合理化と呼ばれる。

問5　次の文章中の　A　～　C　に入る語句の組合せとして最も適当なものを，後の①～⑧のうちから一つ選べ。　5

　キャリアの開発とは，職場での技能習得や，昇進や転職等による地位向上だけではない。キャリアとは，職業生活を中核として，　A　築かれる経歴のことであり，余暇など，仕事以外の生活を　B　。高校や大学などの在学時に教育の一環として職場就労体験を得る　C　は，生徒や学生にとっては，職種や業務を理解し，自分の職業上の適性を把握し，働くことのイメージを形成する，貴重な機会である。そうした機会を利用して，将来に向けて自らのキャリアを考えていく必要がある。

① 　A　生涯にわたって　　　　B　含まない　　　C　インターンシップ
② 　A　生涯にわたって　　　　B　含まない　　　C　ワークシェアリング
③ 　A　生涯にわたって　　　　B　含　む　　　　C　インターンシップ
④ 　A　生涯にわたって　　　　B　含　む　　　　C　ワークシェアリング
⑤ 　A　在職期間に限って　　　B　含まない　　　C　インターンシップ
⑥ 　A　在職期間に限って　　　B　含まない　　　C　ワークシェアリング
⑦ 　A　在職期間に限って　　　B　含　む　　　　C　インターンシップ
⑧ 　A　在職期間に限って　　　B　含　む　　　　C　ワークシェアリング

1－2　伝統と文化

問6　日本における宗教や文化をめぐる考え方に関する記述ア～ウと，それらに対応する名称A～Cとの組合せとして最も適当なものを，後の①～⑥のうちから一つ選べ。　6

　ア　自然界に存在する様々なものには生命が宿っているとして，これらを崇拝する古代からの宗教意識。
　イ　鎌倉時代に，武士や民衆の間で広まった，「南無阿弥陀仏」と念仏を称えれば救われるという，仏教の考えの一つ。
　ウ　国学において，社会の秩序を意識してきたとされる，人が生まれつきもつ自然な心情。

A　真　心　　　　B　アニミズム　　　C　絶対他力

① ア－A　イ－B　ウ－C　　② ア－A　イ－C　ウ－B

③ ア－B　イ－A　ウ－C　　④ ア－B　イ－C　ウ－A

⑤ ア－C　イ－A　ウ－B　　⑥ ア－C　イ－B　ウ－A

問7　各国の社会において信仰されている宗教に関する記述として最も適当なものを，次の①～④のうちから一つ選べ。　[　7　]

① 神道において信仰される八百万（やおよろず）の神は，事物や現象などすべての自然物に宿る霊的存在を統合した人格神である。

② イスラーム教における五行には，信仰告白・礼拝・喜捨がいずれも含まれている。

③ キリスト教において救世主とされるイエスは，十戒の啓示を神から授かり，人々は神の戒めである律法を遵守すべきであると説いた。

④ 仏教を開いたゴータマ＝ブッダは，人の生における苦の原因の一つとして，縁起の法に無知な状態を意味する涅槃（ねはん）があると説いた。

問8　世界には様々な文化があり，文化を異にする人々が暮らしている。文化の多様性に対する考え方A・Bと，その具体的な例の記述ア～エの組合せとして最も適当なものを，後の①～⑥のうちから一つ選べ。　[　8　]

A　文化相対主義　　　　B　エスノセントリズム

ア 日本は経済成長率の高い国を手本にして，その国の文化を積極的に取り入れるべきだ。

イ 日本の文化と他国の文化の良い所のみを取り出して，理想的な文化を構築するのがよい。

ウ 日本の文化が固有の価値をもつように，他国の文化にもそれぞれ固有の価値があるので，文化に優劣をつけるべきではない。

エ 日本の伝統や文化は世界で最も優れているので，自国の文化を大切にし，他国の文化の影響を受けないようにすべきだ。

① A－ア　B－イ　　② A－ア　B－エ　　③ A－イ　B－ア

④ A－イ　B－ウ　　⑤ A－ウ　B－イ　　⑥ A－ウ　B－エ

step 2

　ある高校生による次の読書感想文を読み，後の問い（**問1 ～ 4**）に答えよ。

　私はこの冬休みに『カラマーゾフの兄弟』を読みました。とても長い小説で，読み終わるのに休み全部かかりました。でもドストエフスキーの描き出す世界に強くひかれ，_ⓐ正月にお雑煮を食べるのもそこそこに読みふけりました。
　この小説の舞台は，私のふだんの生活とは縁遠い_ⓑ19世紀のロシアです。それでも登場人物たちの声はひしめき合って，私に生々しく迫ってきました。カラマーゾフの三兄弟も，父フョードルも，ゾシマ長老も，カテリーナやグルーシェニカらの女性たちも，男らしさや女らしさが際立っており，今思い返してみても，それぞれの性格がくっきりとした輪郭をもって浮かび上がってきます。
　ただ，次男のイワンが彼の無神論を語るくだりや，ゾシマ長老による独特の神の捉え方や宗教観は，正直言って私の理解をはるかに超えるものでした。このような発想は，やはり_ⓒキリスト教に由来するものなのでしょうか。宗教に馴染みの無い私にとって，こうした議論はまるで別世界のことのようでした。
　とはいえ，宗教的なことはよく分かりませんが，この小説が捉えようとしているのは，人間の感覚が届かないところにある物事の根本だろうということは窺われました。このような物事の根本を，古今東西いろんな形で考えてきた人たちについて，学校で少し習いましたが，ドストエフスキーもそんな一人なのですね。それから三男アリョーシャの無垢な心は，時代を超えて私の心にもしみじみと響くものがありました。私も彼と同じ_ⓓ青年期にあるせいかもしれません。
　今回の読書を通じて，優れた小説は社会の様々な問題を描き出していることを実感しました。これまで私は，文学や音楽を何か特別な場所で閉じているもののように思っていましたが，これからはもっと芸術と社会のかかわりに目を向ける必要を感じています。それからこの小説を読んで，作者のドストエフスキー自身に興味をもつようになりました。次は，彼の伝記を読みたいと思っています。

問1　下線部ⓐに関連して，日本の年中行事として最も適当なものを，次の①～④のうちから一つ選べ。　**9**
　①　お食い初め　　②　初七日　　③　十三夜　　④　米　寿

問2　下線部ⓑに関連して，19世紀ロシアの文化を多文化主義や文化相対主義の立場から理解しようとするとき，その態度として最も適当なものを，次の①〜④のうちから一つ選べ。　10

①　100年以上も前の時代なので，それだけ文化が遅れた発展段階にあるという前提で，この文化を理解しようとする。

②　当時において最も文化が進んでいた地域はヨーロッパなので，ヨーロッパを中心とした尺度から，この文化を理解しようとする。

③　日本人であれば日本の文化によく馴染んでいるので，日本文化に基づくエスノセントリズムの視点から，この文化を理解しようとする。

④　文化は時代や地域で様々に異なるので，それぞれの歴史や社会背景を探りながら，この文化を理解しようとする。

問3　下線部ⓒに関する記述として最も適当なものを，次の①〜④のうちから一つ選べ。　11

①　ヨーロッパや南北アメリカばかりではなく，アジアでも一部の国では広く信仰されている。

②　自然界のあらゆるものに霊的な存在が宿っているとする，アニミズムの信仰である。

③　1年のうち1か月間を断食の時期とし，その期間の日中は飲食を慎むよう定めている。

④　仏教やイスラム教と並んで三大世界宗教と呼ばれ，この三つのなかで最後に確立した宗教である。

問4　下線部ⓓに関連する記述として最も適当なものを，次の①〜④のうちから一つ選べ。　12

①　レヴィンは，青年が子どもと大人の二つの時期に挟まれ，そのどちらにも属さない中間的なものであることから，青年を境界人と名づけた。

②　主として青年期において明確となるような，性差を示す身体的な変化の諸特徴は，第一次性徴と呼ばれる。

③　ルソーは，青年期において，大人としての責任や義務が，社会から猶予されることを，心理・社会的モラトリアムと名づけた。

④　青年期において，自己の連続性や一貫性などの感覚をもてるようになるという心理・社会的な発達課題は，安全欲求の達成と呼ばれる。

第2章　公共的な空間における人間としてのあり方生き方

step 1

2－1　先哲の思想

問1　人と社会のあり方についての主張や思想に関する記述として**適当でないも**のを，次の①〜④のうちから一つ選べ。　| 1 |

① アリストテレスは，人は本来的に共に生きる存在である「社会的動物」であるとし，人々が共に生きる上では正義が重要であると考えた。

② プラトンは，生産者階級が統治者階級と防衛者階級を統制すべきであると考え，哲学者が統治する哲人政治を否定した。

③ ベンサムは，最も多くの人々に最も大きな幸福をもたらす行為が最善であると考え，「最大多数の最大幸福」を唱えた。

④ サルトルは，人は自由であるがゆえにその行動に責任があり，個人として生きることは同時に「社会参加」して生きることを意味すると考えた。

問2　人と社会のあり方についての主張や思想に関する記述として**適当でないも**のを，次の①〜④のうちから一つ選べ。　| 2 |

① ロールズは，恵まれない人々の状況が改善されるという条件のもとでのみ，生まれつき恵まれた人々がその利益を得ることが許容されるという考え方を示した。

② J.S.ミルは，人は自由であるためにその行動に責任があり，個人として生きることは同時に「アンガジュマン」を意味するものであると考えた。

③ ハーバーマスは，「コミュニケーション的行為」という概念を基に，対話による合意の形成や，理性的な社会秩序の構築の重要性を唱えた。

④ センは，豊かな生活の実現を考える上で，人間の潜在能力（ケイパビリティ）に着目する必要性を主張した。

問3　知識や思考方法に関する記述として最も適当なものを，次の①〜④のうちから一つ選べ。　| 3 |

① ソクラテスは，善などについて完全には知っていないということの自覚が，真の知識への出発点であると主張した。

② アリストテレスは，人間は考える葦であり，思考することのうちに人間の尊厳があると主張した。

③　観察や実験によって得られた様々な事実を基にして，それらに共通する一般的法則を見いだす思考方法は，弁証法と呼ばれる。

④　近代において，人間は自分たちのために自然を利用できる存在であるという人間中心主義の考え方が衰退したので，科学技術が発達したとされる。

問 4　日本における信仰や思想に関する記述として最も適当なものを，次の①〜④のうちから一つ選べ。　**4**

①　法然は，「南無妙法蓮華経」の題目を唱え，来世ではなく現世に仏の世界を実現することを説いた。

②　道元は，阿弥陀仏の広大な慈悲の力に身を任せるという，絶対他力の教えを説いた。

③　内村鑑三は，外国から伝わったキリスト教を日本の武士道に接合することを，提唱した。

④　国学において，日本の古代の神々のことばや行動にみられる理想的な生き方は，漢意と呼ばれる。

2 - 2　環境倫理・生命倫理

問 5　人間にとっての自然のかけがえのなさや人間と自然のつながりに関する概念を表す次の記述 a・b と，それらに対応する語句ア〜ウの組合せとして最も適当なものを，後の①〜⑥のうちから一つ選べ。　**5**

a　将来にわたって人類が閉じ込められた空間の中で生きることを前提とし，その中で環境に負荷をかけ過ぎることに警鐘を鳴らすために，ボールディングが用いた概念

b　異なる種の間や同じ種のなかなどにある豊かな差異のことであり，人間にとっては遺伝資源として保全すべき価値をもつものを示す概念

ア　宇宙船地球号　　　イ　共有地の悲劇　　　ウ　生物多様性

①　a −ア　b −イ　　②　a −ア　b −ウ　　③　a −イ　b −ア

④　a −イ　b −ウ　　⑤　a −ウ　b −ア　　⑥　a −ウ　b −イ

問6　医療に関する自己決定に関連して，次の語句A〜Cと，それらに対応する記述ア〜ウの組合せとして最も適当なものを，後の①〜⑥のうちから一つ選べ。　6

A　インフォームド・コンセント
B　リプロダクティブ・ヘルス／ライツ
C　リヴィング・ウィル

ア　医師が専門的知見に基づいて病状や治療内容を患者に説明し，患者自身が同意した上で治療を選択すること。
イ　患者が将来，自身の意思を表明できなくなったときのために，延命治療を含む死のあり方に関する意向を，あらかじめ文書により表明しておくこと。
ウ　子どもを産むか産まないか，産むとしたらいつ，何人産むのかといった性や生殖に関する事柄を，女性が自ら決定すること。

①	A－ア	B－イ	C－ウ	②	A－ア	B－ウ	C－イ
③	A－イ	B－ア	C－ウ	④	A－イ	B－ウ	C－ア
⑤	A－ウ	B－ア	C－イ	⑥	A－ウ	B－イ	C－ア

問7　高校生のモリさんは公共の授業で日本における臓器移植について学習した際，2009年の臓器移植法改正後，臓器を提供する側のドナーについて，どのような条件があれば臓器提供が行われるのかに関心をもち，調べてみた。ドナー候補が臓器提供について書面による有効な意思表示をしていない場合に着目し，ドナー候補の年齢と臓器提供への家族の承諾の有無という二つの条件で分類して，次の**表**のケースA〜Dを考えた。このうち，脳死判定後に臓器を提供できるケースの組合せとして最も適当なものを，後の①〜⑨のうちから一つ選べ。　7

	ドナー候補	臓器提供への家族の承諾
A	15歳以上	有
B	15歳以上	無
C	15歳未満	有
D	15歳未満	無

① 　AとBとCとD
② 　AとBとC
③ 　AとB
④ 　AとC
⑤ 　A
⑥ 　B
⑦ 　C
⑧ 　D
⑨ 　提供できるケースはない

step 2

・・・・・・・・・・・・・・・・・・・・・・・・

以下の$\boxed{\text{I}}$・$\boxed{\text{II}}$を読み，後の問い（**問1～5**）に答えよ。

$\boxed{\text{I}}$　「公共」の授業が始まった頃に先生が，社会で起こる問題を考える際に手掛かりとなる次の【**考え方A**】・【**考え方B**】と，様々な制度や政策を紹介してくれた。そして，問題を自分で考え，結論を導き出すことの大切さについて話してくれた。

【**考え方A**】

　幸福な社会は，どのようにすれば実現できるだろう。そもそも人はどんなときに幸福を感じるだろうか。それは，楽しいことや快適なことがあったときではないか。反対に，人は苦痛を感じるときに不幸なのではないか。

　人間の基本的な性質がこのようなものであるなら，「快」の量が多いほど，また「苦」の量が少ないほど，その社会は幸福な社会ということになる。「快」と「苦」は量として測定でき，幸福の量を計算することが可能であれば，「快」の総量から「苦」の総量を差し引いたものを，幸福量と見なすことができる。

　そうであるなら，社会全体の幸福量を最大にすることによって，幸福な社会が実現できることになる。

【**考え方B**】

　望ましい社会を構想する場合，正義とは何か，公正な社会はどのようにあるべきか，という問いに答えなければならないのではないか。そのために思考実験をしてみよう。

　自分がどのような境遇になるか分からず，また，境遇を決めることもできないという条件で，生まれ変わることができるとする。この場合，自由が奪われた境遇や，恵まれない境遇に生まれ変わりたいなどと，ほとんどの人は思わないだろう。

　そうであるなら，社会の全メンバーの自由を最大限尊重しつつも，実際に恵まれない境遇にある人に対して，生活を改善していくような社会が望ましいことになる。

問１　【考え方Ａ】には，ある基本的な考え方が含まれている。それは次のうちどれか。最も適当なものを，次の①〜④のうちから一つ選べ。　8

　①　個々人によって幸福の感じ方は異なる。

　②　個々人に幸福を平等に分配しなければならない。

　③　個々人には幸福を求める義務が最初からある。

　④　個々人の幸福は足し合わせることができる。

問２　【考え方Ｂ】には，ある基本的な考え方が含まれている。それは次のうちどれか。最も適当なものを，次の①〜④のうちから一つ選べ。　9

　①　人間はみな自分が生まれた社会の影響を受けながら育つのだから，現在の自分の境遇に対して社会が責任をもつべきである。

　②　人間はみな生まれたときの環境はそれぞれ別々で，一人ひとりは独自の存在なのだから，各々の現在の境遇を個性だと考えるべきである。

　③　人間は人生を自分で選んで決定しているのだから，その意味ではみな現在の自分の境遇に対して自分が責任をもつべきである。

　④　人間はどのような境遇に生まれるかを自分で選んだわけではないのだから，その意味ではみな同じだと考えるべきである。

問３　制度や政策には，様々な考え方が背景にある。【考え方Ａ】と【考え方Ｂ】は，どのような制度や政策と関連しているか。それぞれについて，最も適当なものを，次の①〜④のうちから一つずつ選べ。

　【考え方Ａ】→　10

　【考え方Ｂ】→　11

　①　投票などで明らかになった多数者の意思に基づいて，政策の基本方針を決めるような制度

　②　累進課税によって所得を再分配するなどして，社会保障を充実させるような政策

　③　外国との間で，互いに旅行や学習，就労の機会が得られるようにするなど，異文化間の相互理解を促進するような制度

　④　様々な規制を緩和するなどして，経済活動の自由を最大限にすることを目的とするような政策

Ⅱ　次の会話文は，生徒Xと生徒Yが多様性と共通性に関して交わしたものである。なお，設問の都合上，XとYの各発言には番号を振っている。

X1：2021年に開催されたオリンピック・パラリンピックは「多様性」がテーマの一つだったね。「違いを認め合おう」とメッセージを発信していた。人種や民族，ⓐ文化，性別，宗教，地域，障害の有無等の違いを認め合おうということだね。

Y1：様々な「違い」が強調されるんだけど，それぞれが「同じ」尊厳ある人間だという共通性については，あまり強調しない。

X2：でも，人間はそれぞれの地域に固有の文化や伝統の中に生まれ落ち，その文化や伝統を糧にして育つ。だから人も社会も文化も違っていて多様なんだよね。

Y2：一方で，人間が生まれながらにもつとされる自然権や基本的人権といった権利が，多様な人間の共通性の基盤ともなっている。自然法を起点にして各種の法を捉えるという思想もある。

X3：その思想に近いものは，ほかにもあるのかな。

Y3：例えば，行為の善さは行為の結果にあるのではなく，多様な人々に共通している人格を尊重しようとする意志の自由にあるという思想が挙げられる。この思想を唱える哲学者は，すべての人には地表を共同で所有する権利があるのだから，どんな人にも外国を「訪問する権利」があると言っている。

問4　多様性と共通性に関する生徒Xと生徒Yの会話文について，次のア〜エの考えのうち，Y3の発言にある「この思想を唱える哲学者」の考えとして最も適当なものを，後の①〜④のうちから一つ選べ。　12

　ア　人間は自分で自分のあり方を選択していく自由な存在であると同時に，自分の選択の結果に対して責任を負う存在でもある。個人の選択は社会全体のあり方にも影響を与えるので，社会への参加，すなわち「アンガジュマン」を通して個人は社会に対して責任を負う，という考え。

　イ　人間はこの世界では不完全で有限だが，この世界に生まれる以前，魂は，完全で永遠な「イデア」の世界にあったので，この世界においても，魂は，イデアへの憧れをもっている。その憧れが哲学の精神であり，統治者がこの精神をもつことによって，理想的ですぐれた国家が実現できる，という考え。

　ウ　人間は各々個別の共同体で育ち，共同体内で認められることで自己を形

成する。それゆえ，個人にとっての善と共同体にとっての善とは切り離すことができず，各共同体内で共有される「共通善（公共善）」とのつながりによって，個人の幸福で充実した生は実現する，という考え。

エ　人間は自己を目的として生きており，どんな相手をも手段としてのみ利用してはならない。この道徳法則に従うことを義務として自らを律する人々が形成する社会を普遍的な理念とするべきであり，「永遠平和」を実現するためには，この理念を国際社会にも拡大すべき，という考え。

① ア　　② イ　　③ ウ　　④ エ

問5　下線部ⓐに関連して，生徒Xは，文化の多様性について考える手始めとして，日本の食文化について調べることにした。そして，日常の食生活を振り返り，食事のときに使う「いただきます」，「ごちそうさま」という言葉や，「もったいない」という言葉の意味を調べてみた。学校の図書室で資料を探したところ，道元が食事の前に五つの言葉を唱えるようにしたことを見つけた。次の五つの言葉の**現代語訳**と後の生徒Xが作成した**メモ**を読み，　X　・　Y　に入る記述の組合せとして最も適当なものを，後の①〜⑥のうちから一つ選べ。　13

現代語訳

> 一つ，目前の食事にはどれだけ多くの手数がかかっているかを考えます。
> 二つ，自分がこの食物を食べるのにふさわしい者であるかを考えます。
> 三つ，迷いの心や過ちから離れるためには貪りをなくすことが大切なので，食事にあたっても貪りを起こさないようにします。
> 四つ，食事は薬のようなもので，体の健康を保つためのものだと自覚し，貪らないようにします。
> 五つ，仏道を成就するためにこの食事を受け取ることを自覚します。
> （道元『赴粥飯法』より）

メ モ

　　この五つの言葉は，道元が日本に紹介したものだ。第一の言葉は， X の考え方に基づいている。つまり，自分の目の前の食事は，多くの人の手によって，今，ここにある。皆が手をかけてくれた物だから「もったいない」し，食事作りに携わってくれた人や食材そのものに感謝と敬意を込めて「いただく」という謙譲語を使う。「ごちそうさま」は「御馳走様」と書き，食事を用意するために奔走してくれた人への感謝を示す。

　　また，第二，第五の言葉から道元が，食とは， Y て仏道を成就する営みを支えるためのものであり，自分自身が食を受けるに値するかどうかを省みるべきだと考えていたことが，第三，第四の言葉からは，食は，あくまでも体を健康に保つためのものであり貪るべきではないと考えていたことが分かる。

　　こうした道元の食に対する姿勢は，感謝しつつ命を頂くというような日本人の食に対する意識の形成にも影響を与えている。

① X　すべては諸原因や諸条件が関係し合って成立するという縁起
　　Y　題目をとなえ
② X　すべては諸原因や諸条件が関係し合って成立するという縁起
　　Y　もっぱら念仏し
③ X　すべては諸原因や諸条件が関係し合って成立するという縁起
　　Y　ひたすら坐禅し
④ X　自分の肉体も含めすべては生じては滅びていくという諸行無常
　　Y　題目をとなえ
⑤ X　自分の肉体も含めすべては生じては滅びていくという諸行無常
　　Y　もっぱら念仏し
⑥ X　自分の肉体も含めすべては生じては滅びていくという諸行無常
　　Y　ひたすら坐禅し

第３章　公共的な空間における基本原理

step 1

3－1　民主政治の基本原理

問1　近代立憲主義の考え方に影響を与えている思想の説明として**誤っているも
の**を，次の①～④のうちから一つ選べ。 1

① ロックは，人間は，生命・自由・財産に対する権利を国家から与えられ
ている，とした。

② ルソーは，政府は人民の契約によって創設されるという考えに立ち，主
権者である人民の「一般意志」を強調した。

③ モンテスキューは，権力の濫用を防ぐためには，立法権・執行権（行政
権）・司法権の三権の分立が必要である，とした。

④ ホッブズは，人間は，自然状態における「万人の万人に対する闘争」を
避けるために契約を結んで国家をつくる，とした。

問2　日本国憲法にも表れている立憲主義や人権という考え方は，歴史のなかで
発展してきたものといえる。後のＡ～Ｃは，立憲主義や人権に関する18世
紀の宣言や文書の原文訳の一部を抜粋した**カード**である。次の**ア～ウ**の記述
とそれに合致するＡ～Ｃの組合せとして最も適当なものを，後の①～⑥のう
ちから一つ選べ。 2

ア 人は生まれながらに人権を有していることを示したもの

イ 何が（近代）立憲主義にとっての本質的な条件かを示したもの

ウ 抵抗権が存在することを示したもの

Ａ 権利の保障が確保されず，権力の分立が規定されないすべての社会は，
憲法をもつものではない。

Ｂ いかなる政治の形体といえども，もしこれらの〔一定の奪うことのでき
ない権利を確保するという〕目的を毀損するものとなった場合には，人民
はそれを改廃し，新たな政府を組織する権利を有する。(注)表現を一部
補っている。

Ｃ すべて人は生来ひとしく自由かつ独立しており，一定の生来の権利を有
するものである。

① 　ア－A 　　　イ－B 　　　ウ－C
② 　ア－A 　　　イ－C 　　　ウ－B
③ 　ア－B 　　　イ－A 　　　ウ－C
④ 　ア－B 　　　イ－C 　　　ウ－A
⑤ 　ア－C 　　　イ－A 　　　ウ－B
⑥ 　ア－C 　　　イ－B 　　　ウ－A

3－2　各国の政治制度

問3　各国の政治制度に関する記述として最も適当なものを，次の①～④のうちから一つ選べ。　3

① 　イギリスでは，議会で制定された法律の合憲性を審査する権限が裁判所に与えられている。

② 　中国では，国家の最高権力機関である国務院は，間接選挙によって選ばれた国民の代表から構成されているが，国家主席の指名権をもたない。

③ 　アメリカでは，大統領は連邦議会の解散権をもっておらず，連邦議会も大統領の不信任決議権をもたない。

④ 　経済発展を最優先して国民の民主的な政治参加を抑制する開発独裁体制は，韓国にはこれまで存在しなかった。

3－3　日本国憲法の基本原理

問4　日本は間接民主制を基本としているが，部分的に直接民主制的手続も採用している。この直接民主制的手続に関する記述として最も適当なものを，次の①～④のうちから一つ選べ。　4

① 　日本国憲法には，特定の地方公共団体のみに適用される特別法に関する住民投票の規定がある。

② 　地方自治法には，住民が国会に対して法律の制定・改廃の請求を行うことを可能とする規定がある。

③ 　憲法改正には，特別の国民投票又は国会の定める選挙時に行われる投票においてその3分の2以上の賛成を必要とする。

④ 　有権者の一定数の署名を集めれば，選挙区から選出された国会議員の解職請求をすることができる。

問5　憲法とは国家の基本的な組織やあり方を決めた法である。日本では，1889年に大日本帝国憲法（明治憲法）が発布されたが，その内容は日本国憲法とは大きく異なる。大日本帝国憲法に関する記述として最も適当なものを，次の①〜④のうちから一つ選べ。　5

① 人権は生まれながらに与えられるものと考えられていたが，公共の福祉のための人権制約は可能であった。

② 地方自治が保障されていたが，地方自治体の事務の多くは国の指揮監督下で行う機関委任事務であった。

③ 軍の指揮監督と組織編成を行う権限は，文民統制の考え方の下，内閣総理大臣に与えられていた。

④ 司法権は裁判所に与えられていたが，天皇の名において行使されており，特別裁判所の設置も認められていた。

3 − 4　基本的人権の尊重

問6　基本的人権に関連する記述として**誤っているもの**を，次の①〜④のうちから一つ選べ。　6

① 大日本帝国憲法では，「臣民の権利」という名で，人権が今日と同じ程度に保障されていた。

② ポツダム宣言は，平和主義と民主主義に加えて，基本的人権の確立を要求していた。

③ 日本国憲法は，国民主権と平和主義と基本的人権の尊重をその基本原理としている。

④ ワイマール憲法では，自由権に加えて社会権も規定されていた。

問7　日本国憲法が保障する自由権とは**いえないもの**を，次の①〜⑤のうちから一つ選べ。　7

① 住居の不可侵　　② 拷問および残虐刑の禁止　　③ 財産権
④ 通信の秘密　　⑤ 請願権

問8　日本国憲法が規定する社会権といえるものを，次の①〜⑤のうちから一つ選べ。　8

① 公務員の選定・罷免権　　② 政教分離　　③ 刑事補償請求権
④ 黙秘権　　⑤ 勤労の権利

問9　日本国憲法が保障する平等権はたんに差別の禁止だけでなく，国家による実質的な平等の実現という意味を有する。後者の例に当たるものを，次の①～④のうちから一つ選べ。　9

① 　日本国憲法で，選挙人の資格は人種，信条，性別等によって差別してはならない，と規定していること。

② 　日本国憲法で，貴族の制度は認めない，と規定していること。

③ 　障害者雇用促進法で，障害者の雇用の促進を図っていること。

④ 　労働基準法で，国籍による差別を禁じていること。

問10　国民の政治参加に欠かすことのできない権利に関する記述として**適当でないもの**を，次の①～④のうちから一つ選べ。　10

① 　表現の自由には，民主政治を発展させる機能があるとされる。

② 　知る権利は，国民主権に資する権利であり，日本では情報公開法に明記されている。

③ 　請願権には，参政権を補完する機能があるとされる。

④ 　公務員の選定・罷免権は，国民固有の権利であり，日本国憲法に明記されている。

問11　日本の最高裁判所の判決に関する記述として最も適当なものを，次の①～④のうちから一つ選べ。　11

① 　空知太神社訴訟の最高裁判所判決では，市が神社に市有地を無償で使用させる行為は，政教分離原則に違反しないとされた。

② 　津地鎮祭訴訟の最高裁判所判決では，市が体育館の起工に際して公金を支出して行った神式の地鎮祭は，憲法が禁止する宗教的活動に当たるとされた。

③ 　最高裁判所は，父母，祖父母などを殺害する尊属殺人の規定について，その刑罰が普通殺人よりも極端に重いものであるとして，違憲であると判断したことがある。

④ 　最高裁判所は，教科書検定制度は検閲に当たり，違憲であると判断したことがある。

問 12　家族に関する日本の最高裁判所の判断として最も適当なものを，次の
①～④のうちから一つ選べ。　12

①　最高裁判所は，日本人の父と外国人の母との間に出生した子が出生後に
認知される場合において，父母の婚姻の有無によって子の国籍の取得条件
が変わる国籍法の規定は，憲法に違反しないとしている。

②　最高裁判所は，夫婦同姓を定める民法の規定について，それが憲法に違
反するとしている。

③　最高裁判所は，女性のみに再婚禁止期間を定める民法の規定について，
禁止期間のうち 100 日を超える部分については，憲法に違反するとしてい
る。

④　最高裁判所は，嫡出でない子（婚外子）の法定相続分を嫡出子の 2 分の 1
とする民法の規定について，それが憲法に違反しないとしている。

step 2

以下の Ⅰ ～ Ⅳ を読み，後の問い(**問1～11**)に答えよ。

Ⅰ　Kさんは，公共の授業ノートをカードにまとめる作業を始めた。

> **カードⅠ**：授業で習った三権分立のまとめ
> **ア**　国家権力を立法権，行政権(執行権)，司法権(裁判権)に分ける。
> **イ**　それら三つの権力を，それぞれ，議会，内閣(または大統領)，裁判所といった常設の機関が担う。
> **ウ**　三つの権力間で相互に，構成員の任命や罷免などを通じて，抑制・均衡を図る。

　すると，兄が大学の法思想史の講義のプリントを貸してくれた。Kさんはそれを読んで，モンテスキューが『法の精神』において展開した権力分立論に興味をもち，その特徴を**カードⅡ**にまとめた。

> **カードⅡ**：モンテスキューの権力分立論の特徴
> **A**　国家権力を立法権と執行権とに分けるだけでなく，執行権から，犯罪や個人間の紛争を裁く権力を裁判権として区別・分離する。
> **B**　立法権は貴族の議会と平民の議会が担い，執行権は君主が担う。裁判権は，常設の機関に担わせてはならない。職業的裁判官ではなく，一定の手続でその都度選択された人々が裁判を行う。
> **C**　立法権や執行権は，裁判権に対して，その構成員の任命や罷免を通じた介入をしないこととする。

問1　Kさんは，**カードⅠ**中の記述**ア**～**ウ**の内容を**カードⅡ**中の記述**A**～**C**の内容に照らし合わせてみた。そのうち，**ア**は，国家権力を立法権，行政権(執行権)，司法権(裁判権)の三権に分けるという内容面で，**A**に合致していると考えた。続けて，**イ**を**B**と，**ウ**を**C**と照らし合わせ，三権の分立のあり方に関する内容が合致しているか否かを検討した。合致していると考えられる記述の組合せとして最も適当なものを，次の①～④のうちから一つ選べ。
　　 13
　　① 　イとB，ウとC　　　② 　イとB
　　③ 　ウとC　　　　　　　④ 　合致しているものはない

問2　兄が貸してくれたプリントには，モンテスキューが影響を受けたイギリスのロックが『統治二論』で展開した権力分立論についても書かれていた。Kさんは「モンテスキューとロックの権力分立の考えを照らし合わせてみよう」と思い，ロックの考えの特徴を**カードⅢ**にまとめた。その上で，現代の政治体制について調べて，考察を加えた。**カードⅡ**と比較した場合の**カードⅢ**の特徴や，政治体制に関する記述AとBの正誤の組合せとして最も適当なものを，後の①〜④のうちから一つ選べ。　14

カードⅢ：ロックの権力分立論の特徴
・国家権力を，立法権と執行権とに区別・分離する。
・立法権は，議会が担う。
・執行権は，議会の定める法律に従わなければならない。（ただし，執行権のうち，外交と国防に関するものについては，法律によらずに決定できる。）

A　ロックの権力分立論は，モンテスキューと同様の観点から国家権力を三つに区別・分離するものであるといえる。
B　共産党の指導の下にある中国の権力集中制は，**カードⅢ**にまとめられている国家権力のあり方と合致する。

①　A－正　　　　B－正　　　②　A－正　　　　B－誤
③　A－誤　　　　B－正　　　④　A－誤　　　　B－誤

Ⅱ　次にKさんは，民主主義の政治体制と民主主義ではない政治体制の違いは何かを調べようと思い，学校の図書室に行き，アメリカの政治学者ダールの書籍を見つけた。

問3　ダールは「自由化（公的異議申立て）」と「包括性（参加）」という二つの次元の方向性を考えた。自由化（公的異議申立て）とは，政府に対する公然たる批判がどれだけ許容されているか，また政治をめぐる競争がどれだけ存在するかを指標とする次元である。包括性（参加）とは，選挙に参加する権利や公職に就く権利がどれだけ多くの人々に認められているかを指標とする次元である。その上で次の**図**を示し，自由化（公的異議申立て）の程度がより高まり，かつ，包括性（参加）がより高い体制が民主化した体制であると論じていた。

　そこでKさんは，ダールの議論を基にして民主化の具体的な事例を考えることにした。

　後の事例**ア〜ウ**は，それぞれ**図**中の**Ⅰ・Ⅱ**のいずれの移行をより推し進めていくと考えられるか。その組合せとして最も適当なものを，後の**①〜⑧**のうちから一つ選べ。　15

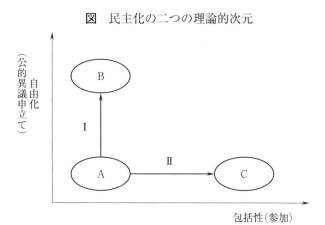

図　民主化の二つの理論的次元

ア　新聞への検閲制度が廃止された。
イ　男子制限選挙から男女普通選挙に移行した。
ウ　一党制から多党制に移行した。

① 　Ⅰ−ア，イ，ウ　　　　　　　Ⅱ−考えられるものはない
② 　Ⅰ−ア，イ　　　　　　　　　Ⅱ−ウ
③ 　Ⅰ−ア，ウ　　　　　　　　　Ⅱ−イ
④ 　Ⅰ−イ，ウ　　　　　　　　　Ⅱ−ア
⑤ 　Ⅰ−ア　　　　　　　　　　　Ⅱ−イ，ウ
⑥ 　Ⅰ−イ　　　　　　　　　　　Ⅱ−ア，ウ
⑦ 　Ⅰ−ウ　　　　　　　　　　　Ⅱ−ア，イ
⑧ 　Ⅰ−考えられるものはない　　Ⅱ−ア，イ，ウ

Ⅲ　さらに公共の授業で，選挙制度に興味を覚えたKさんは，様々な国の選挙結果を調べてみた。

問4　Kさんが調べてみたところ，第一党の得票率と議席率の差が10ポイント以上の国もあれば，2ポイント以下の国もあることが分かった。Kさんは，得票率と議席率の差が大きいことと民主主義は両立するのであろうかと疑問に思い，先生に質問した。すると，先生は民主主義国のなかでも，何を重視して選挙制度を設計するかに違いがあることを説明し，政治学者レイプハルトの研究を紹介した。レイプハルトの議論では，民主主義が多数決型民主主義とコンセンサス型民主主義の二つに区分され，選挙制度を含む10の側面が注目されている。

　Kさんは，レイプハルトの文献を参考にして，多数決型民主主義の特徴とコンセンサス型民主主義の特徴を比較するために次の**表**を自分で作成した。**表**の中の矢印の両端は，極限のかたちを示し，実際の政治制度は多数決型民主主義とコンセンサス型民主主義のどちらかの特徴をより強くもつ，あるいは同じようにもっている。Kさんは自分で作った**表**を参考にして，様々な国の政治制度を後のように当てはめてみた。そして，民主主義が一様ではないことを改めて理解した。

　後の文章の　ア　～　ウ　に入る語句の組合せとして最も適当なものを，後の①～⑧のうちから一つ選べ。　16

表　民主主義の二類型の特徴(10の側面のうち，3つのみを掲載)

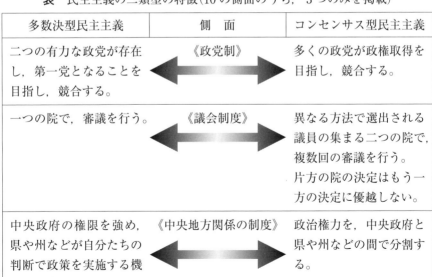

多数決型民主主義	側　面	コンセンサス型民主主義
二つの有力な政党が存在し，第一党となることを目指し，競合する。	《政党制》	多くの政党が政権取得を目指し，競合する。
一つの院で，審議を行う。	《議会制度》	異なる方法で選出される議員の集まる二つの院で，複数回の審議を行う。片方の院の決定はもう一方の決定に優越しない。
中央政府の権限を強め，県や州などが自分たちの判断で政策を実施する機会を限定的にする。	《中央地方関係の制度》	政治権力を，中央政府と県や州などの間で分割する。

　イギリスは，2019年の総選挙において，第一党である与党(議席率56.2%)と最大野党の両党で庶民院の87.4%の議席を占めた。ドイツは，2017年の総選挙において，第一党(議席率34.7%)と第二党の両党で連邦議会の56.3%の議席を占めた。これらの結果に関していえば，イギリスはドイツに比べて政党制の側面で　ア　型民主主義の特徴を有している。

　アメリカでは，上院議員は州の人口にかかわらず各州から2名ずつ選ばれる一方で，下院議員は人口調査に基づき各州の議員数が決まっている。また，片方の院の否決した法案をもう一方の院が再可決することはできない。この点では，アメリカは日本に比べて議会制度の側面で　イ　型民主主義の特徴を有している。

　ドイツにおける州と連邦の役割分担について，ドイツの連邦憲法では，憲法が定める例外事項以外は州の所管とされている。この点では，ドイツは日本と比べて中央地方関係の制度の側面で　ウ　型民主主義の特徴を有している。

① ア　コンセンサス　　イ　コンセンサス　　ウ　コンセンサス
② ア　コンセンサス　　イ　コンセンサス　　ウ　多数決
③ ア　コンセンサス　　イ　多数決　　　　　ウ　コンセンサス
④ ア　コンセンサス　　イ　多数決　　　　　ウ　多数決
⑤ ア　多数決　　　　　イ　コンセンサス　　ウ　コンセンサス
⑥ ア　多数決　　　　　イ　コンセンサス　　ウ　多数決
⑦ ア　多数決　　　　　イ　多数決　　　　　ウ　コンセンサス
⑧ ア　多数決　　　　　イ　多数決　　　　　ウ　多数決

Ⅳ 公共の授業で，基本的人権について学んだLさんは，自分なりの観点から日本国憲法が保障する基本的人権について次のノートにまとめた。

　　日本国憲法は，「侵すことのできない永久の権利」として基本的人権を保障しており，その点で㋐大日本帝国憲法とは大きく異なっている。すなわち，権利の内容が豊富になるとともにそれらの保障の実効性が強められた。しかし，科学技術の発展は，人間社会に多大な利便をもたらすとともに新たな人権問題を生じさせた。例えば，情報化社会の急激な発展に伴い㋑個人の私生活がみだりに公開されたり，工業化が進むことによって大気・水などの環境が汚染され国民の生命・健康が害されたりする事態が生じた。また，国や地方公共団体が膨大な情報を収集し管理するようになったにもかかわらず，㋒国民にとって重要な情報が公開されないという問題が起こった。そこで，こうした問題に対処するため，プライバシーの権利，環境権，知る権利などの「新しい人権」が主張されるようになったのである。
　　「新しい人権」は，㋓明文で規定された基本的人権以外にも憲法上の保障を受けるに値する権利が存在し，それが，社会の進展に応じて認められ得るという考え方に基づいている。すなわち，憲法は，第14条以下の規定で人権を個別的・具体的に規定しているが，㋔人権とは，人間が生まれながらにして当然に有する権利を意味するため，明文で定められていない権利を排除するものではないと考えられるのである。そこで，「新しい人権」の憲法上の根拠として，㋕個人主義の理念と㋖「幸福追求権」を規定した憲法第13条が注目される。「幸福追求権」は，人間が自律的な存在であるために不可欠な諸権利を包括的に保障するものと考えられるからである。

問5　下線部㋐に関連して，大日本帝国憲法と日本国憲法との異同についての記述として最も適当なものを，次の①～④のうちから一つ選べ。　17

① 大日本帝国憲法では保障されていなかった信教の自由が，日本国憲法では保障されるようになった。

② 日本国憲法では，大日本帝国憲法と同じように，基本的人権は法律の範囲内でのみ保障されている。

③ 大日本帝国憲法では認められていた天皇の緊急勅令を出す権限が，日本国憲法では否定された。

④ 日本国憲法では，大日本帝国憲法と同じように，裁判所に，法律，命令などが憲法に適合するかどうかを決定する権限が認められている。

問6　下線部ⓑに関連して「プライバシーの権利」が主張されているが，それに密接に関連する権利については，憲法上の明文規定によってすでに保障されているものがある。そのような例として**誤っているもの**を，次の①〜④のうちから一つ選べ。　18

①　何人も，自己に不利益な供述を強要されない。

②　通信の秘密は，これを侵してはならない。

③　何人も，その住居や所持品について捜索や押収を受けない権利は，裁判所又は裁判官が発する令状に基づかない限り，侵されない。

④　表現物の内容を事前に審査し，発表の機会を奪ってはならない。

問7　下線部ⓒに関連して「知る権利」が主張されているが，この権利についての記述として**適当でないもの**を，次の①〜④のうちから一つ選べ。　19

①　知る権利は，情報の収集を公権力によって妨げられないことを保障する権利であるから，自由権の側面をもつ。

②　知る権利は，国民が直接情報に接することを保障しようとするもので，報道機関の報道の自由や取材の自由を根拠づけるものではないと考えられる。

③　知る権利は，情報を公開するよう公権力に対し要求する権利であるから，請求権の側面をもつ。

④　知る権利は，表現の自由を情報の受け手である国民の側から捉え直したものであり，憲法第21条に基づいて主張される。

問8　下線部ⓓに関連して，憲法上の権利の保障は，刑事手続との関係においても重要である。後のア〜ウに書かれた憲法上の権利のうち，次のような事件とその一連の手続において，保障がなされていると考えられるものをすべて選び，その組合せとして最も適当なものを，後の①〜⑧のうちから一つ選べ。　20

　　20××年××月12日午前1時頃，××市××町のコンビニエンスストアに，サングラスとマスクを着用した男が入ってきた。その男は，レジカウンター内の店員Bにナイフを突きつけ，レジ内の現金10万円を奪い，バイクで逃走した。

　　店内の防犯カメラからは，男の顔までは特定できなかったものの，店外の防犯カメラの映像には男が乗っていたバイクのナンバープレートが映っていた。警察は，そのナンバーから所有者のAを特定し，Aを被疑者として捜査

を進めた。同日午後5時頃，警察官がAの自宅を訪ねて事情を聴取したところ，Aが犯行を認めたため，警察官はAに警察署への任意での出頭を求めた。午後8時頃，逮捕令状が発付され，それに基づいて警察官はAを逮捕した。翌日，警察官が捜索・差押えのための令状に基づいてAの自宅内を捜索したところ，現金8万円とナイフを発見し，これらを差し押さえた。さらに，Aの自宅近辺の駐輪場からAが所有するバイクを発見し，令状に基づいてこれも差し押さえた。

　同月14日にAが勾留されると，Aの請求に基づいて，国選弁護人が選任された。その後の取調べにおいて，Aは一転して犯行を否認し，その後は一貫して黙秘を貫くとともに，供述調書への署名を拒否した。

　捜査の結果，検察官はAを強盗罪の容疑で起訴した。裁判において，Aは，自分は犯人ではないと述べたほかは一貫して黙秘を続け，弁護人もAは犯人ではないと主張し，争った。審理においては，店内外の防犯カメラの映像や，差し押さえられたナイフが証拠として提出されたほか，店員Bが証人として供述した。審理の結果，上記ナイフと店員Bの証言を基に，Aに対して，強盗罪の有罪判決が言い渡された。

ア　現行犯の場合以外では令状なしに逮捕されない権利
イ　資格を有する弁護人に依頼することができる権利
ウ　自己に不利益な供述を強要されない権利

① アとイとウ　　　② アとイ　　　③ アとウ
④ イとウ　　　　　⑤ ア　　　　　⑥ イ
⑦ ウ　　　　　　　⑧ 保障がなされていると考えられるものはない

問9　下線部ⓔに関連して，人権思想に関する記述として最も適当なものを，次の①～④のうちから一つ選べ。　21
① 人権は，自然権思想を根拠とするものではあるが，国境を越えてまで保障されるわけではない。
② 人権は，現在の国民に対しては保障されるが，将来の国民に対しては保障されない。
③ 人権は，永久不可侵の権利であるため，それに対していかなる制約を課すことも許されない。
④ 人権は，人間であることに固有のものであるから，放棄したり任意に譲り渡したりすることは許されない。

問 10　下線部⒡に関する記述として最も適当なものを，次の①～④のうちから一つ選べ。　22

① 個人は，周囲が好ましいと思うかどうかにかかわりなく，私的事項について誰からも干渉されずに自己の責任において決定することができる。

② たとえ他人の利益が犠牲にされても，自己の利益を優先することは正当化される。

③ 個人の多様な個性や価値を最大限尊重することが求められるので，人は皆同じであるとする平等原則は，否定されざるを得ない。

④ 全体の利益が増大するのであれば，たとえ個人の人権が制限されるようなことがあってもやむを得ない。

問 11　下線部⒢に基づいて認められる権利の例として最も適当なものを，次の①～④のうちから一つ選べ。　23

① 本人の同意なしに，みだりにその容貌や姿態を撮影されない権利

② 法律の定める手続によらなければ，生命や自由を奪われない権利

③ 健康で文化的な最低限度の生活を営む権利

④ 能力に応じて，ひとしく教育を受ける権利

第 2 編

自立した主体としてより
よい社会の形成に参画す
る私たち

第1章　民主政治と私たち

第1節：統治機構

step 1

· ·

1－1　国会と内閣・行政の民主化

問1　国会に関して，日本国憲法で定められた権限A・Bとその権限をもつ機関の説明の組合せとして最も適当なものを，下の①～⑨のうちから一つ選べ。　1

A　内閣に対して不信任を決議する権限
B　国政に関する調査を行う権限

① A　衆議院のみが権限をもつ　　　B　衆議院のみが権限をもつ
② A　衆議院のみが権限をもつ　　　B　参議院のみが権限をもつ
③ A　衆議院のみが権限をもつ　　　B　衆議院も参議院も権限をもつ
④ A　参議院のみが権限をもつ　　　B　衆議院のみが権限をもつ
⑤ A　参議院のみが権限をもつ　　　B　参議院のみが権限をもつ
⑥ A　参議院のみが権限をもつ　　　B　衆議院も参議院も権限をもつ
⑦ A　衆議院も参議院も権限をもつ　B　衆議院のみが権限をもつ
⑧ A　衆議院も参議院も権限をもつ　B　参議院のみが権限をもつ
⑨ A　衆議院も参議院も権限をもつ　B　衆議院も参議院も権限をもつ

問2　衆参両議院や国会の種類に関する記述として**適当でないもの**を，次の①～④のうちから一つ選べ。　2
① 衆参両院は，国政調査のため証人喚問を行うことができ，証人は正当な理由なく出頭を拒否したり，虚偽の証言をしたりしたときは刑罰を科される。
② 衆参両院の各議員は，国会の会期中は逮捕されず，会期外の期間においても，その所属する議院の許諾がなければ逮捕されない。
③ 衆参両院は，常設の委員会である常任委員会のほかに，必要に応じて特定の案件を扱うための特別委員会を設置することがある。
④ 国会の種類のなかには，毎年1回召集される通常国会，衆議院の解散による総選挙の後に開かれる特別国会などがある。

問 3　現代日本の行政に関する記述として最も適当なものを，次の①～④のうちから一つ選べ。　3

①　行政の活動に関する訴訟については，行政裁判所が審理を行う。

②　国家公務員の職業倫理強化を主な目的とする，行政手続法が制定された。

③　法律による委任に基づき，行政機関がその法律の具体的な内容を政令や省令などによって定めることを委任立法という。

④　国会審議活性化法により，内閣府や各省に，内閣によって任命される，副大臣と政務次官が設置された。

1－2　裁判所

問 4　現代日本の司法に関する記述として最も適当なものを，次の①～④のうちから一つ選べ。　4

①　裁判は，裁判所による許可がない限りは，非公開で行われる。

②　個々の裁判官は，良心に従って独立して職権を行い，憲法及び法律にのみ拘束される。

③　最高裁判所長官は，国会が，議決を経て指名する。

④　裁判員制度では，裁判員を参加させて刑事裁判を行うのは，控訴審においてである。

問 5　刑事事件に関わる法制度や裁判手続きに関する記述として最も適当なものを，次の①～④のうちから一つ選べ。　5

①　刑事裁判では，裁判官の下で当事者が妥協点を見つけて訴訟を終結させる和解が行われることがある。

②　検察官による不起訴処分の当否を審査する検察審査会の審査員は，裁判官から選出される。

③　有罪判決が確定した後であっても，一定の条件の下で，裁判のやり直しを行う制度がある。

④　被害者参加制度の導入によって，犯罪被害者やその遺族は，裁判員として裁判に参加できるようになった。

問6　最高裁判所に関する記述として最も適当なものを，次の①〜④のうちから一つ選べ。　6

① 最高裁判所は，民事事件と刑事事件を扱うが，行政事件を扱わないのは，行政の拡大による行政事件の増加に対応できないためである。

② 最高裁判所は，長官1名と判事14名の合計15名で構成されているが，その15名には，高等裁判所裁判官の経験が必要とされている。

③ 最高裁判所は，高等裁判所や地方裁判所などの下級裁判所が判決を下す際，その判決の内容について，指揮する立場にある。

④ 最高裁判所は，訴訟に関する手続や裁判所の内部規律など，日本国憲法で定められている事柄について，規則を定める権限を有する。

問7　国民審査に関する記述として最も適当なものを，次の①〜④のうちから一つ選べ。　7

① 国民審査は，最高裁判所の裁判官及び下級裁判所の裁判官に対して行われる。

② 国民審査の結果，罷免を可とする票の数が，国民審査の投票をした者全体の3分の2を超えなければ，その裁判官は罷免されない。

③ 国民審査において，投票用紙に何も書かずに投票した場合，その票は無効と見なされる。

④ 国民審査は，国民による一種のリコール制度であるが，国民審査によって裁判官が罷免された例は，これまでにない。

1−3　地方自治

問8　日本国憲法が保障している地方自治に関する次の文章中の空欄　ア　〜　ウ　に当てはまる語句の組合せとして最も適当なものを，後の①〜⑧のうちから一つ選べ。　8

　日本国憲法第92条は，「地方公共団体の組織及び運営に関する事項は，地方自治の本旨に基いて，法律でこれを定める」としている。ここでいう地方自治の本旨は，団体自治と住民自治の原理で構成される。団体自治は，国から自立した団体が設立され，そこに十分な自治権が保障されなければならないとする　ア　的要請を意味するものである。住民自治は，地域社会の政治が住民の意思に基づいて行われなければならないとする　イ　的要請を意味するものである。国から地方公共団体への権限や財源の移譲，そして国の地方公共団体に対

する関与を法律で限定することなどは，直接的には［ウ］の強化を意味するものということができる。

①	ア	集　権	イ	自由主義	ウ	住民自治
②	ア	集　権	イ	自由主義	ウ	団体自治
③	ア	集　権	イ	民主主義	ウ	住民自治
④	ア	集　権	イ	民主主義	ウ	団体自治
⑤	ア	分　権	イ	自由主義	ウ	住民自治
⑥	ア	分　権	イ	自由主義	ウ	団体自治
⑦	ア	分　権	イ	民主主義	ウ	住民自治
⑧	ア	分　権	イ	民主主義	ウ	団体自治

問9　日本の地方公共団体の政治機構についての記述として最も適当なものを，次の①～④のうちから一つ選べ。［9］

①　首長の補助機関である副知事や副市町村長の就任については，議会の同意を必要としない。

②　都道府県や市町村には，執行機関として教育委員会などの行政委員会が置かれている。

③　選挙管理委員会の委員は，地方議会の議員経験者などのなかから，住民によって直接選ばれる。

④　地方議会は首長に対する不信任決議権をもつが，首長は議会を解散することはできない。

問10　地方分権一括法に関する記述として最も適当なものを，次の①～④のうちから一つ選べ。［10］

①　機関委任事務が新設され，地方で処理した方が効率的な事務は地方公共団体に委任された。

②　法定受託事務のなかに新たに自治事務が加えられ，地方公共団体の事務が再編されている。

③　国と地方の関係は対等・協力関係となったので，法定受託事務についても国の関与はなくなった。

④　自治事務においては，法令に違反しない限り，地方公共団体が自らの責任と判断で地域の特性に応じた工夫ができる。

問11　日本の条例の制定に関する記述として最も適当なものを，次の①～④の
うちから一つ選べ。　11

　　①　地方公共団体の首長は，議会に対して条例の審議・制定を要請すること
　　　はできるが，条例案を提出することはできない。

　　②　地方公共団体の首長は，条例の制定に関する議会の議決に対して異議の
　　　あるときは，再議に付すことができる。

　　③　条例の制定・改廃について，住民が首長に対して直接請求する場合には，
　　　原則として有権者の３分の１以上の署名が必要である。

　　④　条例は「法律の範囲内」で制定が可能であり，国の情報公開法に先んじ
　　　て情報公開条例を制定した地方公共団体はなかった。

問12　2000年代，小泉内閣の下で進められた三位一体の改革に関する記述とし
て最も適当なものを，次の①～④のうちから一つ選べ。　12

　　①　地方公共団体の自主性を高めるため，国から地方へ交付される地方交付
　　　税の総額が増やされた。

　　②　地方公共団体の財政悪化を防ぐため，地方債の発行について内閣総理大
　　　臣による許可制が導入された。

　　③　所得税の一部を個人住民税に移譲するというかたちで，国から地方へ税
　　　源移譲がなされた。

　　④　地方財政は国への依存度が高いとの批判があったため，国による使途の
　　　指定のない国庫支出金が削減された。

問13　日本の地方公共団体の権限と住民の権利に関する記述として最も適当な
ものを，次の①～④のうちから一つ選べ。　13

　　①　首長は，地方議会に対して，議員の解職を請求することができる。

　　②　地方議会は，首長に対して，不信任の議決をすることができる。

　　③　住民は，一定数以上の署名を集めた上で，首長に対して，地方議会の解
　　　散請求を行うことができる。

　　④　住民は，一定数以上の署名を集めた上で，地方議会に対して，事務の監
　　　査請求を行うことができる。

step 2

以下の Ⅰ～Ⅲ を読み，後の問い(問1～9)に答えよ。

Ⅰ　生徒Kは，参議院の参観に行き，その後，担任の先生と，国会の権能や，衆参両議院の役割など，国会に関連する様々な問題について議論した。

問1　先生は，憲法第41条の「国会は，国権の最高機関であつて，国の唯一の立法機関である」という条文を紹介してその意味について説明した。「国権の最高機関」の説明として最も適当なものを，次の①～④のうちから一つ選べ。　14

①　国会が，国民の総意を反映する機関であるという意味であり，明治憲法における「統治権の総攬者」と同じ地位にあることを示している。

②　国会が，主権者を直接代表する最高の権威を有する機関であるという意味であり，国政の中心に位置していることを示している。

③　国会が，国政上の最高意思決定権限を有する機関であるという意味であり，閣議決定や裁判所の判決を直接変更できることを示している。

④　国会が，日本国を象徴する機関であるという意味であり，法律の公布や国務大臣の認証などの国事行為を行う権限を有していることを示している。

問2　生徒Kは，国会の立法過程について整理した。日本の立法過程に関する記述として**誤っているもの**を，次の①～④のうちから一つ選べ。　15

①　国会議員が予算を伴わない法律案を発議するには，衆議院では議員20人以上，参議院では議員10人以上の賛成を要する。

②　法律案が提出されると，原則として，関係する委員会に付託され委員会の審議を経てから本会議で審議されることになる。

③　参議院が衆議院の可決した法律案を受け取った後，60日以内に議決をしないときは，衆議院の議決が国会の議決となる。

④　国会で可決された法律には，すべて主任の国務大臣が署名し，内閣総理大臣が連署することを必要とする。

問3　次に先生は，衆議院と参議院の権能に関する日本国憲法の規定について生徒Kに説明を求めた。両院の権能に関する記述として最も適当なものを，次の①〜④のうちから一つ選べ。　**16**

①　衆議院は，自ら可決した予算案を，参議院が否決した場合，出席議員の3分の2以上の多数で再可決し，国会の議決とすることができる。

②　衆議院は，内閣総理大臣の指名について，参議院が異なる議決をした場合，両院議員総会の開催を求めることができる。

③　参議院は，衆議院が裁判官の罷免の訴追をした場合，その裁判官の弾劾裁判を行い，出席議員の3分の2以上の多数で罷免することができる。

④　参議院は，衆議院が解散された場合，国に緊急の必要があるとき，内閣の求めにより緊急集会を開催し，国会の権能を代行することができる。

問4　生徒Kは，日本では二院制が採用されているが，世界では一院制を採用している国の方が多いことを知って，それぞれの長所や短所について調べてみることにした。一院制と二院制に関する記述として最も適当なものを，次の①〜④のうちから一つ選べ。　**17**

①　一院制は，一つの機関に権限を集中させるため，民主集中制(権力集中制)とも呼ばれる。

②　二院制は，第二院が存在することで，議会内部で抑制・均衡が働くが，両院の意思統一を図るため，立法過程が複雑になる場合がある。

③　一院制は，第二院を維持する経費が節減できるため，日本でも大日本帝国憲法下で採用されていた制度である。

④　二院制は，一院制に比べて多様な民意を国政に反映させようとするもので，いわゆる強行採決が起こらなくなる。

Ⅱ　生徒Xと生徒Yは，「住民生活の向上を目的とする国や地方自治体の政策に，住民はどのようにかかわることができるのか」という課題を設定して調査を行い，L市主催の報告会で発表することにした。次の図は，そのための調査発表計画を示したものである。

Ⅰ　課題の設定

事前学習：ⓐ戦後日本の地方自治制度と地域社会

○住民生活の向上に関する国や地方自治体の政策と住民の意見反映
　　──地方分権を踏まえて，地方自治体の役割に焦点を当てる

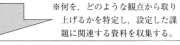
※何を，どのような観点から取り上げるかを特定し，設定した課題に関連する資料を収集する。

Ⅱ　情報収集と読み取り

○ⓑ地方分権一括法（1999年成立）に関する資料

○ⓒ地方議会の選挙や首長選挙に関する資料

○直接請求や住民投票，その他の住民参加に関する資料

○国の歳入歳出などの財政関係の資料

○将来の推計人口と社会保障に関連する資料

※考察を進めるために，さらに必要な資料を調べる。

Ⅲ　課題の探究

○人口減少社会における地方議会のあり方

○社会福祉など住民生活の向上を担う地方自治体のⓓ財政状況
　　──自主財源と依存財源の構成比率などのあり方

※資料に基づき，分析や検討を行う。

※図表なども用いて考察・構想したことを分かりやすくまとめて発表する。

Ⅳ　まとめと発表

○地方議会の内外において政策に関して熟議を促す仕組みをつくる

○住民生活の向上につなげるために地方自治体の財源を確保する

○探究で分かった課題：雇用問題での地方自治体や民間企業の取組み

問5　生徒Xと生徒Yは下線部ⓐについて調べた。日本の地方自治体に関する記述として正しいものを，次のA～Cからすべて選んだとき，その組合せとして最も適当なものを，後の①～⑧のうちから一つ選べ。　18

A　地方自治における二元代表制とは，首長と議会がともに住民から選挙で選ばれ，住民を代表する制度を指す。

B　地方分権に関わる三位一体の改革には，国から地方への税財源の移譲は含まれていない。

C　国の指揮・監督の下で処理されてきた機関委任事務は，地方分権一括法制定後も残された。

① 　AとBとC　　② 　AとB　　　③ 　AとC
④ 　BとC　　　⑤ 　A　　　　　⑥ 　B
⑦ 　C　　　　　⑧ 　該当するものはない

問6　生徒Xと生徒Yは，下線部ⓑを見ながら会話をしている。次の会話文中の空欄　ア　～　ウ　に当てはまる語句の組合せとして最も適当なものを，後の①～⑧のうちから一つ選べ。　19

X：このときの地方分権改革で，国と地方自治体の関係を　ア　の関係としたんだね。

Y：　ア　の関係にするため，機関委任事務制度の廃止が行われたんだよね。例えば，都市計画の決定は，　イ　とされたんだよね。

X：　ア　の関係だとして，地方自治体に対する国の関与をめぐって，国と地方自治体の考え方が対立することはないのかな。

Y：実際あるんだよ。新聞で読んだけど，地方自治法上の国の関与について不服があるとき，地方自治体は　ウ　に審査の申出ができるよ。申出があったら　ウ　が審査し，国の機関に勧告することもあるんだって。ふるさと納税制度をめぐる対立でも利用されたよ。

① 　ア　対等・協力　　イ　法定受託事務　　ウ　国地方係争処理委員会
② 　ア　対等・協力　　イ　法定受託事務　　ウ　地方裁判所
③ 　ア　対等・協力　　イ　自治事務　　　　ウ　国地方係争処理委員会
④ 　ア　対等・協力　　イ　自治事務　　　　ウ　地方裁判所
⑤ 　ア　上下・主従　　イ　法定受託事務　　ウ　国地方係争処理委員会

⑥　ア　上下・主従　　イ　法定受託事務　　ウ　地方裁判所
⑦　ア　上下・主従　　イ　自治事務　　　　ウ　国地方係争処理委員会
⑧　ア　上下・主従　　イ　自治事務　　　　ウ　地方裁判所

問7　生徒Xと生徒Yは下線部ⓒについて，次の**資料a**と**資料b**を読みとった上で議論している。**資料a**と**資料b**のグラフの縦軸は，統一地方選挙における投票率か，統一地方選挙における改選定数に占める無投票当選者数の割合のどちらかを示している。後の会話文中の空欄　ア　～　エ　に当てはまる語句の組合せとして最も適当なものを，後の①～⑧のうちから一つ選べ。

20

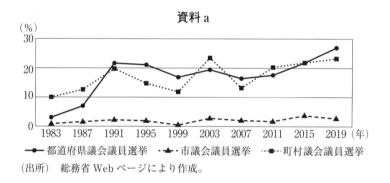

資料 a

（出所）　総務省 Web ページにより作成。

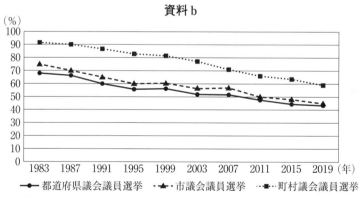

資料 b

（出所）　総務省 Web ページにより作成。

X：議員のなり手が不足しているといわれている町村もあることが**資料　ア**からうかがえるね。町村議会では，立候補する人が少ない背景には議員報酬が低いためという指摘があるよ。議員定数を削減する町村議会も一部にあるんだね。

Y：都道府県議会議員選挙では，それぞれの都道府県の区域を分割して複数の選挙区を設けるのに対し，市町村議会議員選挙では，その市町村の区域を一つの選挙区とするのが原則なんだね。図書館で調べた資料によると，都道府県議会議員選挙での無投票当選は，定数1や2の選挙区で多い傾向があるよ。**資料　ア**から，都道府県や町村の議会議員選挙では，市議会議員選挙と比べると無投票当選の割合が高いことが分かるけど，無投票当選が生じる理由は同じではないようだね。

X：なるほど。この問題をめぐっては，他にも議員のなり手を増やすための環境づくりなどの議論があるよ。無投票当選は，選挙する側からすると選挙権を行使する機会が失われることになるよ。議会に対する住民の関心が低下するおそれもあるんじゃないかな。

Y：**資料　イ**において1983年と2019年とを比べると，投票率の変化が読み取れるね。投票率の変化の背景として，**ウ**が関係しているといわれているけど，これは政治に対する無力感や不信感などから生じるそうだよ。

X：**エ**をはじめとして選挙権を行使しやすくするための制度があるけど，政治参加を活発にするためには，無投票当選や**ウ**に伴う問題などに対処していくことも必要なんだね。

① **ア**－a　　　　　**イ**－b　　　**ウ**－政治的無関心
　　エ－パブリックコメント

② **ア**－a　　　　　**イ**－b　　　**ウ**－政治的無関心
　　エ－期日前投票

③ **ア**－a　　　　　**イ**－b　　　**ウ**－秘密投票
　　エ－パブリックコメント

④ **ア**－a　　　　　**イ**－b　　　**ウ**－秘密投票
　　エ－期日前投票

⑤ **ア**－b　　　　　**イ**－a　　　**ウ**－政治的無関心
　　エ－パブリックコメント

⑥ **ア**－b　　　　　**イ**－a　　　**ウ**－政治的無関心
　　エ－期日前投票

⑦　ア－b　　　　　　　　　イ－a　　　ウ－秘密投票
　　エ－パブリックコメント

⑧　ア－b　　　　　　　　　イ－a　　　ウ－秘密投票
　　エ－期日前投票

問8　下線部ⓓについて，生徒Xと生徒Yは報告会を主催したL市とその近隣の
地方自治体について調べた。発表内容をまとめるために，生徒たちは歳入区
分のうち地方税と地方交付税と国庫支出金に着目して，次の文章と後の表を
作成した。なお，文章は表を読みとって作成したものである。表中の地方自
治体①～④のうちL市はどれか。正しいものを，表中の①～④のうちから一
つ選べ。　 21

　　L市の依存財源の構成比は，表中の他の地方自治体と比べて最も低いわけ
ではありません。ただし，「国による地方自治体の財源保障を重視する考え
方」に立った場合は，依存財源が多いこと自体が問題になるとは限りません。
たとえばL市では，依存財源のうち一般財源よりも特定財源の構成比が高く
なっています。この特定財源によってナショナル・ミニマムが達成されるこ
ともあるため，必要なものとも考えられます。
　　しかし，「地方自治を重視する考え方」に立った場合，依存財源の構成比
が高くなり地方自治体の選択の自由が失われることは問題だと考えられます。
L市の場合は，自主財源の構成比は50パーセント以上となっています。

地方自治体	歳入区分の構成比(%)		
	地方税	地方交付税	国庫支出金
①	42	9	19
②	52	1	18
③	75	0	7
④	22	39	6

（注）　歳入区分の項目の一部を省略しているため，構成比の合
計は100パーセントにならない。表中に示されていない歳
入のうち，自主財源に分類されるものはないものとする。

Ⅲ　生徒Xは，先生の指導を経て，持続可能なまちづくりのための政策を次の図のようにまとめた。なお，〔政策1〕と〔政策2〕は，持続可能なまちづくりを進めたい，という点では一致しているが，その背景にある，財源の使い方や自治体の役割に関する考え方が異なっていると考えられる。図中の　a　には〔政策1〕の背景にある考え方が，また，　b　には〔政策2〕の背景にある考え方が入る。

図　生徒Xによる自治体の政策に関するまとめ

〔予測される現象〕

このままでは地域社会が維持できなくなる

〔予測される現象〕を回避・解決して，持続可能なまちづくりを進めていくことに向かうための「問い」

持続可能なまちづくりを進めていくために，
自治体が優先的に取り組むべき政策は何か

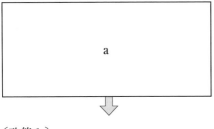

〔政策1〕の背景にある考え方 | 〔政策2〕の背景にある考え方

a

b

〔政策1〕

すべての地域の活性化を進めるために，自治体が，民間事業者による路線バスの運行が行われていない地域にコミュニティバスを導入・運営する費用に対し，重点的に支出を行う政策

〔政策2〕

中心市街地の活性化を進めるために，自治体が，有料の屋内遊園地を併設する商業施設を民間事業者が設置する際にかかる費用に対し，重点的に支出を行う政策

問9　次の**ア〜エ**は，図中の〔政策1〕と〔政策2〕それぞれの背景にある考え方　a　と　b　のどちらに近い内容か。その組合せとして最も適当なものを，後の①〜④のうちから一つ選べ。　22

　ア　自治体は採算性を考えた上で，最も大きな経済効果が期待される対策に集中して財源を配分することが望ましい。

　イ　自治体は全住民の利益を考えた上で，移動において不利な条件にある住民の利益享受の機会が失われないように財源を配分することが望ましい。

　ウ　自治体の役割は，居住・活動地域にかかわらず，住民が新たなまちづくりの担い手になることができるように，財政面から手厚く措置することにこそある。

　エ　自治体の役割は，商店街の利用者や新たにまちづくりの担い手となろうとしている人々が集まりやすい地域に対して，財政面から手厚く措置することにこそある。

① 　a－アとウ　　　b－イとエ
② 　a－アとエ　　　b－イとウ
③ 　a－イとウ　　　b－アとエ
④ 　a－イとエ　　　b－アとウ

第2節：政治過程

step 1　· · · · · · · · · · · · · · · · · · · ·

1－4　選挙と政党・世論・圧力団体と大衆運動

問1　現在の日本の選挙制度に関する記述として**適当でないもの**を，次の①～④のうちから一つ選べ。　1

①　重複立候補とは，小選挙区制と比例代表制の選挙において候補者が同時に両方に立候補することをいう。

②　候補者の親族が選挙違反で有罪となった場合，法律上，候補者本人の当選は無効となる場合がある。

③　衆議院議員選挙の比例代表選挙では，ドント式に基づいて議席が配分される。

④　参議院議員選挙の比例代表選挙は，全国を11ブロックに分けて行われる。

問2　選挙制度に関する記述として最も適当なものを，次の①～④のうちから一つ選べ。　2

①　日本の最高裁判所は，公職選挙法の定数配分または区割りについて，違憲状態であるとの判断を下したことがある。

②　秘密選挙の原則には，一定の年齢に達した者が，その財産や納税額などにかかわりなく，選挙権を行使できることが含まれる。

③　大選挙区制においては，小選挙区制に比べて二大政党制を促進する傾向がある。

④　日本の公職選挙法上，選挙運動については，投票の依頼を目的とした戸別訪問が認められている。

問3　日本の政党政治に関する記述として最も適当なものを，次の①～④のうちから一つ選べ。　3

①　政党助成法では，政党に対する交付金の支出は禁止されている。

②　55年体制と呼ばれる状況では，国会の議席数の割合は，革新政党優位で推移した。

③　特定の支持する政党をもたない有権者層は，無党派層と呼ばれる。

④　政党が選挙に当たりマニフェストを作成し公表することは，法律上義務づけられている。

問4　圧力団体に関連する記述として**適当でないもの**を，次の①〜④のうちから一つ選べ。　**4**

①　圧力団体のなかには，一国内の活動にとどまらず広く国際的な世論形成を図ったり，他国の議会や政治家へ働きかけたりするものもある。

②　圧力団体が影響力を行使する場合，その対象は，政党や議員に限られており，省庁や官僚に直接働きかけることは法律で禁止されている。

③　圧力団体は，現代の複雑な社会状況に十分対応できない議会政治の機能を補い，多様化した利害を調整するのに一定の役割を果たしている。

④　圧力団体の活動に対しては，力の強い団体の利害のみが政治に反映され，一般市民や社会的弱者の声が政治の場に届きにくくなるという批判がある。

問5　日本における民主政治のあり方や問題点に関する記述として**適当でないもの**を，次の①〜④のうちから一つ選べ。　**5**

①　いわゆる強行採決を繰り返すことは，法的に問題が生じないとしても，討論による合意形成を基本とする議会制民主主義の精神に合致しない。

②　企業・団体が政治家個人に献金をすることは禁じられているが，政党交付金という形で政党に献金をすることは禁じられていない。

③　政権交代に備えるとともに，より充実した国会審議を行うために，イギリスの影の内閣を範とした仕組みを導入した政党が現れた。

④　投票率の低迷が長年続くことは，国民の参加を基礎とする選挙の形骸化につながる。

step 2

･･･････････････････････

以下の問い(**問1～4**)に答えよ。

問1　民主主義の政治体制と民主主義ではない政治体制を分ける重要な要素の一つが選挙への参加であることを学んだムトウさんは,選挙制度に着目した。そして,民意がどのように議席に反映されるのかという疑問を解消するために,選挙における得票率と議席率の関係について,調査を進めた。次の**メモ1・2**は,日本を対象とした調査の内容を要約したものである。**メモ1・2**の内容から読み取れる,得票率と議席率の関係に関する記述A・Bの正誤の組合せとして最も適当なものを,後の①～④のうちから一つ選べ。　| 6 |

メモ1

･各候補者のうち,最も多くの票を獲得した一人を当選者とする小選挙区制と比例代表制とを比較すると,得票率と議席率の関係に違いがある。(例1と例2)

例1　小選挙区

	得票率	議席率
A　党	47.82%	75.43%
B　党	8.53%	6.23%
C　党	20.64%	6.23%
D　党	1.50%	2.77%
E　党	9.02%	0.35%
F　党	3.18%	1.04%
G　党	1.15%	0.35%
その他	8.17%	7.61%

非比例性指数(小選挙区):23.00

例2　比例選挙区

	得票率	議席率
A　党	33.28%	37.50%
B　党	19.88%	21.02%
C　党	17.36%	18.18%
D　党	12.51%	11.93%
E　党	7.90%	6.25%
F　党	6.07%	4.55%
G　党	1.69%	0.57%
その他	1.31%	0.00%

非比例性指数(比例選挙区):3.64

※非比例性指数とは,各政党を個別に見るのではなく,それぞれの選挙区のすべての政党を総合したかたちで,得票率と議席率とがいかに比例の度合いを欠くか示したものである。

メモ2

・全議席が一つの比例選挙区から選ばれる場合，議員定数の増減が得票率と議席率の関係に影響を与える。（例3と例4）

例3　定数5（ドント式で配分）の場合

	P　党	Q　党	R　党
得票数（得票率）	4,300票（43%）	3,100票（31%）	2,600票（26%）
議席数（議席率）	2（40%）	2（40%）	1（20%）

例4　定数100（ドント式で配分）の場合

	P　党	Q　党	R　党
得票数（得票率）	4,300票（43%）	3,100票（31%）	2,600票（26%）
議席数（議席率）	43（43%）	31（31%）	26（26%）

A　比例選挙区の議員定数を削減することで，得票率と議席率の差を縮めることができる。

B　小選挙区制と比例代表制を比較した場合，小選挙区制の方が，得票率と議席率の差が小さい制度である。

① A－正　　　B－正
② A－正　　　B－誤
③ A－誤　　　B－正
④ A－誤　　　B－誤

問2　Kさんは，試験勉強を契機に，権力分立や，国民の政治参加に関心をもつ
ようになり，今度の国政選挙で，政党Xと政党Yが訴えている主要政策を調
べ，それぞれの政党の違いを明確化させるために，二つの対立軸で分類した。
政党Xと政党Yは，下の図の**ア**〜**エ**のいずれに位置すると考えられるか。そ
の組合せとして最も適当なものを，後の**①**〜**⑥**のうちから一つ選べ。 7

〔政党Xの政策〕
・二大政党制を目指した選挙制度改革を約束します。
・地域の結束と家族の統合を重視し，まとまりのある社会を維持していきま
　す。

〔政党Yの政策〕
・多党制を目指した選挙制度改革を約束します。
・個々人がもつ様々なアイデンティティを尊重し，一人一人が輝ける世界を
　つくっていきます。

図　政策から読み取れる政党の志向性

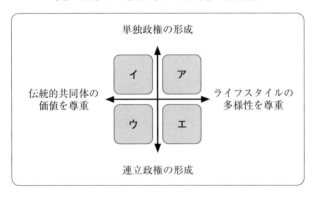

①　政党X－ア　　　　政党Y－ウ　　　**②**　政党X－イ　　　　政党Y－エ

③　政党X－ウ　　　　政党Y－ア　　　**④**　政党X－エ　　　　政党Y－イ

⑤　政党X－ア　　　　政党Y－イ　　　**⑥**　政党X－イ　　　　政党Y－ア

問3　現行の衆議院議員選挙についての記述として**適当でないもの**を，次の①～④のうちから一つ選べ。　8

①　小選挙区では死票が多く出るが，比例区との重複立候補が認められているため，小選挙区で落選した候補が比例区で当選することがある。

②　海外に在住し在外選挙人名簿に登録している日本国民は，大使館などの在外公館で，投票することができる。

③　比例区選挙では非拘束名簿式比例代表制と呼ばれる方法がとられ，有権者は政党名または候補者名のいずれかで投票する。

④　比例区よりも小選挙区に多くの議席を割り当てている現行制度は，大政党に有利に作用する。

問4　世論操作の危険性を減らすためにマスメディアが採るべき方法として**適当でないもの**を，次の①～④のうちから一つ選べ。　9

①　意見の対立があるような問題については，一方の意見だけでなく，できるだけ多角的な見地から報道するように努める。

②　政治家，政党，政治団体から出された主張を報道する際には，それがどの政治家，政党，政治団体の主張なのかを明確にする。

③　特定の主張を広める目的でつくられた宣伝と，事実の報道とを読者や視聴者が混同することがないように，両者の区別を明確にする。

④　選挙当日の有権者の投票に関する出口調査は，論評を交えることなく，投票時間中から逐次報道するように努める。

第2章　法の働きと私たち

step 1

・・・・・・・・・・・・・・・・・・・・・・・

2－1　法や規範・市民生活と私法など

問1　法はその形式や機能，内容によって様々に分類される。次のA～Cのように法の分類を行った場合に，　ア　～　ウ　に入る法の分類区分の組合せとして最も適当なものを，後の①～⑧のうちから一つ選べ。　1

　　A　法の定まり方による分類：自然法と　ア
　　B　法の規定内容による分類：実体法と　イ
　　C　法の適用範囲による分類：一般法と　ウ

　　① ア　実定法　　　イ　手続法　　　ウ　特別法
　　② ア　実定法　　　イ　手続法　　　ウ　社会法
　　③ ア　実定法　　　イ　慣習法　　　ウ　特別法
　　④ ア　実定法　　　イ　慣習法　　　ウ　社会法
　　⑤ ア　判例法　　　イ　手続法　　　ウ　特別法
　　⑥ ア　判例法　　　イ　手続法　　　ウ　社会法
　　⑦ ア　判例法　　　イ　慣習法　　　ウ　特別法
　　⑧ ア　判例法　　　イ　慣習法　　　ウ　社会法

問2　社会法に分類される内容をもつ法律として正しいものを，次の①～④のうちから一つ選べ。　2
　　①　刑事裁判における手続について定めた法律
　　②　予算と財政の基本について定めた法律
　　③　最低賃金について定めた法律
　　④　婚姻の条件について定めた法律

2－2　契約と消費者の権利・責任

問3　日本における契約や取引に関する記述として最も適当なものを，次の①～④のうちから一つ選べ。　3
　　①　私法の三大原則とは，契約自由の原則・所有権絶対（所有権保護）の原

則・無過失責任の原則である。

② 　消費者は，クレジットカードの利用により，購入にあたってカード会社が立て替えた金額分の金銭に関する債権を有することになる。

③ 　当事者の一方がある物を相手方に引き渡すとともに相手方がその代金を支払うことを双方で約束した時点で，その物に関する売買契約は成立する。

④ 　未成年者が締結した契約であっても，法律上，いったん成立した契約は取り消すことができないとされている。

問4　日本の民法に関する記述として最も適当なものを，次の①〜④のうちから一つ選べ。　4

① 　契約を有効に成立させるためには，原則として，契約書を作成する必要がある。

② 　民法は，だまされて契約を締結した場合であっても，当事者間に合意がある以上，その契約は取り消すことができないとしている。

③ 　民法の改正により，親権者などの同意なく単独で契約の締結ができる成年の年齢が，18歳へと引き下げられている。

④ 　不法行為による損害賠償責任が問われる場合には，無過失責任の原則が採用されている。

問5　契約や企業の責任に関する記述として適当でないものを，次の①〜④のうちから一つ選べ。　5

① 　日本の製造物責任法（PL法）では，消費者が欠陥商品によって被害を受けた場合，その製造業者は過失がなければ，原則として，賠償責任を負わないとされる。

② 　日本では，訪問販売や電話勧誘によって商品の購入契約を結んだ場合，一定期間内に手続きを行えばその契約を解除できるという，クーリングオフ制度が存在している。

③ 　商品を購入するためにクレジットカードで支払いをすることは，購入のための資金を借りることを意味している。

④ 　企業が法令や企業倫理に従って行動することは，コンプライアンスと呼ばれる。

問6　民事の法制度と紛争解決に関する記述として最も適当なものを，次の①〜④のうちから一つ選べ。　6

①　訴訟以外の場で公正な第三者の関与の下で紛争を解決する制度を導入するため，裁判外紛争解決手続法（ADR 法）が制定された。

②　損害賠償を求める訴訟では，原則として，過失のない場合でも責任を問われる。

③　民事紛争を解決するための手段の一つとして，裁判所が関与する斡旋（あっせん）がある。

④　物のもち主はその物を自由に扱うことができるという原則を，契約自由の原則という。

問7　消費者に関する記述として**適当でないもの**を，次の①〜④のうちから一つ選べ。　7

①　消費者が食品等の生産から流通に至る経路を確認できることは，トレーサビリティと呼ばれる。

②　個人の消費行動が友人など他者の消費行動に影響されることは，デモンストレーション効果と呼ばれる。

③　安全の権利・知らされる権利・選ぶ権利・意見を聞いてもらう権利という消費者の四つの権利が，アメリカのケネディ大統領によって表明された。

④　消費者から寄せられる相談や苦情への対応などを行う国民生活センターは，消費者保護基本法の制定に伴い，廃止された。

step 2

　高校生の K さんは，契約が有効に成立するための条件について調べてみた。このことに関して，以下の問い(**問 1**)に答えよ。

問 1　契約が有効に成立するための条件として法が次の**条件 1 ～ 3** の内容を定めているとき，**ア～ウ**の例のうち有効に成立する契約をすべて選び，その組合せとして最も適当なものを，後の①～⑧のうちから一つ選べ。　| 8 |

　　条件 1　契約は，当事者の双方が表示した意思の内容が合致したときに成立する。
　　条件 2　契約が有効であるためには，当事者の双方がその契約の内容とそれによって生じる結果を理解した上で締結することが必要である。
　　条件 3　未成年者が締結した契約について，法定代理人が同意しない場合，その契約は無効となる。

　　ア　15 歳で中学校を卒業したので，新聞配達のアルバイトとして採用してもらう契約を新聞販売店と書面で締結したが，保護者の同意を得られなかった。
　　イ　20 歳で大学に在学中に，有料情報サイトであることを知らずにアクセスした結果，画面に「ご契約ありがとうございます」と表示され，代金を請求された。
　　ウ　22 歳で大学を卒業して就職するので，不動産屋の仲介の下で，アパートの大家との間で部屋を借りる契約を口頭で締結したが，契約書を交わさなかった。

① アとイとウ　　② アとイ　　③ アとウ
④ イとウ　　⑤ ア　　⑥ イ
⑦ ウ　　⑧ 有効に成立するものはない

第3章　経済的な主体となる私たち

第1節：経済活動と経済循環

step 1　　　　　　　　　　　　・・・・・・・・・・・・・・・・・・・・・

3－1　経済活動

問1　政策のトレードオフの例として**適当でないもの**を，次の①〜④のうちから一つ選べ。　1

①　地域間格差なしにユニバーサルサービスを提供する政策と，低コストで効率的なサービスの提供を図る政策。

②　国内生産者を保護するための所得保障政策と，非関税障壁を利用することで輸入の制限を図る政策。

③　新薬を開発した製薬会社の特許権の保護を強める政策と，安価なジェネリック医薬品の普及を促進させる政策。

④　高所得者の労働意欲を高めるために行われる政策と，所得税の累進制により所得格差の是正を図る政策。

問2　経済学ではある選択に対して様々な費用がかかると考えられている。今，1,500円の料金を支払ってカラオケで遊ぶことができる。同じ時間を使って，アルバイトで1,800円の給与を得ることや，家事を手伝うことで1,000円の小遣いを得ることもできる。この三つの選択肢のうち一つしか選べない場合，機会費用を含めたカラオケで遊ぶ費用はいくらになるか。正しいものを，次の①〜④のうちから一つ選べ。　2

①　1,500円　　　②　2,500円　　　③　3,300円　　　④　4,300円

3-2　経済循環

問3　次の経済循環の図を見て　3　～　5　に入れるのに最も適当な語句を，後の①～⑩のうちから一つずつ選べ。

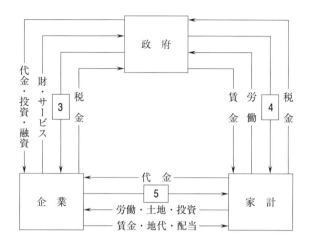

①　労　働　　②　賃　金　　③　土　地
④　地　代　　⑤　投資・融資　　⑥　配当・利子
⑦　補助金　　⑧　社会保障給付　　⑨　代　金
⑩　財・サービス

問4　可処分所得についての説明として最も適当なものを，次の①～④のうちから一つ選べ。　6
①　所得から所得税やローン返済などを差し引いたもの
②　所得から消費税などの間接税を差し引いたもの
③　所得から消費を差し引いたもの
④　所得から所得税や社会保険料などを差し引いたもの

問5　家計の消費活動についての記述として**誤っているもの**を，次の①～④のうちから一つ選べ。　7
①　将来の物価下落を予想すると，家計は消費の時期を早めようとする。
②　所得が増加すると，家計は消費支出を増加させようとする。
③　保有する資産の価値が上昇すると，家計は消費を増加させようとする。
④　金利が上昇すると，家計は高額の耐久消費財の購入を手控えようとする。

問6　企業が設備投資を増加させる要因といえるものを，次の①〜④のうちから一つ選べ。　8

①　銀行の貸出金利の上昇

②　売上げの減少などによる業績の悪化

③　過剰な在庫の発生

④　自社の株価の大幅な上昇

3 - 3 大きな政府と小さな政府

問7　「大きな政府」の弊害を指摘した見解とは**いえないもの**を，次の①〜④のうちから一つ選べ。　9

①　公共部門の拡大は，ともすれば民間経済主体の創意と活力を奪い，官僚主義を助長するおそれがある。

②　公営企業は，コスト意識が乏しく，その赤字を補塡（ほてん）するために財政負担が重くなりがちである。

③　「大きな政府」の歳出の相当部分は，公債発行に依存することになりやすく，その公債の消化を中央銀行が引き受ければ，マネーストック（通貨量の残高）が減少することによってデフレーションが生じる。

④　政府は全知全能ではないから，例えば政府の景気対策のためかえって経済の変動が激しくなるといった「政府の失敗」の方が，市場の失敗よりも重大な結果をもたらすことがある。

3 - 4 社会主義の変容

問8　各国の経済改革に関する記述として最も適当なものを，次の①〜④のうちから一つ選べ。　10

①　ベトナムでは，中央集権的な計画経済を強化するドイモイ政策という改革が1980年代に開始された。

②　ソ連では，1980年代にペレストロイカにより経済の再建が図られたが，1990年代初頭にソ連は解体した。

③　中国では，社会主義市場経済という路線が採られているため，株式会社制度の導入は避けられている。

④　ハンガリーとポーランドは，EU（欧州連合）には加盟せず，独自の経済改革を進めている。

3－5　経済学説

問9　経済や社会についての考え方に関する次の記述**ア～ウ**と，それらと関係の深い人物A～Cとの組合せとして最も適当なものを，後の①～⑥のうちから一つ選べ。　11

　　ア　「最大多数の最大幸福」を実現できるか否かが，行為などの善し悪しの判断基準になるという，功利主義と呼ばれる考え方。
　　イ　経済活動についての自由放任主義の下，小さな政府が望ましいという考え方。
　　ウ　不況からの脱出のためには，政府による有効需要の創出が望ましいとする考え方。

　　A　アダム・スミス　　　　B　ベンサム　　　C　ケインズ

　　①　ア－A　　イ－B　　ウ－C
　　②　ア－A　　イ－C　　ウ－B
　　③　ア－B　　イ－A　　ウ－C
　　④　ア－B　　イ－C　　ウ－A
　　⑤　ア－C　　イ－A　　ウ－B
　　⑥　ア－C　　イ－B　　ウ－A

問10　経済の発展に関する次の記述A～Dと，それらと関係の深い人名**ア～オ**との組合せとして最も適当なものを，後の①～⑥のうちから一つ選べ。　12

　　A　外国貿易において，各国は比較優位にある商品の生産に特化し，それを輸出し合えば，双方が利益を得られる。
　　B　企業が古いものを破壊し新しいものを生み出す創造的破壊や技術革新を繰り返すことによって，経済は発展する。
　　C　経済が発展するにつれ，産業構造は，第一次産業から第二次産業へ，そして第三次産業へと重心を移していく傾向をもつ。
　　D　公共政策や開発政策の目標は，各人がよき生活を送ることができるように，主体的に選択できる「生き方の幅」＝ケイパビリティを開発することにある。

　　ア　アマルティア・セン
　　イ　アダム・スミス
　　ウ　ウィリアム・ペティとコリン・クラーク
　　エ　ジョセフ・シュンペーター
　　オ　デビッド・リカード

① 　A－ア　　　B－ウ　　　C－エ　　　D－オ
② 　A－ア　　　B－ウ　　　C－エ　　　D－イ
③ 　A－イ　　　B－ウ　　　C－エ　　　D－オ
④ 　A－イ　　　B－エ　　　C－ウ　　　D－ア
⑤ 　A－オ　　　B－エ　　　C－ウ　　　D－イ
⑥ 　A－オ　　　B－エ　　　C－ウ　　　D－ア

step 2 ....

問1　大都市に住む高校生のAさんは高速バスを利用して農村部にある祖父母の家に行くことにした。バスターミナルまでAさんの姉の大学生Bさんが見送りに来て，バスが来るまでの間に次の会話をした。会話中の　X　と　Y　に入るものの組合せとして最も適当なものを，後の①～⑥のうちから一つ選べ。　13

B：昔は帰省するときは急行列車でとても時間がかかったみたいだけど，今は高速道路もできて便利だね。でも建設費用はかなりかかったらしいよ。

A：それだけのお金をかけて高速道路を作って経済効果はあったのかな。

B：経済効果を計算するのは難しいけど，利用者がどれくらい便利になったのかはある程度計算できると思うよ。例えば，今回，高速バスに乗る費用はいくらだと思う？

A：バスのチケットを買ったときに5,000円払ったから5,000円だよね。

B：払ったお金はそうだね。でもバスに乗っている時間は6時間だから，例えばお店で時給1,000円で同じ時間アルバイトしたらいくらもらえるかな。

A：6,000円だね。結構もらえるな。

B：バスに乗っているとその時間はアルバイトに使えなくなるね。ということはアルバイトで稼げた6,000円を失って，その代わりにバスに乗っていると考えることができるよね。この失った分を経済学では　X　というそうだよ。

実際に払うお金の他にこうしたことも考えないといけないんだ。

A：そうか，時間は何かに使うと他のことをするのに使えないからね。

B：今は高速道路もできたし，鉄道で行くときも途中までは新幹線でも行けるけど，昔は急行列車だと9時間かかったそうだよ。

A：今，急行列車しかなくて，運賃がもし同じ5,000円だった場合と比べると，高速道路ができて便利になったということは，それで節約できた時間でアルバイト代　Y　円を稼げるようになったということなんだね。

① 　X　社会的費用　　　Y　3,000
② 　X　社会的費用　　　Y　6,000
③ 　X　社会的費用　　　Y　9,000
④ 　X　機会費用　　　　Y　3,000
⑤ 　X　機会費用　　　　Y　6,000
⑥ 　X　機会費用　　　　Y　9,000

問2　生徒Xは，公共の授業で学習した機会費用の考え方と適用例を，企業の土地利用を事例にして，まとめることにした。Xが作成した，次のメモ中の空欄　ア　・　イ　に当てはまる語句として最も適当なものを，後の①～④のうちから一つ選べ。　14

◇**機会費用の考え方**：ある選択肢を選んだとき，もし他の選択肢を選んでいたら得られたであろう利益のうち，最大のもの。

◇**事例の内容と条件**：ある限られた土地を公園，駐車場，宅地のいずれかとして利用する。利用によって企業が得る利益は，駐車場が最も大きく，次いで公園，宅地の順である。なお，各利用形態の整備費用は考慮しない。

◇**機会費用の考え方の適用例**：ある土地をすべて駐車場として利用した場合，　ア　の関係から他の用途に利用できないため，そのときの機会費用は，　イ　を選択したときの利益に等しい。

① 　ア　トレード・オフ　　　イ　公　園
② 　ア　トレード・オフ　　　イ　宅　地
③ 　ア　ポリシー・ミックス　イ　公　園
④ 　ア　ポリシー・ミックス　イ　宅　地

第2節：企業と市場

step 1　　　　　　　　　　　　‥‥‥‥‥‥‥‥‥‥‥‥‥‥‥‥‥

3－6　企業

問1　企業に関する記述として最も適当なものを，次の①～④のうちから一つ選べ。 1

① 企業が行う，新たな生産技術や製品に関する研究・開発のことを，M&Aという。

② 寡占の一形態である，同業種の複数企業が合併した企業合同のことを，カルテルという。

③ 中小企業は，日本では中小企業基本法において，自己資本比率に基づいて定義されている。

④ 地元にある中小企業によって支えられ，その地域に定着している産業は，日本では地場産業と呼ばれる。

問2　企業をめぐる制度や状況に関する記述として最も適当なものを，次の①～④のうちから一つ選べ。 2

① 株式会社の出資者である株主に対して，企業は出資の対価として利子を支払う。

② 所有(資本)と経営の分離とは，専門の経営者が企業経営の実権を握ることである。

③ 日本では，ベンチャー企業向けの資金調達を主な目的とする株式市場は存在しない状況にある。

④ 日本では，公正取引委員会は，消費者契約法に基づき，企業が公正な競争をするよう監視している。

問3　企業の活動に関する次の記述A～Cのなかから正しいものをすべて選び，その組合せとして最も適当なものを，後の①～⑧のうちから一つ選べ。 3

A　企業が，芸術や文化活動などの支援を行うことは，メセナと呼ばれている。

B　フィランソロピーに含まれるものには，企業の社会的貢献活動や慈善的

寄付行為などがある。

C　アウトソーシングとは，企業が，広告や宣伝などの活動等により自社製品の差別化を行うことである。

① AとBとC　　② AとB　　③ AとC
④ BとC　　　⑤ A　　　　⑥ B
⑦ C　　　　　⑧ 正しい記述はない

問4　日本の株式会社に関する記述として最も適当なものを，次の①～④のうちから一つ選べ。| 4 |

① 会社法は，株式会社の設立に必要な資本金を，1,000万円以上と定めている。

② 株式会社では，株主は無限責任を負っているため，会社に対する債権者は，株主の財産に対して債権を行使することができる。

③ 一定規模以上の株式会社は，法律上，いずれかの証券取引所に上場しなければならないとされている。

④ 法的には，自然人だけでなく，株式会社等の法人も，それ自体が権利・義務の主体となることができる。

問5　現在の日本の株式会社制度に関する記述として最も適当なものを，次の①～④のうちから一つ選べ。| 5 |

① 株主は，株式会社の所有者であり，所有株式数に応じて会社の所有権が与えられているが，経営に参加する権利はない。

② 株式会社の最高意思決定機関は取締役会であり，株主総会を開催するかどうかは，取締役会決議にゆだねられている。

③ 株主の責任は無限責任であるので，株主は，株式会社が倒産した時，その債務について，出資額を超えて責任を負うことになる。

④ 株式会社は，株式の発行によって資本を調達することができ，原則として，株主に対しては会社の利益から配当が支払われることになっている。

問6　株主の役割に関する記述として**適当でないもの**を，次の①〜④のうちから一つ選べ。　6

①　株主は，保有株を発行している会社の資本金の一部又は全額を出資していることになる。

②　株主は，保有株の価格上昇による利益の一部を配当金として受け取る。

③　株主総会では，株主の株式保有数に応じて議決権を行使でき，過半数の議決をもって議案が採択されるので，議決が大株主の意向に左右される。

④　株主総会では，取締役の選出や解任を行うことができる。

問7　日本の企業や産業に関する記述として最も適当なものを，次の①〜④のうちから一つ選べ。　7

①　バブル崩壊以降，日本の企業の株式に対する日本の金融機関の保有比率は，上昇傾向にある。

②　高度経済成長期の大企業の資金調達は，間接金融によるものが中心であった。

③　生産性や賃金に関して大企業と中小企業の間に存在した格差は，現在では，すでに解消した。

④　現在，就業人口全体に占める割合や国内総生産(GDP)に占める割合が最も高いのは，第二次産業である。

問8　大企業に関する記述として最も適当なものを，次の①〜④のうちから一つ選べ。　8

①　先進国で独占企業といわれるような大企業が成立したのは，第二次世界大戦後のことである。

②　同じ産業に属する企業が競争を避けて利潤を確保するために，価格や生産量について協定を結ぶことを，企業連合(カルテル)という。

③　ある企業が従来からの事業と関連した分野の企業を合併して，大企業に成長したものを，複合企業(コングロマリット)という。

④　日本では，自由競争を維持し，企業間競争を促進して経済的な効率性を高めるために，独占禁止政策はとられていない。

3 − 7　市場機構

問9　次の図は市場メカニズムの働きを説明している。ある商品の市場において，需要・供給と価格の間に図のような関係が成り立っており，需要曲線と供給曲線が交差する点において，均衡価格 P_0 と均衡取引数量 Q_0 が決まる。今，その商品に対する購買意欲が高まったときに，他の条件に変化がない場合，まず初めに図のどの曲線がどちらの方向に移動するかについての記述として最も適当なものを，後の①〜④のうちから一つ選べ。　9

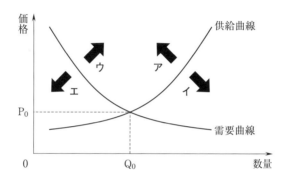

① 供給曲線が**ア**の方向に移動する。
② 供給曲線が**イ**の方向に移動する。
③ 需要曲線が**ウ**の方向に移動する。
④ 需要曲線が**エ**の方向に移動する。

問 10　ある商品の市場において，需要・供給と価格の間に次の図のような関係
が成り立っており，価格が P_0，取引量が Q_0 にあるときに需要と供給は釣り
合っており均衡状態にある。今，その商品の人気がなくなったため需要曲線
が移動したとする。これ以外には条件の変化はないものとする。このとき，
新たな均衡状態に達したときの価格と取引量の変化の記述として最も適当な
ものを，後の①～⑧のうちから一つ選べ。 10

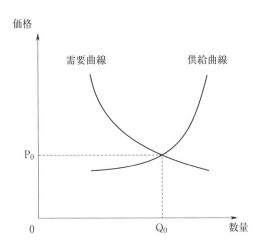

①　価格は上昇し，取引量は減少する。

②　価格は低下し，取引量は減少する。

③　価格は上昇し，取引量は増加する。

④　価格は低下し，取引量は増加する。

⑤　価格は上昇し，取引量の変化はいずれともいえない。

⑥　価格は低下し，取引量の変化はいずれともいえない。

⑦　価格の変化はいずれともいえず，取引量は減少する。

⑧　価格の変化はいずれともいえず，取引量は増加する。

3－8 市場の失敗

問11 「市場の失敗」の事例として**適当でないもの**を，次の①〜④のうちから一つ選べ。 11

① 生産効率を上げるために化学肥料と農薬を利用し，天候にも恵まれて豊作となったが，価格が暴落して，かえって収入が減ってしまった。

② 外貨の獲得を商品作物の輸出に依存している発展途上国では，輸出用作物の耕地を無理に拡大したことで，土壌流出や土地の荒廃が深刻化している。

③ 高度経済成長期には，工場の廃液や煤煙に含まれる有害物質が多くの人々の健康と生命を奪い，日本の公害問題は世界に大きな衝撃を与えた。

④ 一般に，道路は料金を徴収することが困難なので，民間企業ではなく政府によって供給されている。

問12 市場の失敗に関する記述として**適当でないもの**を，次の①〜④のうちから一つ選べ。 12

① 道路や公園，自然環境などの公共財は市場を通じて供給することが難しく，公共財の過少供給は，「市場の失敗」の一つの例である。

② 政府は，法的規制によって市場に介入したり，公共財を提供したりすることを通じて，「市場の失敗」を回避しようとする。

③ 政府の規制が不十分だったために企業が公害を発生させた場合，公害がもたらす不利益は外部不経済と呼ばれ，「市場の失敗」ではなく「政府の失敗」に分類される。

④ 商品の購入時に一定金額を預かり，使用済み容器の回収時に預かり金を返却するデポジット制は，容器をごみとして捨てた購入者の負担をより重くすることで，「市場の失敗」を回避しようとする仕組みの一つである。

問13　市場の失敗が引き起こす諸問題を解決するものとして，政府の役割が重要になる。そのことに関連して，日本における政府介入の事例として**適当でないもの**を，次の①～④のうちから一つ選べ。 | 13 |

① 医薬品やコンピュータソフトなどの開発者の利益を守り，開発意欲をそがないようにするために，知的財産権を保護する法律がある。

② 寡占市場において過剰に繰り広げられる企業間の価格競争を抑制し，非価格競争を促進するために，独占や寡占を制限する法律がある。

③ 住宅や店舗が秩序なく建設されて，交通渋滞が発生したり，防火対策などが不十分になったりしないように，建築や土地利用を規制する法律がある。

④ 環境を汚染する物質が工場などから大量に排出されないように，排出を規制する法律がある。

3－9　寡占市場

問14　寡占市場の特徴の記述として**誤っているもの**を，次の①～④のうちから一つ選べ。 | 14 |

① 少数の大企業によって市場が支配されている場合，製品差別化などの非価格競争が生じやすい。

② 少数の大企業によって市場が支配されている場合，プライス・リーダーによる価格設定に他の企業が追随する管理価格が形成されやすい。

③ 少数の大企業によって市場が支配されている場合，供給が過剰になったり，生産費が安くなったりすると，直ちに価格に反映されやすい。

④ 少数の大企業によって市場が支配されている場合，宣伝や広告が過熱するなど，消費者への情報がゆがめられやすい。

step 2

....

　ある高校のクラスでは公共の時間に，市場経済と政府の役割に関する学習を行った。次の会話文Ⅰ・Ⅱを読み，後の問い(**問1～3**)に答えよ。

会話文Ⅰ

先　生：他にも，政府には大事な働きがあるよ。多くの一般道は国や自治体が作ったものだけど，一般道には二つの特徴的な性質がある。第一に，渋滞していない限り，ある人が道路を通っても，それによって他の人が通れる道路の量が減ったりはしないよね。こういう性質のことを「非競合性」と呼ぶよ。第二に，一般道のあちこちに料金所を置くのは無理だから，通行料を支払った人にしか道路を使わせない，ということはできないね。こういった性質のことを「非排除性」と呼ぶんだ。では，_ⓐこの非排除性を念頭において，もし政府が道路を作ることに関与せず，その供給をすべて企業に任せると，何が起きるか考えてごらん。

タカギ：ああ，そうか。　A　から，企業は　B　わけですね。

先　生：そのとおり。だから，この一般道のような財は，供給を企業だけに任せると社会にとって望ましくない結果をもたらすので，政府の働きが必要になるんだ。こうした財を「公共財」というよ。世の中には他にも，「非競合性をもつけど非排除性はもたない財」や「非排除性をもつけど非競合性はもたない財」もあるよ。調べてみよう。

問1　下線部ⓐにおける先生の問いかけを踏まえ，上の会話文中の　A　と　B　に入る発言として最も適当なものを，次の①～④のうちから一つ選べ。　15

①　A　一般道を作るためには行政上の複雑な手続きが必要となる
　　B　社会で必要とされる量の道路を作ろうとしない

②　A　一般道を使う人はお金を支払わない
　　B　社会で必要とされる量の道路を作ろうとしない

③　A　一般道を作り過ぎても損をする心配がない
　　B　社会で必要とされる以上に道路を作ろうとする

④　A　一般道は世の中のあらゆる人が利用する可能性がある
　　B　社会で必要とされる以上に道路を作ろうとする

問2　生徒たちは様々な財・サービスについて，非競合性と非排除性をもつかどうかを調べ，次の表にまとめた。表の**ア〜ウ**と，そこに入るもの**A〜C**の組合せとして最も適当なものを，後の①〜⑥のうちから一つ選べ。 16

		非排除性	
		も　つ	もたない
非競合性	も　つ	**ア**	**イ**
	もたない	**ウ**	食料品・衣服など

A　ケーブルテレビの有料チャンネル
B　自由に釣りをしてもよい小さな池にいる魚
C　岬の灯台

① ア－A　　イ－B　　ウ－C
② ア－A　　イ－C　　ウ－B
③ ア－B　　イ－A　　ウ－C
④ ア－B　　イ－C　　ウ－A
⑤ ア－C　　イ－A　　ウ－B
⑥ ア－C　　イ－B　　ウ－A

会話文Ⅱ

先　生：他にも市場にだけ任せて決めてしまっては好ましくない領域がある。例えば，雇用だよ。労働力にも需要と供給があり，労働市場で取引されている。でも労働市場を完全に自由にしてしまうと，多くの労働問題を引き起こしてしまうおそれがあるんだ。それを防ぐために，賃金や労働時間などに関して様々なルールが法律で定められているよ。誰もが人間らしく生きていける自由で公正な社会を実現するためには，適切な法律や制度をつくって市場とうまく付き合っていくことが重要なんだ。

問3　生徒たちは労働市場における需要と供給について，様々な意見を述べた。次の会話文中の　A　～　C　に入る語句の組合せとして最も適当なものを，後の①～⑧のうちから一つ選べ。　17

シマダ：日本は少子高齢化が進んで，働く年齢層の人が減っていると聞きました。これは労働市場における　A　が減少しているということですよね。

ナカイ：企業の方も，人手不足に対応するべく，省力化を進めていくんじゃないかと思います。店員を雇わなくてもよい無人コンビニなどが増えていくと，コンビニ業界の労働市場における　B　が減少するかもしれません。

タカギ：私は女性の働き方に関心があります。雇われて働こうとする女性が増えるということは，労働市場における　C　の増加を意味するわけですね。

① A　需要　　　B　需要　　　C　需要
② A　需要　　　B　需要　　　C　供給
③ A　需要　　　B　供給　　　C　需要
④ A　需要　　　B　供給　　　C　供給
⑤ A　供給　　　B　需要　　　C　需要
⑥ A　供給　　　B　需要　　　C　供給
⑦ A　供給　　　B　供給　　　C　需要
⑧ A　供給　　　B　供給　　　C　供給

第3節：財政と金融

step 1 ....

3－10　財政

問1　財政に関する記述として最も適当なものを，次の①～④のうちから一つ選べ。　1
① 　政府の歳入の基本である租税を間接税と直接税に分ける場合，消費税は直接税に分類される。
② 　1990年代後半，日本政府はバブル崩壊後の長引く不況への対策として，一般会計における歳出削減を継続した。
③ 　歳出の多くが公債の元金返済や利息の支払いに使われるようになり，柔軟な財政政策ができなくなることを，財政の硬直化という。
④ 　2010年から現在までの日本では，プライマリーバランスの黒字が続いている。

問2　所得の再分配に関連する記述として**誤っているもの**を，次の①～④のうちから一つ選べ。　2
① 　市場経済では，所得分配が不平等になりがちなので，政府の所得再分配機能が求められる。
② 　勤労者が負担し高齢者に支給されるという方式の年金は，世代間の所得再分配の役割を果たす。
③ 　生活必需品に課される間接税では，低所得者層ほど負担が相対的に重くなる。
④ 　累進課税とは，所得額の大小にかかわらず，税率を一定とする制度である。

問3　不健全な状態にある日本の政府財政に関する記述として最も適当なものを，次の①～④のうちから一つ選べ。　3
① 　歳入における国債依存度が前年度に比べて低下すれば，今年度末の国債残高は減少する。
② 　財政赤字は翌財政年度の増税で埋められるほかなく，その結果翌年の可処分所得が減少して民間消費支出も減り，経済の活力を削ぐことになる。
③ 　財政赤字が拡大して国債費が肥大すると，予算のうち機動的な政策経費

として使える金額が減少し，財政の柔軟性が損なわれる。

④　主に公共事業費をまかなうための建設国債の発行には，国会がその都度特例法を制定しなければならない。

問4　次の**表1**は，国債発行の手続きを，**表2**は，予算と法律の成立要件をまとめたものである。**表1**中の| イ |と，**表2**中の| X |にそれぞれ入る語句の組合せとして最も適当なものを，後の①～④のうちから一つ選べ。| 4 |

表1　国債発行の手続き

国債の種別	目　的	手　続　き
	ア		公共事業費，出資金および貸付金の財源を調達する。	・発行される国債の限度額などを定めた予算を議決する。
	イ		上記以外の歳出の財源を調達する。	・発行される国債の限度額を定めた予算を議決する。 ・発行される国債につき特別の法律を制定する。

表2　予算と法律の成立要件

	成　立　要　件
予　算	・原則として，衆議院と参議院で可決されることが必要である。 ・ただし，参議院で衆議院と異なる議決がされた場合に，| X |とき，又は，参議院が，衆議院の可決した予算を受け取った後，国会休会中の期間を除いて30日以内に議決しないときは，衆議院の議決が国会の議決となる。
法　律	・原則として，衆議院と参議院で可決されることが必要である。 ・ただし，法律案が衆議院で可決され，参議院でこれと異なる議決がされた場合に，| Y |ときは，衆議院の可決した法律案が法律となる。

① イ　建設国債　　X　両院協議会を開いても意見が一致しない
② イ　建設国債　　X　衆議院が出席議員の3分の2以上で再び可決した
③ イ　赤字国債　　X　両院協議会を開いても意見が一致しない
④ イ　赤字国債　　X　衆議院が出席議員の3分の2以上で再び可決した

3－11 金融

問5　日本の金融制度や通貨制度に関する記述として最も適当なものを，次の①～④のうちから一つ選べ。　5

①　現在の日本では，外貨準備の保有量に基づいて通貨を発行する管理通貨制度が採用されている。

②　金融市場において，企業が株式や社債の発行によって資金を調達することを，間接金融という。

③　日本銀行は，大企業だけでなく，中小企業や農業団体への資金の貸付けも行っている。

④　金融機関には，普通銀行や信用金庫だけでなく，証券会社や保険会社も含まれている。

問6　企業の資本調達に関する記述として**誤っているもの**を，次の①～④のうちから一つ選べ。　6

①　株式を発行して集めた資本は，返済する必要がない。

②　社債は，証券の発行を通じて行う資金借入れの手段である。

③　銀行からの借入れは，直接金融と呼ばれる。

④　社内に留保された利益は，自己資本を構成する。

問7　1980年代以降の金融の規制緩和に関する記述として**適当でないもの**を，次の①～④のうちから一つ選べ。　7

①　それまで横並びであった銀行の預金金利が，それぞれの銀行で自由に設定できるようになった。

②　日本版金融ビッグバンによって，銀行，証券会社，保険会社の業務範囲に関して自由化が進められた。

③　ある一定の大きさの資本をもつ企業であれば，銀行が行っている預金業務を自由に行えるようになった。

④　従来，特定の銀行にしか認められていなかった外国為替の取引業務を一般企業が行えるようになった。

3 ─ 12 財政政策・金融政策

問8　政府は，市場に対して規制や介入を行う場合があり，政府と中央銀行が景気変動を調整するために行う財政・金融政策は，その一つである。この財政・金融政策の例として最も適当なものを，次の①〜④のうちから一つ選べ。
8

①　景気が過熱すると，政府は増税をし，中央銀行は政策金利を引き上げ，景気を抑制しようとする。

②　景気が過熱すると，政府は減税をし，中央銀行は預金準備率（支払準備率）を引き上げ，景気を抑制しようとする。

③　不況になると，政府は公共投資を増やし，中央銀行は自ら保有している国債を市中銀行に売却し，景気を刺激しようとする。

④　不況になると，政府は公共投資を抑制し，中央銀行は市中銀行の保有している国債を買い上げ，景気を刺激しようとする。

問9　景気や物価の調整にあたる政府や中央銀行の行動の記述として正しいものを，次の①〜④のうちから一つ選べ。9

①　失業を減少させようとする場合には，政府は，有効需要を拡大するため，財政支出を削減する。

②　インフレーションに対処しようとする場合，中央銀行は，公開市場操作として売りオペレーションを行う。

③　不況期には貨幣への需要が減るので，中央銀行は，不況対策として政策金利の誘導目標を引き上げるなどしてマネーストック（通貨量の残高）を減らそうとする。

④　増税は，民間の経済活動を活性化させるために，不況対策として採られる政策である。

step 2　．．．．．．．．．．．．．．．．．．．．．．

　高校生のホシノさんは，大学が高校生にも講義の受講を認めるプログラムに参加し，講義が終わってから疑問や興味をもった点について自分で調べ，講義内容と併せて分かりやすくまとめるよう指導を受けた。そこでホシノさんは講義終了後に，指導のとおりノートをまとめることにした。これに関する次の問い（**問1**〜**3**）に答えよ。

問1　ホシノさんはまず講義のテーマとなっている日本のバブル経済後の不況が長期化した原因として講義中に何度も指摘されていた，回収が困難となった金融機関の貸付金などの，いわゆる「不良債権」に対する理解が不十分なままだと感じていた。そこでテレビドラマで見た次の**事例**が不良債権に該当するか，「平成十年金融再生委員会規則第二号」を基にして講義中に作成した後の**メモ**を読み直して考えてみることにした。次の事例が後の**メモ**にある分類のいずれに当てはまるかを考えたとき，その答えとして最も適当なものを，後の①〜④のうちから一つ選べ。　10

事例：延滞はしていないが今期の業績が赤字に転落し，このままでは今月の返済が遅れるかもしれないため，銀行がリスケジューリング（リスケジュール）を行った会社に対する債権。

メモ
金融機関の有する不良債権の分類（返済可能性の低い順）
Ⅰ　「破産更生債権及びこれらに準ずる債権」……破産手続や更生手続，再生手続を開始しているなど経営が破綻していると判断される人や会社に対する債権。
Ⅱ　「危険債権」……経営破綻の状態とまではいえないが，財政状態や経営成績が悪化し，（延滞が長期にわたるなどして）元金または利息が回収できない見込みが高い人や会社に対する債権。
Ⅲ　「要管理債権」……期日を3か月過ぎても元金または利息の返済が滞っているか，経済的困難に陥った借り手への支援や元金及び利息の回収促進などを目的に金利減免や債務返済の繰延べなどの，"救済措置"が与えられた人や会社に対する債権。（Ⅰ，Ⅱに該当する債権を除く）

　　　①　「破産更生債権及びこれらに準ずる債権」
　　　②　「危険債権」

③　　「要管理債権」

④　　いずれにも当てはまらない(不良債権ではない)

問2　ホシノさんは，講義中で取り上げられていた信用創造について，どのような過程で起こるのか確認するために，教科書に倣い**図**と**説明文**を作ってみた。ホシノさんが作成した次の**図**や**説明文**にある　ア　～　ウ　に入る数字の組合せとして最も適当なものを，後の①～⑧のうちから一つ選べ。　11

図

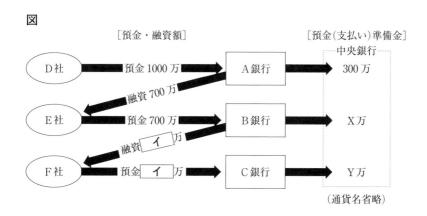

説明文

　これは預金(支払い)準備率が　ア　％で，各銀行が預金(支払い)準備率を満たす必要最低限度の準備金を中央銀行に預け，残りの預金はすべて融資に回すものとした場合の例である。この場合，A銀行は過不足なく準備金を中央銀行に預け，預金増加額のうち残りの700万すべてを資金運用のためE社に融資する。また，E社から預金を受け入れたB銀行はA銀行と同様の行動を取り，F社へは　イ　万貸し出す。このときF社がC銀行に　イ　万すべてを預けた段階で，これら三つの銀行が受け入れた預金の増加額は，D社が最初に預け入れた1000万の倍以上に増えており，社会全体の通貨供給量が増えていることが分かる。

　なお，預金(支払い)準備率が40％の場合には，図中のA銀行からE社への融資及びE社からB銀行への預金は600万となり，B銀行からF社への融資及びF社からC銀行への預金の数字も変わる。したがって預金準備率が40％の場合に三つの銀行が受け入れた預金の増加額は　ウ　万となり，準備率が低いほど信用創造の効果は大きくなることが分かる。

①　ア　30　　　イ　490　　　ウ　1960

② ア 70　　　イ 490　　　ウ 2190
③ ア 30　　　イ 420　　　ウ 2120
④ ア 70　　　イ 490　　　ウ 1960
⑤ ア 30　　　イ 490　　　ウ 2190
⑥ ア 70　　　イ 420　　　ウ 1960
⑦ ア 30　　　イ 420　　　ウ 1960
⑧ ア 70　　　イ 420　　　ウ 2120

問3　ホシノさんは講義を聴いていて，貨幣制度が資金不足による倒産や失業の元凶である気がした。そこで，そもそもそれが維持されている理由を知るために貨幣の役割を調べることにした。その結果ホシノさんは，貨幣には価値尺度，交換（流通）手段，支払い手段，価値貯蔵（保蔵）手段の四つの機能があるという教科書の記述を見つけた。このうち，貨幣を価値貯蔵（保蔵）手段として用いた事例として最も適当なものを，次の①〜④のうちから一つ選べ。
　　　12

① ある織物業者は傘を手に入れたいと思っているが，自分の作ったタオルと引き換えてくれる傘の所有者は見つけにくいので，タオルを売って貨幣に換え，その貨幣で傘を買った。

② ある資産家が土地や建物，自動車，宝石などのかたちで保持している自分の資産の価値を把握する上で，それぞれの資産の単位（広さや台数など）をそのまま使うと分かりにくいので，すべて日本円に換算して合計した。

③ ある会社員が，郊外の自宅の庭で自家消費分以上のナスを収穫したが，余った分をそのままもっていてもいずれ腐敗により価値が激減してしまうので，自家消費する分以外はすべて貨幣に換えて預金口座に入れた。

④ ある町工場の社長は原材料を大量に仕入れたが，その対価となる資金が十分には手元になかったので，約束手形を振り出し，後日当座預金からの引落としにより債務を返済した。

第4節：国民所得と産業構造

step 1

3−13 国民所得

問1　国富に関する記述として最も適当なものを，次の①〜④のうちから一つ選べ。　1

①　国富は GDP や国民所得とともに政府によって算出される代表的なフロー統計であり，通常は1年間における平均資産額で表示される。

②　国富は一国の資産の総計を示し，工場や機械などの生産設備のほかに，公園，学校などの生活関連の社会資本や住宅も算入されている。

③　国富に土地は算入されていないので，地価が下落する時期に国富が増加することがある。

④　国富の推計においては，国民生活に影響の大きい大気汚染や水質汚濁など自然環境条件の変化が金額評価され，加算あるいは控除されている。

問2　国内総生産(GDP)に関する記述として最も適当なものを，次の①〜④のうちから一つ選べ。　2

①　GDP は一国の経済規模を把握するために，重複計算を避ける目的から，原材料などの中間生産物の金額を含まない付加価値総額を示すように工夫されている。

②　GDP の推計に当たっては，民間の経済活動の把握を重視しているために，公営の地下鉄やバスなどのいわゆる公的企業の経済活動は算入されているが，政府や地方公共団体の経済活動は原則として除かれている。

③　日本の GDP はおおむね1980年代前半から国民総生産(GNP)より大きくなったが，これは日本の海外資産が増加し，利子・配当などで国外からの受け取りが国外への支払いより大きくなったためである。

④　GDP の算定に当たっては，国内生産物の輸出分と海外生産物の輸入分がいずれも対象外とされているが，これは国内の経済規模を正確に把握するための措置である。

問3　経済成長率はGDP（国内総生産）やGNP（国民総生産）の伸び率で表される
が，GDPとGNPについて述べたものとして最も適当なものを，次の①〜④
のうちから一つ選べ。　| 3 |

① 　ある国で海外から受け取った所得が増加すれば，その国のGDPは増加
しないが，GNPは増加する。

② 　国内で外資系企業の生産した財・サービスの価値総額が増加すれば，そ
の国のGDPは増加しないが，GNPは増加する。

③ 　ある国で輸出額が増加すれば，その国のGDPは増加しないが，GNPは
増加する。

④ 　国内でボランティア活動が増加すれば，その国のGDPは増加しないが，
GNPは増加する。

問4　経済成長の指標となる国民所得勘定の記述として正しいものを，次の①〜
④のうちから一つ選べ。　| 4 |

① 　GNP（国民総生産）は，一国のすべての企業が生産した財・サービスの
売上額を合計したものである。

② 　国民所得には生産・分配・支出の3面があるが，生産面が最も大きい。

③ 　地価の上昇など資産価格の上昇分は，GNPの増加に含まれる。

④ 　支出国民所得には，消費支出だけでなく，投資（資本形成）も含まれる。

問5　国民の経済的豊かさを示す指標に関する記述として**適当でないもの**を，次
の①〜④のうちから一つ選べ。　| 5 |

① 　人口一人当たりGDPは，国連が後発開発途上国の定義に使用するなど，
経済的な豊かさの国際比較で使用されている。

② 　NNWは，GNPやNIの概念を修正し，補完するものであり，例えば，
環境汚染などの貨幣的評価額は差し引かれ，家事労働や余暇時間などの貨
幣的評価額が加算されている。

③ 　食料は生活必需品の性質が強く，その支出額が消費支出の総額に占める
割合をエンゲル係数と呼ぶが，一般的に所得水準が上昇するとエンゲル係
数は低下するといわれている。

④ 　名目経済成長率がマイナスの場合，そのマイナス成長率よりも物価水準
の下落率が大きければ，実質経済成長率もマイナスとなる。

3−14 産業構造

問6　1980年代の日本の産業構造の変化を説明したものとして最も適当なものを，次の①〜④のうちから一つ選べ。　**6**

①　繊維や食品などの軽工業中心の産業構造から，鉄鋼や石油などの重化学工業中心の産業構造へと変化した。

②　素材産業に代わって，自動車，電気機械などの加工組立型の産業が経済の中心となってきた。

③　就業者数に占める農業人口の割合は一貫して低下し，兼業農家の比率が激減した。

④　経済のサービス化が進展したことによって，産業の高度化が妨げられるようになった。

問7　第二次世界大戦後の日本の産業構造の変化に関する記述として**適当でない**ものを，次の①〜④のうちから一つ選べ。　**7**

①　高度経済成長期に，第一次産業の比重が著しく低下し，第二次産業の比重が高まったが，この現象は産業構造の高度化の一例とされている。

②　高度経済成長期に，製造業の中心が軽工業から重化学工業へ変化したが，この現象は産業構造の高度化の一例とされている。

③　石油危機後に，産業の中心が軽薄短小型産業から重厚長大型産業へ変化したが，この現象は産業構造の転換の一例とされている。

④　石油危機後に，第三次産業の比重が一層高まってきたが，この現象は経済のサービス化の一例とされている。

3−15 景気変動と物価

問8　景気変動や景気対策に関する記述として最も適当なものを，次の①〜④のうちから一つ選べ。　**8**

①　1970年代の石油危機のような不況期にもインフレーションが進んだ現象は，デフレスパイラルと呼ばれる。

②　2000年代に入ると，日本銀行は一層の金融緩和策として，量的緩和政策を実施した。

③　景気変動のうち，建築需要の変化によって生じるものは，コンドラチェフの波と呼ばれる。

④　日本では，1990年代に入ると，金融緩和政策や地価抑制策などにより，地価や株価は下落し，バブル経済が崩壊した。

問9　景気や物価の変動に関する記述として最も適当なものを，次の①～④のうちから一つ選べ。　**9**

① 　第二次世界大戦の終戦直後の日本において，インフレーションが発生した背景には，通貨の大量発行や物資の不足などがあった。

② 　1980年代後半の日本において，円高不況に対してとられた対策として，金融緩和策や地価抑制策があった。

③ 　設備投資の変動などによって生じる周期が約10年の景気循環は，キチンの波と呼ばれる。

④ 　デフレーションと需要の増加とが相互作用する現象は，デフレスパイラルと呼ばれる。

step 2

　ある高校のクラスでは公共の時間に，市場経済と政府の役割に関する学習を行った。次の会話文Ⅰ～Ⅲを読み，後の問い（**問1～3**）に答えよ。

会話文Ⅰ

先　生：日本は戦後，市場経済の下で経済成長してきたんだよ。その歩みを見てみよう。

シマダ：経済成長率は，GDPから求めることができるんですね。GDPはその国でどれだけ財やサービスの生産が行われたかを付加価値の合計で示した数字なので，その動きをまとめるだけで日本経済の歩みがいろいろと見えてきますね。

ナカイ：少し気になったんですが，「その国で行われた財やサービスの生産」というのは，何を指すんですか。日本経済は外国とも様々な形で関係しているから，何が日本のGDPに含まれるか，少し分かりにくい気が……。

タカギ：そうですね，日本のGDPに含まれるものと含まれないものを，調べてみましょうか。

問1　生徒たちは，日本のGDPに何が含まれるかを調べた。日本のGDPに含まれるものを次のA～Cからすべて選んだとき，その組合せとして最も適当なものを，後の①～⑧のうちから一つ選べ。　**10**

A　日本のプロ野球でプレーするアメリカ人選手に球団が支払った年俸
B　日本人アーティストがイギリスで行ったコンサートの興業収入
C　日本の温泉地を訪れた中国からの観光客が旅館に支払った宿泊料

① AとBとC　　② AとB　　③ AとC
④ BとC　　　⑤ A　　　　⑥ B
⑦ C　　　　　⑧ 日本の GDP に含まれるものはない

会話文 II

シマダ：日本が世界経済のなかで経済成長を実現した背景には，やはり自由な市
　　　　場の働きがあるんじゃないかと思います。

ナカイ：でも，経済がいつも順調に発展するとは，限らないんじゃないでしょう
　　　　か。景気が悪いときもあるし，政府が行う景気対策のニュースもよく見
　　　　聞きします。

先　生：良いところに気がついたね。自由市場はいつでも順調に経済を成長させ
　　　　るとは限らず，景気の変動もつきものなんだ。景気の波を小さくして，
　　　　経済を安定化させるためには，政府の働きも重要になってくるんだ。

問2　景気変動とその安定化に関する記述として最も適当なものを，次の①～④
　　のうちから一つ選べ。　11

　① コンドラチェフの波と呼ばれる景気変動は，在庫投資の変動によって起
　　こるとされる。

　② ジュグラーの波と呼ばれる景気変動は，建設投資の変動によって起こる
　　とされる。

　③ 景気が悪いときに行われる裁量的財政政策の一つとして，政府支出の削
　　減がある。

　④ 景気の自動安定化装置の役割を担う制度の一つとして，所得税の累進課
　　税制度がある。

会話文Ⅲ

シマダ：経済の安定には物価の安定も大切ですよね。

先　生：物価は国民生活に密接な関係にあるから，そういうことがいるね。物価
　　　　と経済成長率の関係を調べてみるといいと思うよ。

シマダ：そうですね。

問3　生徒たちは，1961年から2018年までの，消費者物価指数に基づく物価変
　　　動率（点線）とGDPに基づく実質経済成長率（実線）の推移をグラフにしてみ
　　　た。このグラフから読み取れることとして最も適当なものを，後の①〜④の
　　　うちから一つ選べ。　12

グラフ　日本の実質経済成長率と物価変動率の推移（1961年〜2018年）

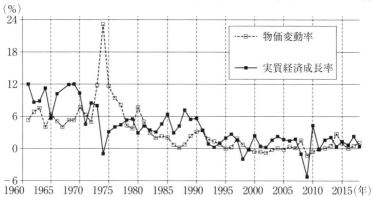

内閣府「平成24年度　年次経済財政報告」（内閣府Webページ），2001年以降
の物価変動率は「2015年基準消費物価指数」（総務省統計局Webページ），2001
年以降の実質経済成長率は内閣府経済社会総合研究所「2018年度国民経済計算」
（内閣府Webページ）により作成。

①　1961年から1969年までは物価上昇が継続したため，実質GDPは減少
　　していったと判断される。

②　1975年から1979年までは，実質GDPの減少と物価の上昇が継続した
　　と判断される。

③　1987年から1991年までの物価上昇傾向から一転し，1992年から1999
　　年までは物価の下落が継続したと判断される。

④　2001年から2018年までは，1960年代や1970年代と比べて物価の上昇
　　率は小さいと判断される。

第 5 節：日本経済の発展

step 1

3 − 16　高度経済成長期

問 1　日本経済に関する記述として最も適当なものを，次の①〜④のうちから一つ選べ。　1

①　第二次世界大戦の終戦後，生産基盤を立て直すために，第三次産業に資源や資金を重点的に投入する傾斜生産方式が採られた。

②　10 年間で所得を 2 倍にするという「経済安定 9 原則」が掲げられた後，日本は，国民総生産（GNP）に関して世界第 2 位の経済大国になった。

③　1970 年代には，景気の後退とともに物価が下落するというスタグフレーションが生じた。

④　高度経済成長とともに消費が拡大するなかで，「三種の神器」と呼ばれる耐久消費財を所有する世帯が増加した。

問 2　高度経済成長期の日本経済についての記述として**適当でないもの**を，次の①〜④のうちから一つ選べ。　2

①　日本国民の家計貯蓄率は先進国に比較して高く，その預貯金が民間企業に豊富に供給されて，企業は設備投資を積極的に行った。

②　政府は積極的に港湾や道路などの産業基盤を整備し，こうした生産関連の社会資本の充実が民間企業の生産効率を高める一因となった。

③　高度経済成長期の初期には日本の技術水準は欧米に比べて低かったが，その後，最新の技術を導入することによって生産効率が高まった。

④　石炭，鉄鉱石などの安価な資源が，主として地理的に近い中国，ソ連から大量に輸入されたことで，日本製品の価格低下が実現し，輸出増加に貢献した。

問3　高度経済成長期に関する記述として**適当でないもの**を，次の①〜④のうち
から一つ選べ。　3

　① 　この時期，製造業を中心とする第二次産業の拡大が著しく，特に造船，
鉄鋼，機械，石油化学など，重化学工業が発展した。

　② 　この時期，家庭用電気製品が普及し，消費生活は向上したが，他方で四
大公害など大規模公害も発生した。

　③ 　この時期，設備投資のための民間企業の資金需要が拡大したが，この資
金の大部分は外国資本の導入によって調達された。

　④ 　この時期，企業は農村などから安価な労働力を調達したが，これには中
学卒業直後の若年労働者が多数含まれていた。

3−17　プラザ合意とバブル経済

問4　プラザ合意が日本経済に与えた影響についての記述として最も適当なもの
を，次の①〜④のうちから一つ選べ。　4

　① 　プラザ合意後の円高のため，エネルギー資源の輸入価格が上昇し，日本
経済は構造的不況に陥った。

　② 　プラザ合意後の円高にもかかわらず，日本への外資の流入は増大せず，
日本経済は経常収支の赤字に苦しむことになった。

　③ 　プラザ合意後の円高のため，日本からの輸出品のドル建て価格が高くな
り，競争力の弱い輸出産業は円高不況に陥った。

　④ 　プラザ合意後の円高にもかかわらず，企業の設備投資が活発になり，日
本経済は再び高度成長の時代に入った。

問5　バブル経済の時期の出来事に関する記述として**適当でないもの**を，次の①
〜④のうちから一つ選べ。　5

　① 　企業は，株価や地価の上昇による利益を見込んで，株式や不動産への投
資を積極的に行い，金融機関もこれに伴う資金需要に積極的に応じた。

　② 　保有する資産の価値が上昇したので，人々はぜいたく品やレジャーなど
への支出を積極的に増大させ，消費ブームが起きた。

　③ 　消費税が導入されて，直接税中心の従来の税制よりも，税収が景気変動
の影響を受けにくくなった。

　④ 　低金利政策が続いて資金調達が容易になったため，政府は赤字国債の発
行を積極的に拡大した。

問６　バブル期の日本経済についての記述として最も適当なものを，次の①〜④のうちから一つ選べ。　| 6 |

①　この時期，多くの都市銀行は不動産向け融資を拡大したが，その後これらの融資は不良債権問題の原因の一つになった。

②　プラザ合意以降の急激な円安の下で，金融が緩和されたため，株式や不動産などに対する投資が拡大し，資産インフレが生じた。

③　バブル経済崩壊の直接的契機は，急速な円高による輸入品価格の下落であり，これによって地価の下落が始まった。

④　この時期，土地などの資産価格が上昇する一方，高価格の消費財への需要は低下した。

問７　「失われた20年」と呼ばれた1990年代から2000年代にかけての日本経済の状況を説明している記述として最も適当なものを，次の①〜④のうちから一つ選べ。　| 7 |

①　バブル経済の崩壊の影響から，日本企業は輸出競争力を大幅に低下させ，また政府は不況対策のために公共事業の支出を強いられたので，日本の経常収支と財政収支は，赤字に転落した。

②　地価・株価が急落して財務内容が悪化し，将来の成長に慎重な見方をするようになった企業が，設備投資を縮小させたので，実質経済成長率は戦後初めてマイナスを記録した。

③　長引く不況と戦後最悪の失業率を背景に，政府は経済の活性化を図るために，規制緩和を推進したり，企業や大学と連携してベンチャービジネスを育成したりする政策を実施してきた。

④　企業は，生産性の向上が進展しないので，賃金コストを軽減させるため，優秀で安価な若年労働力を長期に安定的に確保するよう，雇用形態を終身雇用制へ移行させた。

step 2　· ·

　ある高校のクラスでは公共の時間に，日本経済の動きに関する学習を行った。次の会話文Ⅰ・Ⅱを読み，後の問い（**問1～3**）に答えよ。

会話文Ⅰ

先　生：第二次世界大戦後の日本経済は，戦争で壊滅的打撃を受けた。現在の日本は経済大国の一角を占めているが，そこに至る歩みは平たんではなかったんだよ。例えば，次の資料を見てみよう。この資料は，第二次世界大戦の終了直後から，日本中の学者や官僚等が約40回も集まって，日本の経済をどのように立て直すかを議論した末の報告書のコピーなんだ。

> 経済計画化の内容
> ……［日本経済の］計画化の基本的対象は鉄鋼，石炭，電力，肥料等基礎物資の需給と事業資金の供給に置かれ，其の場合之等基礎生産及び金融機関に公共的性格を与えることが要求されるであろう。
> (注)　外務省調査局『改訂　日本経済再建の基本問題』(昭和21年9月)により作成。一部表現を変えている。

　ここに見られるように，日本経済の復興には政府によるテコ入れが必要だ，ということを見越しているんだ。

ホシノ：これって，戦後復興期の　A　のことを言っているようですね。

問1　上の　A　に入る政策ないし勧告ア～ウと，それがなされた背景a・bとの組合せとして最も適当なものを，後の①～⑥のうちから一つ選べ。　| 8 |

　ア　シャウプ勧告　　　イ　傾斜生産方式　　　ウ　量的緩和政策

　a　基礎物資以外は，おおむね国内生産で賄うことができていた。
　b　日本国内では，原料も外貨も全般的に不足していた。

①　ア－a　　　②　ア－b　　　③　イ－a
④　イ－b　　　⑤　ウ－a　　　⑥　ウ－b

会話文Ⅱ

先　生：日本経済は 1950 年代半ば頃から，市場経済の下で経済成長してきたん
　　　　だよ。その歩みを見てみよう。

問2　先生の提案を受けて，生徒たちは過去の日本の経済成長率を調べ，時代ご
　　とにグラフにまとめた。次の五つの折れ線グラフは，生徒たちが日本の経済
　　成長率の推移を 10 年ごとにまとめたものであり，1960 年代，1970 年代，
　　1980 年代，1990 年代，2000 年代のいずれかのデータを示している。グラフ
　　の横軸は時系列を示しており，例えば 1960 年代のグラフでは 0 ～ 9 の数字
　　がそれぞれ 1960～1969 年の各年を表している。縦軸の数値は実質 GDP に
　　基づく年ごとの経済成長率を，パーセントで表したものである。

　　　1980 年代の経済成長率のグラフとして最も適当なものを，次の①～⑤の
　　うちから一つ選べ。　9

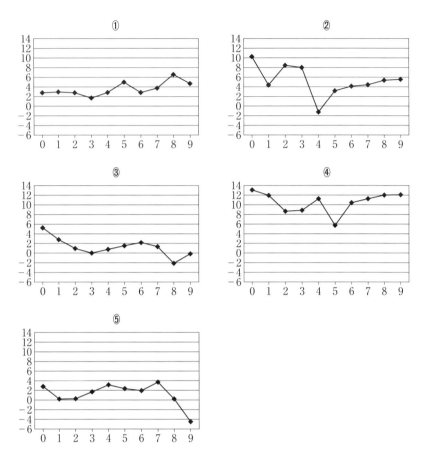

内閣府経済社会総合研究所編『長期遡及主要系列国民経済計算報告－平成2年基準(昭和30年～平成10年)』および内閣府経済社会総合研究所「2009(平成21)年度国民経済計算(2000年基準・93 SNA)遡及推計」(内閣府経済社会総合研究所 Web ページ)により作成。

問3　ホシノさんは日本のバブル経済の発生と崩壊の過程に興味をもった。そこでその過程をまとめることにした。次の**ア～オ**はバブル景気について，その前後も含めた時代背景を述べたものである。この**ア～オ**を年代順に並べたものとして最も適当なものを，後の①～⑥のうちから一つ選べ。| 10 |

　　ア　不動産価格の下落によって土地の値上がりを前提とした融資の一部が返済不能となり，金融機関の経営を圧迫して貸し渋りの一因となった。
　　イ　不況への対策として，日銀は低金利政策を実施したが，その結果市場に

あふれた資金は株式や不動産市場に流入し，これらの価格が高騰した。

ウ プラザ合意により急激な円高が進行した結果，日本の輸出関連産業が業績不振に陥り，日本国内の景気が低迷した。

エ 東証日経平均株価は前年末に史上最高値をつけたが，前年の半ばから行われていた日銀による政策金利の引上げなどもあって，その年明けから株式相場は急落を始めた。

オ 株式や不動産相場は経済の実体以上の水準にまで高騰し，資産効果によって消費や投資が増加した。

① ウ→ア→イ→オ→エ　　② ウ→イ→オ→エ→ア

③ エ→ア→イ→オ→ウ　　④ エ→ウ→イ→オ→ア

⑤ オ→イ→エ→ア→ウ　　⑥ オ→エ→ア→イ→ウ

第6節：中小企業・農業問題

step 1

3-18 中小企業問題

問1　日本の中小企業についての記述として最も適当なものを，次の①〜④のうちから一つ選べ。　1

① 先端産業分野では，大企業以外にも，独自の知識や技術を用いて新商品を開発する中小企業が現れ，これはベンチャービジネスと呼ばれている。

② 中小企業と大企業の間には，機械設備や従業員数の面でこそ大きな格差が見られるが，従業員一人当たりの生産性はほぼ同じである。

③ 中小企業の事業所数は，徐々に増えてきているとはいえ，まだ大企業の事業所数よりは少ない。

④ 銀行融資に依存して経営の大規模化を図っている大企業に比べて，中小企業では金融引締めによる影響は現れにくい。

3-19 農業問題

問2　日本の農業の状況に関する記述として最も適当なものを，次の①〜④のうちから一つ選べ。　2

① 食糧法（主要食糧の需給及び価格の安定に関する法律）では，コメの価格・流通に関して，政府が管理する食糧管理制度が維持されている。

② 食料・農業・農村基本法では，農業の機能として，食料の供給以外に自然環境の保全などの多面的機能が明示されている。

③ 高度経済成長期以降，農業の国内総生産に占める比率は減少したが，2000年代に入ってからは増加している。

④ 中山間地域は，農業を営むのに不利な地域であり，高齢化も進んでいるが，中山間地域の耕作放棄地は減少している。

3-20 農産物問題

問3　農産物の輸入に関する記述として**適当でない**ものを，次の①〜④のうちから一つ選べ。　3

① 日本では，1980年代に，農産物の市場開放を求められて，牛肉・オレ

ンジなどの輸入が自由化された。

② 　GATT(関税と貿易に関する一般協定)のウルグアイ・ラウンドにおいて，農産物を含めた輸入品の例外なき関税化が決定された。

③ 　日本は，外国からの輸入農産物について，WTO(世界貿易機関)の認めているセーフガード(緊急輸入制限措置)を発動したことはない。

④ 　1990年代の半ばに，コメは，ミニマム・アクセスによる輸入が開始され，その後関税化が実施された。

問4 次の表は，アメリカ，イギリス，フランス，日本の食料自給率を表したものである。表中のA〜Dに当てはまる国名の組合せとして最も適当なものを，後の①〜⑥のうちから一つ選べ。 □4□

(単位　％)

項目＼国名	A	B	C	D
穀　　物	28	128	82	176
豆　　類	8	191	45	77
野 菜 類	80	86	43	72
肉　　類	53	114	77	103
魚 介 類	55	65	65	29
総　　合	37	132	65	125

(注) 「総合」は供給熱量総合食糧自給率を指し，カロリーベースで算出されているが，その他の項目は，重量ベースで算出されている。なお，各項目のデータは，日本のみ2020年度，その他の国は2018年のものである。

農林水産省『食料需給表』により作成。

① 　A 　日 　本　　　B 　アメリカ　　　C 　イギリス　　　D 　フランス
② 　A 　フランス　　　B 　イギリス　　　C 　アメリカ　　　D 　日 　本
③ 　A 　イギリス　　　B 　フランス　　　C 　日 　本　　　D 　アメリカ
④ 　A 　フランス　　　B 　アメリカ　　　C 　イギリス　　　D 　日 　本
⑤ 　A 　イギリス　　　B 　アメリカ　　　C 　日 　本　　　D 　フランス
⑥ 　A 　日 　本　　　B 　イギリス　　　C 　アメリカ　　　D 　フランス

step 2　. . . . .

　高校生のモリタさんは，夏休みを利用して祖父の家を訪ね，農業に関して会話した。次の問い(**問1～3**)に答えよ。

問1　元気の秘訣を尋ねると，祖父は「コメや野菜を育てて食べたり，地域のまちづくり活動に参加したりすることだよ」と言った。日本のコメに関する記述として正しいものを次の**X～Z**からすべて選んだとき，その組合せとして最も適当なものを，後の①～⑧のうちから一つ選べ。 5

　　X　食糧法(主要食糧の需給及び価格の安定に関する法律)の成立により，コメの価格と流通に関しては原則的に自由化された。
　　Y　コメの減反政策は，今日も維持されている。
　　Z　現在に至るまで，コメに関税をかけた上で輸入を認めること(関税化)は行われていない。

　　①　XとYとZ　　　②　XとY　　　③　XとZ
　　④　YとZ　　　　　⑤　X　　　　　⑥　Y
　　⑦　Z　　　　　　　⑧　正しいものはない

問2　祖父の家から帰るときに年上のいとこの**D**さんが自動車でバス停まで送ってくれた。農業に関係する地元の企業に勤務している**D**さんは，**A**さんを乗せて運転している途中，水田を横目に見ながら「農業もいろいろ大変なんだ。でも最近は新しい取組みもされているよ」と教えてくれた。日本の農業や食の安全に関する記述として正しいものを次の**X～Z**からすべて選んだとき，その組合せとして最も適当なものを，後の①～⑧のうちから一つ選べ。 6

　　X　現在，総農家数は，1990年代半ばにおけるそれと比較すると増加している。
　　Y　食品の生産や流通の履歴を消費者が知ることのできるトレーサビリティ制度が導入されている。
　　Z　現在，日本の食料自給率(カロリーベース)は，先進国中で最も高い水準にある。

① 　X と Y と Z 　　② 　X と Y 　　③ 　X と Z

④ 　Y と Z 　　　　⑤ 　X 　　　　　⑥ 　Y

⑦ 　Z 　　　　　　⑧ 　正しいものはない

問3 　農産物に関心をもったモリタさんは，日本の農業に関する法制度の変遷について調べ，次の表を作成した。表中の空欄 ア ～ エ には，後の記述①～④のいずれかが入る。表中の空欄 ウ に当てはまる記述として最も適当なものを，後の①～④のうちから一つ選べ。 7

1952 年	農地法の制定　〔内容： ア 〕
1961 年	農業基本法の制定　〔内容： イ 〕
…	…
1995 年	食糧管理制度廃止
1999 年	食料・農業・農村基本法の制定　〔内容： ウ 〕
2009 年	農地法の改正　〔内容： エ 〕
…	…

① 　農業と工業の生産性の格差を縮小するため，米作から畜産や果樹などへの農業生産の選択的拡大が目指されることになった。

② 　国民生活の安定向上のため，食料の安定供給の確保や農業の多面的機能の発揮が目指されることになった。

③ 　地主制の復活を防止するため，農地の所有，賃貸，販売に対して厳しい規制が設けられた。

④ 　農地の有効利用を促進するため，一般法人による農地の賃貸借に対する規制が緩和された。

第7節：国民生活の諸問題(1)　公害問題，都市問題

step 1

3−21　公害問題

問1　日本の環境政策に関する記述として最も適当なものを，次の①〜④のうちから一つ選べ。　1

① 高度経済成長期には，環境アセスメント(環境影響評価)法が制定され，工業地帯で公害対策が進んだ。

② 資源の再生利用など，循環型社会の形成に向けた地域的取組みを促進するために，公害対策基本法が制定された。

③ 企業には，住民による環境保全活動を支援することが，企業の社会的責任(CSR)の一環として，法律で義務づけられている。

④ 国や地方自治体が環境負荷の少ない商品などを調達することが，グリーン購入法によって推進されている。

問2　環境の保護や保全を目的に国や地方自治体が採る法的手法として，次のA・Bの記述に表されるものなどがある。下の**ア〜ウ**の日本で採られる手法の例について，A・Bのいずれの手法に基づくものであるかを区分した場合に，Aに区分されるものをすべて選び，その組合せとして最も適当なものを，後の①〜⑧のうちから一つ選べ。　2

A　私人の権利や自由に対して直接規制を加える。

B　私人に経済的インセンティブを与え，その活動を誘導する。

ア　工場排水のなかに含まれる有害物質の排出基準を定め，それに違反した工場に対して改善命令を行う。

イ　有害物質の排出量が少ない自動車を対象として減税を行う。

ウ　森林において開発を行う際には，行政機関による許可が必要であるとする。

① アとイとウ　　② アとイ　　③ アとウ
④ イとウ　　　　⑤ ア　　　　⑥ イ
⑦ ウ　　　　　　⑧ 該当するものはない

3－22 都市問題

問3　社会資本に関する記述として最も適当なものを，次の①〜④のうちから一つ選べ。 3

① 社会資本の整備は，1980年代に他の先進国との経済摩擦が問題になった時期には，内需拡大策の一つとしても重視された。

② 日本における社会資本整備に必要な資金は，利用者の利用料金によって調達されている。

③ 日本では，従来，社会資本は生活関連中心であったが，最近では，情報・通信関連や環境関連の社会資本もまた重視されるようになった。

④ 日本の社会資本の整備状況は，現在，下水道の普及率，一人当たりの都市公園面積などで，欧米の先進諸国とほぼ同じ水準に達している。

問4　既存の都市基盤のままで都心部の慢性的な道路混雑を緩和しようとする施策に関する記述として最も適当なものを，次の①〜④のうちから一つ選べ。 4

① 都心部の狭い道路を十分に拡幅する。

② 都心部に立体交差の自動車専用道路を建設する。

③ 都心部へ流入する自家用自動車の利用者に税を賦課する。

④ 都心部及び周辺部を含む地域全体の鉄道網を拡張する。

step 2

以下の I 〜 III を読み，後の問い（**問1〜3**）に答えよ。

I　ある高校のクラスで，先生が次の説明を行いました。

「マータイさんが来日したとき，日本人が物を大切に使うことに感銘を受けて，『もったいない』という言葉に興味をもったそうです。しかし，この『もったいない』という言葉には，色々な意味をもたせることができます。例えば，『古いものにこだわり，新たな機会を開かないことの方が，もったいない』というような意味で使うこともできそうです。この言葉をきっかけとして，皆さんがこれまでの授業で学んで考えたことを，来週の授業で発表してみましょう。」

翌週の授業で，ヤマダさんが発表を行いました。

<ヤマダさんの発表内容の一部>
　価値観は人それぞれ異なるものの，資源を無駄にしないという考えを貫くべき場面は確かにあるし，それこそが，「もったいない」の精神だと私は思います。例えば，最近，プラスチックゴミ問題が注目されていますが，その対策として，このような取組みを進めることを考えてみました。

ア　使用済みの食品トレーを回収し，それを，新たなプラスチック製品の原料として使用する。
イ　廃棄されたプラスチックゴミを適切に埋め立てる。
ウ　ストローやレジ袋等の使い捨てプラスチック製品の利用量を削減する。
エ　イベント会場などで，飲料用のプラスチックカップを使用後に回収し，洗浄・殺菌・消毒等をして何度も使用する。

　プラスチックゴミは，クジラなど，自然界の生物にまで被害を及ぼしています。「もったいない」精神に即したこれらの取組みを進めれば，被害を減らすことができるのではないでしょうか。「もったいない」に込められている，モノを大切にする心を，生命体を尊重するというところにまで広げて捉えていきたいと思います。

問1　循環型社会を推進するための施策として，3R が提唱されている。ヤマダさんの発表内容中のア～エのうち，3R に該当するものを，循環型社会形成推進基本法の下で定められている施策の優先順位の高い方から並べたものとして最も適当なものを，次の①～⑧のうちから一つ選べ。　5
① ア→イ→ウ　　　② ア→エ→イ　　　③ イ→ア→エ
④ イ→ウ→エ　　　⑤ ウ→ア→イ　　　⑥ ウ→エ→ア
⑦ エ→ア→ウ　　　⑧ エ→イ→ウ

Ⅱ ヤマダさんのクラスでは，公共の授業のなかで，持続可能な社会の形成について課題探究を進めている。ヤマダさんは，「人口が増加した大都市圏と人口が減少した地方圏の間で，新たな社会資本の整備，老朽化した社会資本の補修について，バランスを図る必要があります。そのためにも政府の役割が重要です」と発表し，その後の議論において，クラスメイトから社会資本の具体例についての質問が出された。

問2 社会資本には，次のX・Yの二つの類型がある。後のア～ウにあるa・bの具体例をX・Yのいずれかの類型に区分した場合，Xに当てはまるものの組合せとして最も適当なものを，後の①～⑧のうちから一つ選べ。 6

X 生活の向上を主な目的とする社会資本
Y 経済の発展を主な目的とする社会資本

ア a 作物を栽培する農地に，水を供給する用水路
　 b 各家庭に飲用可能な水を公共的に供給する水道
イ a 工業団地と港湾施設を結ぶ，貨物輸送のための専用道路
　 b 地域住民が散歩することを目的として作られた遊歩道
ウ a 人々が憩い，遊ぶための場として造成された都市公園
　 b 大規模工場の建設を可能とするインフラが整備された土地

① ア－a　　イ－a　　ウ－a
② ア－a　　イ－a　　ウ－b
③ ア－a　　イ－b　　ウ－a
④ ア－a　　イ－b　　ウ－b
⑤ ア－b　　イ－a　　ウ－a
⑥ ア－b　　イ－a　　ウ－b
⑦ ア－b　　イ－b　　ウ－a
⑧ ア－b　　イ－b　　ウ－b

Ⅲ　ヤマダさんは，これまでに調べまとめた課題探究の内容を，クラスで中間発表した。その際，クラスメイトから「そもそも，自分たちのまちの空き店舗対策やまちづくりについての考えを示し，新たに取組みを進めようとしている人が少ないのではないか」との意見が挙がり，自治体任せではなく，次に示した**観点**からの取組みも大切であることに気づいた。そこで，この**観点**を踏まえ，課題探究の最終レポートの作成に向けて，さらに深く探究を進めていくこととした。

観点

　地域住民が，自治体が主導する政策に頼るのではなく，自ら発案し，自己の能力をいかしてまちづくりの担い手となる，という観点

問3　上の**観点**に直接基づく取組みと考えられるものを次の**ア**～**ウ**からすべて選び，その組合せとして最も適当なものを，後の①～⑧のうちから一つ選べ。
　　　 7

　　ア　地域住民が，中心市街地の活性化に関心や志がある人を地域内から募り，空き店舗などの民間資本を有効活用する地域再生のプロジェクトを中心としたソーシャル・ビジネスを起業する。
　　イ　商店街内に居住する民間事業者が，廃業した酒蔵の所有者と賃貸借契約を結んで自己資金で改築し，地元産食品を提供するレストランを営み，地域住民の交流の場として提供する。
　　ウ　土産物店の経営者が，雇用の創出や地域の産業振興につながる観光業を促進するための補助金支出事業を立案した自治体の取組みをそのまま受け入れ，補助金を申し込む。

①　アとイとウ　　　②　アとイ　　　③　アとウ　　　④　イとウ
⑤　ア　　　　　　　⑥　イ　　　　　⑦　ウ
⑧　上の**観点**に直接基づく取組みと考えられるものはない

第 8 節：国民生活の諸問題⑵　労働問題，社会保障問題

step 1　．．．．．．．．．．．．．．．．．．．．．．．

3 － 23　労働問題

問1　日本の労働に関わる法律に関する記述として最も適当なものを，次の①〜④のうちから一つ選べ。　[1]

①　労働基準法に定められた労働条件の最低基準を使用者に守らせることを目的とする機関として，労働基準監督署が設置されている。

②　有期労働契約の期間の定めのない契約への転換について規定した法律は，労働関係調整法である。

③　労働者派遣法が改正されたことにより，現在，製造業分野に労働者を派遣することは，原則として違法である。

④　労働審判制度においては，労働組合が労働紛争解決の申立てをすることが認められている。

問2　講義中の疑問点を解消したホシノさんは，バブル期直前の出来事として講義中に言及されていた男女雇用機会均等法について関心があったので調べてみた。現行の男女雇用機会均等法の内容に関する記述として正しいものを次のア〜ウからすべて選んだとき，その組合せとして最も適当なものを，後の①〜⑧のうちから一つ選べ。　[2]

　ア　男女雇用機会均等法は，セクシュアル・ハラスメントにより就業環境が害されることがないように必要な措置を講ずることを事業主に義務づけている。

　イ　男女雇用機会均等法に違反し勧告に従わなかった事業主に対しては，企業名の公表などの制裁措置が規定されている。

　ウ　男女雇用機会均等法は事業主に対して，その事業主が雇用する女性の妊娠や出産を理由とした不利益取扱いを禁止している。

①　アとイとウ　　　②　アとイ　　　③　アとウ　　　④　イとウ

⑤　ア　　　　　　　⑥　イ　　　　　⑦　ウ

⑧　正しいものはない

問3　日本の労働に関する記述として最も適当なものを，次の①〜④のうちから一つ選べ。　3

① 　使用者が，18歳以上の女性に深夜労働させることは，労働基準法において原則として禁止されている。

② 　労働組合の結成を使用者が妨害するなどの不当労働行為を禁止しているのは，労働関係調整法である。

③ 　裁量労働制の対象となる業務の範囲は，労働基準法の改正によって拡大されている。

④ 　正規雇用の労働者に対する成果主義に基づく賃金体系は，年功序列型賃金と呼ばれる。

問4　1990年代以降の日本における労働環境に関する記述として最も適当なものを，次の①〜④のうちから一つ選べ。　4

① 　労働者一人当たりの年間総労働時間は次第に短くなり，現在はドイツやフランスを下回るまでになっている。

② 　労働基準法の改正によって，裁量労働制の対象となる業務の範囲が拡大した。

③ 　若年層の失業率は，全年齢層の平均失業率に比べて低い状態が続いている。

④ 　労働者派遣法の改正によって，製造業は，原則として労働者派遣業務の対象外となった。

問5　次のグラフ中の四つの折れ線は，性別・年齢階級別労働力率について，それぞれ1979年の女性，1999年の女性，2019年の女性，2019年の男性のデータを示したものである。グラフ中のA〜Dのうち2019年の女性の年齢階級別労働力率を表す折れ線として最も適当なものを，後の①〜④のうちから一つ選べ。　5

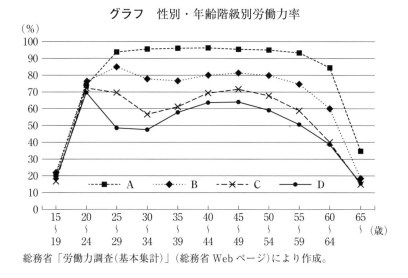

グラフ 性別・年齢階級別労働力率

総務省「労働力調査(基本集計)」(総務省 Web ページ)により作成。

① A ② B ③ C ④ D

3－24 社会保障問題

問6 福祉にかかわる法・制度に関する次の記述**ア**～**ウ**と，それらと関係の深い国名A～Cの組合せとして最も適当なものを，後の①～⑥のうちから一つ選べ。　6

ア 世界で初めて，憲法のなかで，すべての人に対し人間たるに値する生存を保障することを目指すという原則についてうたったといわれている。
イ ベバリッジ報告を基に，全国民を対象として一生を通じて最低限度の生活を保障することを目的とした制度の整備を行った。
ウ 失業や貧困などの社会問題に対応することを目指したニューディール政策の一環として，社会保障法が制定された。

A イギリス　　　B アメリカ　　　C ドイツ

① ア－A　　イ－B　　ウ－C
② ア－A　　イ－C　　ウ－B
③ ア－B　　イ－A　　ウ－C

④　ア－B　　　イ－C　　　ウ－A
⑤　ア－C　　　イ－A　　　ウ－B
⑥　ア－C　　　イ－B　　　ウ－A

問7　日本の社会保障には四つの柱となる制度(社会福祉，公的扶助，社会保険，公衆衛生)がある。社会保障の制度A～Dと，その内容を説明した記述ア～エの組合せとして最も適当なものを，後の①～⑥のうちから一つ選べ。　　7

A　社会福祉　　　　B　公的扶助　　　　C　社会保険　　　　D　公衆衛生

ア　児童や心身障害者などへ施設・サービス等を提供する制度であり，費用は主として租税によって賄われている。

イ　高齢者に介護サービスを提供したり，失業時に所得を保障したりする制度であり，費用は主として拠出金と租税とによって賄われている。

ウ　予防接種や食品の安全性の管理など，国民の健康を維持するための制度であり，費用はすべて租税によって賄われている。

エ　生活困窮者に最低限の生活を保障するための制度であり，費用はすべて租税によって賄われている。

①　A－ア　　　B－エ　　　C－ウ　　　D－イ
②　A－イ　　　B－ア　　　C－ウ　　　D－エ
③　A－ア　　　B－ウ　　　C－イ　　　D－エ
④　A－ア　　　B－エ　　　C－イ　　　D－ウ
⑤　A－イ　　　B－エ　　　C－ア　　　D－ウ
⑥　A－イ　　　B－ウ　　　C－ア　　　D－エ

問8　人々がどのような経済状態に置かれたとしても日々の生活を営めるよう皆で支え合う仕組みとしての社会保障制度に関する記述として最も適当なものを，次の①～④のうちから一つ選べ。　　8

①　ドイツの社会保障制度は，国民の最低限度の生活水準を国が確保することを明確に謳ったベバリッジ報告に基づいて整備された。

②　日本の社会保障制度は，社会保険・公的扶助・社会福祉・公衆衛生で構成され，公的扶助を除く各分野はいずれも税方式で運営される。

③　日本では，少子高齢化が進み生産年齢人口の割合が低下傾向にあるため

に，社会保障を経費面で支える勤労世代の負担が重くなってきている。

④　社会保障制度には，不況期には社会保障支出の減少と税収の増加によって，好況期にはその逆によって景気を安定させる働きがある。

問9　日本の社会保障制度についての記述として最も適当なものを，次の①〜④のうちから一つ選べ。　9

①　雇用保険による給付のなかには，育児休業時の収入を補うための給付だけでなく，介護休業時の収入を補うための給付も存在する。

②　介護保険制度は，介護が必要になった高齢者をサポートするための制度であり，在宅福祉から施設福祉への転換を図ることを主たる目的としている。

③　労働者が生活できないほどの低賃金で働かされることがないように，日本では全国一律の最低賃金額が定められている。

④　国民の生活を安定させるために，日本国憲法において国民皆年金・皆保険とすることが定められている。

問10　日本における年齢別人口構成の変化及び変化への対応に関する記述として適当でないものを，次の①〜④のうちから一つ選べ。　10

①　日本の年金制度は，その制度設計上，生産年齢人口比率の低下による影響から免れている。

②　日本政府は，生産年齢人口比率が低下しつつあるなか，女性の労働力率の上昇のための様々な施策を講じている。

③　老年人口比率は年々上昇する傾向にあり，介護を必要とする高齢者の増加や介護期間の長期化が予想され，介護保険法が施行された。

④　老年人口比率は年々上昇する傾向にあり，公共的性格のある建築物や公共交通機関に対して，高齢者などへの配慮を求める法律が制定された。

step 2

　　高校生のイトウさんは，公共の授業で，少子高齢化が進行する下で，日本の社会保障をどのように持続可能なものにしていくか，という問題に興味を抱いた。帰宅したイトウさんは，これらの問題についてより詳しく調べることにした。次の問い（**問１～３**）に答えよ。

問１　イトウさんは，公的年金の財源に関する方式として，積立方式が優れているのではないかと考えた。しかし，いくつかの方式を比較するうちに，各方式にはそれぞれメリットとデメリットがあることが分かった。次の**ア～ウ**は公的年金の財源に関する方式の記述であり，**X～Z**は各方式の特徴の記述である。そのうち積立方式に当たる財源に関する方式とその特徴の組合せとして最も適当なものを，後の①～⑨のうちから一つ選べ。　　11

財源に関する方式
ア　保険料ではなく，税金を財源にして給付を行う。
イ　一定期間に支給する年金を，その期間の現役労働者の保険料で賄う。
ウ　現役時代に納めた自身の保険料で，将来の年金給付を賄う。

特徴
X　インフレや給与水準の変化に対応しやすいが，現役世代に対する年金受給世代の比率が高まると，保険料負担の増大や年金受給額の削減が必要となることがある。
Y　人口構成の変動の影響は受けにくいが，急激なインフレによって将来受け取る予定の年金の価値が目減りすると，高齢者の生活を支えるという公的年金の役割を果たせなくなることがある。
Z　保険料の未納の問題は生じないが，負担した額に関わりなく年金を受け取ることができるため，負担と給付の関係が曖昧になりやすい。

① ア－X　　　② ア－Y　　　③ ア－Z　　　④ イ－X
⑤ イ－Y　　　⑥ イ－Z　　　⑦ ウ－X　　　⑧ ウ－Y
⑨ ウ－Z

問２　隣に住んでいる祖父母の足が最近不自由になってきたのでリフォームして
もらったということだった。イトウさんはそれを聞いて，以前，段差でつま
ずいて転んで足を捻挫したことを思い出した。

　何を障害と感じるかは人や状況によって異なり，障害であることを感じさ
せない状態にする方向性として，次のＸ・Ｙの二つの記述に表されるものが
ある。下の**ア～ウ**のａとｂの事例をＸ・Ｙのいずれかの方向性に区分した場
合に，Ｘに当てはまるものの組合せとして最も適当なものを，後の①～⑧の
うちから一つ選べ。　| 12 |

Ｘ　あらゆる人が使いやすいようにすることを方針として設計やデザインを
　　していく。
Ｙ　特定の人が感じる障害を取り除くために特別な配慮をしていく。

ア　ａ　公共施設の階段に車椅子専用の昇降機を設置する。
　　ｂ　公共施設に入口の広いエレベーターを設置する。
イ　ａ　シャンプーの容器にのみ横に突起をつけ，触ることで他の容器と区
　　　　別できるようにする。
　　ｂ　アルコール飲料の缶容器に点字で「おさけ」と刻印する。
ウ　ａ　大きくて見えやすい国際的に使われているピクトグラム(絵文字)を
　　　　用いて施設の案内をする。
　　ｂ　日本語表記のほか，英語表記を用いて施設の案内をする。

① 　ア－ａ　　　イ－ａ　　　ウ－ａ
② 　ア－ａ　　　イ－ａ　　　ウ－ｂ
③ 　ア－ａ　　　イ－ｂ　　　ウ－ａ
④ 　ア－ａ　　　イ－ｂ　　　ウ－ｂ
⑤ 　ア－ｂ　　　イ－ａ　　　ウ－ａ
⑥ 　ア－ｂ　　　イ－ａ　　　ウ－ｂ
⑦ 　ア－ｂ　　　イ－ｂ　　　ウ－ａ
⑧ 　ア－ｂ　　　イ－ｂ　　　ウ－ｂ

問3　祖父母とともに夕飯を食べた後にお茶を飲んで世間話をしているとき，祖父母はイトウさんに，このあたりも昔は若い人がたくさんいたが，今は老人が多くなったという話をした。社会保障制度と日本の高齢化に関する記述として最も適当なものを，次の①～④のうちから一つ選べ。 13

①　日本の現行の後期高齢者医療制度では，制度の対象となる高齢者は保険料を原則として徴収されていない。

②　日本の現在の性別年齢別人口構成は，少子高齢化の進行に従い「つぼ型」になっている。

③　一定期間に支給する年金をその期間の現役の労働者が支払う保険料で賄う方式は，積立方式と呼ばれる。

④　日本は少子高齢化が急速に進行しているものの，総人口が減少する人口減少社会にはなっていない。

第4章　国際社会のなかで生きる私たち

第1節：国際経済の仕組みと動向

step 1

4－1　国際経済の仕組み

問1　為替相場を円安に向かわせると考えられるものを，次の①〜④のうちから一つ選べ。　| 1 |

①　海外から日本の有価証券への買い注文が増加すること。

②　日本企業が海外に工場を建設すること。

③　海外から日本への観光客が増加すること。

④　海外の企業から特許使用料を受け取ること。

問2　為替レートの変動に関する記述として最も適当なものを，次の①〜④のうちから一つ選べ。　| 2 |

①　円がドルに対して高くなると，アメリカ製品の円表示で見た価格も高くなるので，日本の対米輸入量は一般に減る。

②　円高は，日本の投資家が海外の株や国債，不動産などを積極的に買うために生ずる。

③　円がドルに対して安くなると，日本製品のドル表示で見た価格も安くなるので，日本の対米輸出量は一般に増大する。

④　円安は，外国為替市場で円が買われ，ドルが売られる傾向が強まるために生ずる。

問3　国際収支表の項目についての説明として**誤っているもの**を，次の①〜④のうちから一つ選べ。　| 3 |

①　製品の輸入は，輸入国の貿易収支の支払(マイナス)となる。

②　消費財についての政府開発援助のうちの贈与の部分は，援助を行う国にとって，第二次所得収支の支払(マイナス)となる。

③　外国からの観光客が支払うサービスの対価は，受取国から見れば，サービス収支の受取(プラス)となる。

④　企業が外国の子会社から受け取る配当金は，受取国から見れば，金融収支の受取(プラス)となる。

問4　外国との取引に関する記述として最も適当なものを，次の①〜④のうちから一つ選べ。　4

① 国際分業のうち，一方の国が原材料を輸出し，他方の国がそれを輸入した上で加工し，完成品を輸出する関係を，水平分業（水平的分業）という。

② 特定の品目の輸入が一時的に急増したときに政府が設ける緊急輸入制限措置を，クーリングオフという。

③ 貿易における関税などにおいて，特定の国に有利な条件を与えるときに他の国にはその条件を与えないことを，無差別最恵国待遇という。

④ 特定の品目について，輸入しなければならない最低限の量を，ミニマム・アクセスという。

4－2　国際経済の動向

問5　国際通貨基金（IMF）に関する記述として**適当でないもの**を，次の①〜④のうちから一つ選べ。　5

① IMF は，為替相場を安定させることにより，資本の移動や貿易を活発化させることを目的としている。

② IMF は，経常収支が悪化した国家に対して，一時的な融資を行うことがある。

③ IMF により保障されたドルと金との交換は，レーガン政権の下で停止された。

④ IMF が固定為替相場制の下で基軸通貨をドルとしたのは，アメリカが経済的に優位であったことを背景としたものであった。

問6　国際通貨制度に関する記述として最も適当なものを，次の①〜④のうちから一つ選べ。　6

① 第二次世界大戦後，欧米の主要国は，自国通貨の金に対する価値を固定し，自国通貨と金との交換を保証することを義務づけられた。

② IMF は，固定相場維持が困難になった国への資金支援を目的として設立されたが，変動相場制への移行に伴い，先進国の一部は脱退した。

③ アメリカは金とドルとの交換停止を発表し，これに伴って主要国は自国通貨の平価の変更に合意し，円はドルに対して切り下げられた。

④ 変動相場制移行後，為替相場の変動を利用して利益を得ようとする投機的な取引が増え，外国為替取引全体に占めるその割合は大幅に増大した。

問7　国際復興開発銀行(IBRD)に関する記述として最も適当なものを，次の①〜④のうちから一つ選べ。　7

①　国際復興開発銀行は，現在では発展途上国に対する開発援助を主たる業務としている。

②　国際復興開発銀行の貸付けにより，日本は東海道，山陽，東北，および上越新幹線の建設を行った。

③　国際復興開発銀行は，各国中央銀行に対する貸付けも重要な業務として行っている。

④　国際復興開発銀行の貸付けは，相手国が発展途上国の場合には，利息の支払いを求めない。

問8　多角的貿易交渉に関する記述として最も適当なものを，次の①〜④のうちから一つ選べ。　8

①　GATT の多角的貿易交渉では，非関税障壁の撤廃が当初から重要な課題として掲げられた。

②　関税引下げの方式として，当初は一括引下げ交渉方式がとられたが，ケネディ・ラウンド以降は品目別引下げ交渉方式となった。

③　多角的貿易交渉で引き下げられた関税は，GATT に参加している国に無差別に適用された。

④　GATT では，関税引下げを中心として世界貿易の拡大が図られたが，数量制限は原則的に禁止されなかった。

問9　世界貿易機関(WTO)に関する記述として最も適当なものを，次の①〜④のうちから一つ選べ。　9

①　WTO は，加盟国間の紛争処理に関する常設機関を設け，GATT と比較してその権限を飛躍的に高めた。

②　ウルグアイ・ラウンドにおいて，日本は諸外国からの批判に応じてコメ輸入の全面的な自由化を受け入れた。

③　WTO 体制下では，多角的貿易交渉だけでなく，二国間の協議による貿易摩擦問題の解消や輸出自主規制も奨励されるようになった。

④　ウルグアイ・ラウンドでの合意に基づき，東南アジア諸国連合（ASEAN)のような地域的な経済協力機構が発展的に解消された。

step 2

　放課後，ヤマダさんは公共の先生と教室で国際貿易と日本経済について会話している。次の会話文Ⅰ～Ⅳを読んで，後の問い（**問1～4**）に答えよ。

会話文Ⅰ

先　生：第二次世界大戦後に先進諸国が経済発展を遂げた大きな要因の一つが安定した自由貿易体制が維持できたことがあるんだ。

ヤマダ：貿易摩擦が色々な時期に，様々な国の間で起きてますよね。でも，貿易は当事国どうしにメリットがあるから行われているのですよね。

先　生：理論的には貿易は各国にとって良いといわれているけど，それには前提条件があって，その条件を踏まえることが必要だよ

問1　先生の話を受けてヤマダさんは貿易のモデルとその条件について考えてみた。

　以下は国の産業が半導体産業と繊維産業であるというモデルを設け，貿易が行われるとそれぞれの国の産業がどうなるのかということを考察したものである。次の**表**は各製品1単位の生産に必要な人員数である。またその後の**条件**は，貿易をする際のその他の諸条件を示している。この**表**の説明と貿易が起こることの説明として最も適当なものを，後の①～④のうちから一つ選べ。　10

表　生産に必要な労働投入量（人）

	半導体1万個	繊維製品1トン
A　国	80	120
B　国	250	200

条件

・生産に必要な要素は労働力のみとし，同一国内では産業間の労働移動が可能なため賃金水準は同一となり，それぞれの製品の生産に投入された労働量の比率がそのまま価格比となる。

・国内での産業間の労働移動はできるが国境を越えた労働移動はできず，二国間における同一製品の価格比は必ずしも労働投入量の比率にはならない。

・両製品に対する需要の上限は考慮する必要のない状況で，産業間の適切な労働移動があれば失業は発生しない。

① 　A国内では半導体1万個と繊維製品1.5トンとの価格が等しくなる。

② 　B国内では繊維製品1トンと半導体1.25万個との価格が等しくなる。

③ 　A国が繊維製品1トンをB国に輸出し，その対価として半導体を8,000個よりも多く輸入した場合，A国は貿易による利益を常に得られる。

④ 　B国が繊維製品1トンをA国に輸出し，その対価として半導体を8,000個よりも多く輸入した場合，B国は貿易による利益を常に得られる。

会話文Ⅱ

先　生：日本経済の動きを理解するためには，国際貿易についてもしっかりと見ていく必要があるんだよ。

問2　ヤマダさんは，国際貿易の仕組みに興味をもった。国際貿易に関する記述として最も適当なものを，次の①〜④のうちから一つ選べ。 11

① 　途上国で生産された原材料と，先進国で生産された工業製品が交換される貿易は，水平貿易と呼ばれる。

② 　保護貿易の手段の一つとして輸入品検品の厳格化が行われる場合，それは非関税障壁と呼ばれる。

③ 　他の経常収支の項目が一定である場合，日本の貿易収支の黒字幅が拡大することは，為替レートが円安に動く一因となる。

④ 　日本がコメの輸入について，部分開放を初めて受け入れた多角的貿易交渉は，ドーハ・ラウンドである。

会話文Ⅲ

ヤマダ：1980年代には自動車をめぐって日米貿易摩擦が深刻化したと授業で習
　　　　いました。農業分野でも摩擦があったんですか。

先　生：農業というと，1980年代の日米貿易摩擦で牛肉とオレンジの貿易自由
　　　　化が求められたのを思い出すね。背景には日米の経常収支の不均衡が問
　　　　題視されていたことがあったんだよ。

問3　日本の経常収支にプラスとして計上される日本企業の行動として最も適当
　　なものを，次の①～④のうちから一つ選べ。ただし，企業の行動以外の諸要
　　因は一定とする。　12

　①　日本国内での商品の売行きが悪くなってきたので，海外からの商品の輸
　　　入を減少させた。

　②　外国の企業が積極的に新技術の開発に取り組めるように，巨額の特許料
　　　収入の源泉であった新技術関連特許をすべて無料で開放した。

　③　業績が改善したので，多数の外国人株主を含む株主全体に対して，一株
　　　当たりの配当金を大幅に増やした。

　④　事業展開先の開発途上国が巨大地震に見舞われたため，復興支援のため
　　　に無償の資金供与を行った。

会話文Ⅳ

先　生：1980年代というと，経常収支の不均衡是正を目指して，Ｇ5が外国為
　　　　替市場に協調介入したこともあった。外国為替相場は貿易に大きな影響
　　　　を与えるからね。

問4　ヤマダさんは，外国為替の変化と貿易の影響を考えてみることにした。外
　　国為替相場の変化が与える影響に関する記述として最も適当なものを，次の
　　①～④のうちから一つ選べ。　13

　①　円高は，日本の輸出品の外貨建ての価格を低下させ，競争力を強くし，
　　　輸出を促進する働きをもつ。

　②　円安は，輸入原料などの円建て価格を高くし，それを使う日本国内の生
　　　産者にとっては，コスト高の要因となる。

　③　円安により，外貨建てで見た日本の賃金が外国の賃金と比べて上昇する
　　　と，外国人労働者の流入を増加させる働きをもつ。

　④　外国債券などの外貨建て資産を購入した後に，円高が進めば，それらを
　　　売却して円建て資産にすることにより，為替差益を得ることができる。

第2節：国際経済の諸問題

step 1

4－3　南北問題

問1　国際社会における経済格差や，その是正のための取組みについての記述として**適当でないもの**を，次の①～④のうちから一つ選べ。　1

①　世界貿易機関(WTO)は，天然資源には産出国が恒久主権を有するとの原則を柱とする，新国際経済秩序(NIEO)を打ち出している。

②　フェアトレードは，発展途上国の生産品を適正な価格で購入することで，貿易を通じて経済的な自立を支援する活動である。

③　世界の食糧問題を解決するために設立された機関が国連食糧農業機関(FAO)で，栄養不足人口の半減などを目指し活動している。

④　重債務貧困国と認定された，累積債務返済に苦しむ国家への債務削減や免除への動きも現れている。

問2　開発援助分野における国連の活動についての記述として**適当でないもの**を，次の①～④のうちから一つ選べ。　2

①　国連は，持続可能な開発という考え方のもと，開発援助事業に対しても環境への配慮を求めている。

②　国連は，開発途上国の中でも，一人当たり所得，識字率，工業化率が特に低い国に対しては，開発援助において特別な配慮を払うよう求めている。

③　国連は，開発途上国政府の要望を受けて設立された国連貿易開発会議(UNCTAD)等を通じて，開発途上国間の経済協力も支援している。

④　国連は，開発援助分野で活動している非政府組織(NGO)への支援を通じて開発途上国を援助しており，対象国政府を直接援助することはない。

問3　南北問題や，ODA をはじめとする開発協力に関する記述として最も適当なものを，次の①～④のうちから一つ選べ。　3

①　1974 年に新国際経済秩序樹立宣言(NIEO)が採択されたのは，国連環境開発会議(地球サミット)の場である。

②　1970 年代以降に重視され始めたのは，人間が生きていく上で最低限必要な人間の基本的ニーズ(BHN)の充足である。

③　各国の ODA 供与額が全世界で何位かを順位づけし，毎年の順位を見た

とき，1990年代の日本のODA供与額の最高順位は２位であった。

④　先進国は，国際通貨基金(IMF)の下部機関として開発援助委員会(DAC)を設置し，DACを中心に開発途上国への協力を行ってきた。

問4　開発途上国では経済成長を促進するための様々な試みがなされている。開発途上国でのそうした例を説明した文として最も適当なものを，次の①〜④のうちから一つ選べ。　4

①　輸入代替工業化とは，それまで輸入していた製品を国産化することで工業化を図ることである。

②　経済特別区とは，特定の地区で課税を強化し，その財源で産業基盤の整備を行い，産業の育成に努めることである。

③　垂直分業とは，先進工業国間でお互いに生産を得意とする工業製品を輸出し，不得手な工業製品を輸入することである。

④　開発独裁とは，特定の産業を保護し，その分野への他の国内企業や外国企業の参入を抑制し，高い経済成長を図ることである。

4－4　グローバル化の進展と地域的経済統合

問5　EPA(経済連携協定)やFTA(自由貿易協定)に関する記述として最も適当なものを，次の①〜④のうちから一つ選べ。　5

①　AEC(ASEAN経済共同体)を形成するインドネシア，マレーシア，フィリピンなどのASEANの10か国は，共通の通貨を採用している。

②　WTO(世界貿易機関)の無差別の原則に反することから，WTOは加盟国がFTAを締結することを認めていない。

③　日本の推進しているEPAは，投資ルールや知的財産制度の整備が含まれないなど，FTAよりも対象分野が限定されている。

④　中国はRCEP(地域的な包括的経済連携)協定の参加国であり，また日本の貿易相手国上位の国でもある。

問6　1990年代にアジアなどで起こった通貨危機に関する記述として最も適当なものを，次の①〜④のうちから一つ選べ。　6

①　貿易赤字の拡大を問題視した，アメリカの連邦議会主導による反ダンピング政策が，通貨危機の原因である。

②　1990年代初めに起こった日本でのバブル経済の崩壊が，近隣アジア諸国における通貨危機を直接引き起こしたとされている。

③　通貨危機後，国際労働機関(ILO)による融資が行われたが，その際各国に対して厳しい経済構造調整が求められた。

④　通貨危機の原因として，短期的な資金運用を行う金融機関や投資家の行動が指摘されている。

問7　欧州統合をめぐる出来事に関する記述として最も適当なものを，次の①〜④のうちから一つ選べ。　| 7 |

①　欧州連合(EU)では，常任の欧州理事会議長(EU 大統領)の職がマーストリヒト条約によって創設された。

②　イギリスでは，EU からの離脱を問う国民投票によって，残留派が勝利を収めた。

③　共通通貨ユーロの導入国における金融システムの安定化などを目的とした活動を行っていた機関の一つに，欧州経済共同体(EEC)があった。

④　第二次世界大戦後に制度化されていった欧州統合は，欧州石炭鉄鋼共同体(ECSC)の設立から始まった。

step 2

以下の | I | ・ | II | を読み，後の問い(**問1〜6**)に答えよ。

| I |　ウエダさんとタナカさんのクラスでは，公共の授業で，各自が関心をもったテーマについて発表することになった。ウエダさんは貧困問題に関心をもち，気がついたことをメモすることにした。次のメモはその一部である。

ウエダさんのメモ

○貧困問題解決に向けた取組み

　(a)国際機関：(b)開発途上国では，貧困のために学校に通えない子どもたちがいる。ユネスコをはじめとする国際機関は，すべての子どもたちに教育を提供することを目指して取り組んできた。

　国際目標：2015 年に(c)SDGs が採択され，そのうちの一つのゴールに「貧困をなくそう」がある。

問1　下線部ⓐに関する記述として最も適当なものを，次の①～④のうちから一つ選べ。　8

①　世界各地で発生する難民の保護を主たる目的として設立された国際機関は，世界保健機関(WHO)である。

②　労働者の権利の保障や労働条件の改善を主たる目的として設立された国際機関は，国連開発計画(UNDP)である。

③　子どもに必要とされる栄養や医療などの提供を主たる目的として設立された国際機関は，国連児童基金(UNICEF)である。

④　第二次世界大戦後の復興と経済開発のための融資を主たる目的として設立された国際機関は，国連貿易開発会議(UNCTAD)である。

問2　下線部ⓑに関して，開発途上国と貧困に関する記述として**適当でないもの**を，次の①～④のうちから一つ選べ。　9

①　1970年代には，開発途上国の経済的利益の尊重を求める新国際経済秩序(NIEO)樹立宣言が採択された。

②　1990年代には，国の開発の度合いを測る指標の一つとして，平均余命，教育，所得の三側面から算出される，人間開発指数(HDI)が用いられるようになった。

③　開発途上国のなかでも，一人当たりの所得が特に低く，最低限必要な栄養など基本的な生活水準が満たされていない国を，後発開発途上国(LDC)という。

④　貧困と飢餓の撲滅や教育の普及，女性の地位向上など，2015年の達成を目指して国連で取り組まれていた目標を，国民総幸福(GNH)という。

問3　下線部ⓒに関して，次の文章中の　カ　～　ケ　には，SDGs(持続可能な開発目標)のうち特に関連する5つの目標のいずれかが入り，後の図はそれらをロゴによって示している。　カ　および　ケ　に入るSDGsのロゴの番号の組合せとして最も適当なものを，後の①～⑧のうちから一つ選べ。　10

　　WFPは，学校給食の提供を行ってきた。子どもが給食以外に十分な食事をとれないこともしばしばあり，　カ　を目指すプログラムだが，無償の食事は，両親が子どもを通学させる動機になることから，　キ　にもつながっていく。特に女子教育には，様々な効果があるとされる。まず，女子が早くに結婚させられてしまうことが減って，幅広い進路選択が可能になり，

　　ク　に資する。さらに，一定の教育を受けた女性が養育する子どもは栄養
状態が良く，乳幼児期の死亡率が低くなるとされ，　ケ　にも影響を与えて
いる。男女とも，修学すると高収入の職に就く可能性が高まることから，貧
困解消にも寄与する。

　UNICEF は，地域の女性たちによる共同菜園を奨励するプログラムを実
施してきた。これは，干ばつに苦しむ地域での食料確保という意味で　カ
に関わる。また，摂取カロリーの不足分を賄うだけでなく，多品種の野菜や
果物によって栄養バランスを整え，　ケ　にもつながる。収穫物を販売すれ
ば，貧困の解消にも寄与する。菜園の運営をきっかけに，女性が地域社会に
おいてさらに積極的な役割を果たす仕組みが定着すれば，　ク　にも資する
だろう。

図　SDGs のロゴ（一部抜粋）

① 　カ − 2　　　ケ − 3
② 　カ − 2　　　ケ − 15
③ 　カ − 3　　　ケ − 2
④ 　カ − 3　　　ケ − 4
⑤ 　カ − 4　　　ケ − 5
⑥ 　カ − 5　　　ケ − 2
⑦ 　カ − 15　　ケ − 3
⑧ 　カ − 15　　ケ − 4

Ⅱ　地域的経済統合に関心をもったタナカさんとヨシダさんは，授業後に地域的な経済連携について議論した。

タナカ：最近は，世界のいろんな地域での経済連携についての話題が，ニュースで取り上げられることが多いね。

ヨシダ：そうだね。経済分野では最近，$_{ⓐ}$FTA（自由貿易協定）やEPA（経済連携協定）のような条約を結ぶ動きがみられるね。日本も2018年には，EU（欧州連合）との間にEPAを締結したし，　ア　に参加したね。　ア　は，アメリカが離脱した後に成立したものだよ。

タナカ：でも，このような動きは，世界の多角的貿易体制をかえって損ねたりはしないかな。GATT（関税及び貿易に関する一般協定）は，ある締約国に貿易上有利な条件を与えた場合に他の締約国にもそれを適用する　イ　を定めているよ。このような仕組みを活用して，円滑な貿易を推進した方がいいような気がするなあ。

ヨシダ：本当にそうかな。FTAやEPAといったそれぞれの国や地域の実情に応じたきめの細かい仕組みを整えていくことは，結果として世界の自由貿易の促進につながると思うよ。これらは，WTOを中心とする世界の多角的貿易体制を補完するものと考えていいんじゃないかな。

タナカ：ほかにどんな経済連携があるか調べてみよう。

問4　上の会話文中の空欄　ア　・　イ　に当てはまる語句の組合せとして最も適当なものを，次の①～④のうちから一つ選べ。　11

① 　ア　TPP11（環太平洋パートナーシップに関する包括的及び先進的な協定）

　　　イ　最恵国待遇原則

② 　ア　TPP11（環太平洋パートナーシップに関する包括的及び先進的な協定）

　　　イ　内国民待遇原則

③ 　ア　APEC（アジア太平洋経済協力会議）

　　　イ　最恵国待遇原則

④ 　ア　APEC（アジア太平洋経済協力会議）

　　　イ　内国民待遇原則

問 5　ヨシダさんは，帰宅後，FTA や EPA について考えた。そして，A 国，B 国，C 国の三国だけで貿易を行っている場合を仮定し，A 国が他国とFTA を結んだ際に得られる利益と損失について考え，次の**表**と後の**メモ**をまとめた。**メモ**中の　カ　〜　ク　に入る数字の組合せとして最も適当なものを，後の①〜⑥のうちから一つ選べ。　12

表　A 国が他国から製品 X を輸入するときの A 国での 1 単位の販売価格

	輸入関税がゼロのとき	輸入関税が 40%かかるとき
B 国からの輸入	500 円	700 円
C 国からの輸入	600 円	840 円

（注 1 ）　販売価格とは，財が市場で取引される価格である。
（注 2 ）　輸入国の市場での販売価格には，関税以外の間接税は含まれないと仮定する。
（注 3 ）　ここで扱う関税は，輸入国の市場での販売価格に対して課税され，その販売価格には，国内の関係業者の手数料や利益，その他の費用は含まれないと仮定する。また販売価格は，課税後に需給によって変動しないと仮定する。
（注 4 ）　輸送費用はかからないものとする。
（注 5 ）　A 国の製品 X の生産費は 1 単位 700 円より大きいものとする。

メモ

　A 国，B 国，C 国が同一の FTA を結べば，三国ともに自由貿易の利益を相互に享受する。しかし A 国，B 国，C 国の FTA の結び方によっては，A 国が利益を必ずしも享受できるわけではない。

　A 国が，B 国，C 国と FTA を結んでおらず，両国から同一製品 X の輸入に対して 1 単位当たり 40%の輸入関税をかけることを想定する。このとき A 国は B 国のみから製品 X を輸入し，1 単位　カ　円分の関税収入を得る。

　A 国と C 国が FTA を結べば，C 国から製品 X を輸入しても関税がかからないため，製品 X の販売価格が B 国より安くなる C 国に輸入先を変更する。このとき A 国での製品 X の販売価格は　キ　円分下がり，両国の貿易は活発となり，消費者は価格低下の恩恵を受ける。

　しかし C 国と FTA を結んだ A 国は，それ以前に B 国から製品 X を輸入することで得ていた 1 単位　カ　円分の関税収入を失う。政府が失った関税収入　カ　円と，製品 X の販売価格低下による消費者の恩恵としての　キ　円分の差額　ク　円は，A 国の損失額となる。

①	カ	100	キ	140	ク	40
②	カ	100	キ	200	ク	100
③	カ	100	キ	240	ク	140
④	カ	200	キ	100	ク	100
⑤	カ	200	キ	140	ク	60
⑥	カ	200	キ	240	ク	40

問6　帰宅したタナカさんは，明日に備えて，公共の教科書に出てくる他の略語の復習をすることにした。タナカさんは教科書の，主に国際社会の分野から四つの略語を選び出し，出題者の立場からそれぞれの略語に関する説明文を考えた。タナカさんが選んだ次の四つの略語の説明文として**適当でないもの**を，次の①～④のうちから一つ選べ。　13

① 　APEC：1989年以来，太平洋を取り巻く国や地域が参加し，域内の開かれた経済協力体制の構築を目指して議論を進めてきたもの

② 　WTO：保護貿易の推進に向けた国際的なルールづくりを担っていたGATTを継承して，1995年に発足したもの

③ 　BRICS：国土や人口，資源等の規模の大きさを背景として，特に2000年代に経済成長が注目されるようになった5か国の頭文字をとった呼称としてつくられたもの

④ 　IPCC：1988年に設立され，地球の気候変動に関して，地球温暖化に伴う影響なども含め，科学的な知見に基づいて評価した報告書を数年おきにまとめているもの

第3節：国際社会の成立と国際平和組織

step 1

4－5　国際社会の成立

問1　国家の領域や主権に関する記述として最も適当なものを，次の①〜④のうちから一つ選べ。　| 1 |

①　国家は，「一定の領域」・「共通の言語」・「主権」をもっており，これは国家の三要素と呼ばれる。

②　月その他の天体を含む宇宙空間に対する領有権を国家が主張することは，条約上，できない。

③　現在では，いずれの国家の主権も及ばない地域は，地球上に存在していない。

④　国際連合(国連)憲章は，領土をめぐる国家間の紛争については，国際司法裁判所に付託することを紛争当事国に義務づけている。

問2　戦争と平和の思想に関する記述として最も適当なものを，次の①〜④のうちから一つ選べ。　| 2 |

①　国際法の父グロチウスは，その著書『戦争と平和の法』のなかで，平和のための国際的な組織の必要性や常備軍の廃止を訴えた。

②　「平和14か条」を提案したウィルソンは，従来の軍事同盟に代わる集団安全保障による平和の維持を提唱した。

③　インド独立運動の指導者ガンジーは，武力の行使を最低限に抑え，可能な限り非暴力的な手段を使用すべきだと主張した。

④　国際赤十字の創設者デュナンは，正当な理由無くして戦争を始めた国に対する国際的な制裁措置を組織しようとした。

問3　国際法に関する記述として最も適当なものを，次の①〜④のうちから一つ選べ。　3

①　人道や人権に関する国際法のなかには，国家だけでなく，直接個人に権利を保障したり義務を負わせたりする制度を設けるものが増えてきている。

②　国連総会において全会一致で採択された決議が，そのまま拘束力をもつ国際法として国際社会で通用している。

③　国際法には，新国際経済秩序(NIEO)樹立宣言のような明文による条約と，各国による一定の行為の繰り返しを経て成立する国際慣習法とがある。

④　国際司法裁判所(ICJ)に国際法違反を提訴することができるのは国家のみであり，訴えられた国家は原則として裁判に応じる義務を負う。

4−6　国連憲章と安全保障問題

問4　武力の行使と国連憲章との関係に関する記述として最も適当なものを，次の①〜④のうちから一つ選べ。　4

①　一般的に武力の行使は禁止されているが，戦争に至らない小規模かつ短期間の武力行使は例外として認められている。

②　不当な武力攻撃に対する自衛のための武力行使は認められているが，その際に他国が軍事的に協力する集団的自衛権は禁止されている。

③　国連の安全保障理事会が停戦を決定した場合は，自衛のためであっても，決定に従って武力行使を停止しなければならない。

④　国際的な対立を解決するために武力を行使することは禁止されているが，武力により威嚇することは，明文では禁止されていない。

問5　国連機関に関する記述として**適当でないもの**を，次の①〜④のうちから一つ選べ。　5

①　経済社会理事会は，総会によって選出される理事国で構成されるが，必要な場合には，民間団体と協議することもできる。

②　事務局の長である事務総長は，国際紛争の解決や国際平和の維持に積極的に関与するようになり，調停者・仲介者としての役割を果たしている。

③　総会は，国連人権委員会を改編した人権理事会を創設し，人権問題への取組みの強化を目指している。

④　信託統治理事会は，これまで多くの植民地地域の独立に大きな成果をあげており，今後もその機能が期待されている。

問6 安全保障理事会に関する記述として最も適当なものを，次の①〜④のうちから一つ選べ。 6

① 安全保障理事会において常任理事国が欠席・棄権した場合は，拒否権を行使したものと見なされている。

② 安全保障理事会が，手続事項以外の事項について決定を下すためには，常任理事国の同意投票を含めて9理事国の賛成投票が必要である。

③ 安全保障理事会が決定したことは，兵力提供の命令のような軍事的措置への協力を含めて，すべての加盟国を拘束する。

④ 安全保障理事会は，国連のなかで，世界の平和と安全に関する問題を討議できる唯一の主要機関である。

問7 PKO（国連平和維持活動）に関する記述として最も適当なものを，次の①〜④のうちから一つ選べ。 7

① PKO が最初に展開されたのはスエズ動乱のときの国連緊急軍によるものであるが，現在では国連内に常設的な平和維持軍も設立されている。

② PKO は，国連憲章に明記された措置で，陸海空軍の兵力による国連軍を派遣するに至らない段階で投入される。

③ PKO には，軽度の武装により紛争地域の治安維持を行うだけでなく，非武装の要員による選挙の監視などを任務とするものもある。

④ イラク戦争において組織された有志連合軍の活動は，国連事務総長の指揮下で実施された PKO である。

問8 加盟国の国連分担金に関する記述として最も適当なものを，次の①〜④のうちから一つ選べ。 8

① 国連分担金は，アメリカとドイツの両国でその半分近くを拠出しており，分担の偏りが問題となっている。

② 経済社会理事会においては，理事国は国連分担金の割当てに関係なく各々1票の投票権を行使できる。

③ 加盟国は，国連分担金と PKO 関連分担金を拠出するが，国連の運営に問題があるとして，加盟以来これらの分担金を拠出していない国もある。

④ 各加盟国の国連分担金の割当ては安全保障理事会が決定するが，総会はその変更を要求することができる。

問9　国際刑事裁判所(ICC)に関する記述として最も適当なものを，次の①～④のうちから一つ選べ。| 9 |

　①　国連の司法機関で，国家間の紛争について国際法に基づいて判決を下す裁判所であり，その判決は当事国を拘束する。

　②　国連安全保障理事会の決議に基づき設立され，侵略戦争に関与した政治指導者などを裁く，常設でない裁判所である。

　③　国際手配された個人を訴追するため，国際刑事警察機構によって設立された裁判所である。

　④　国際法上の重大な犯罪にかかわった個人を裁く裁判所で，戦争犯罪のみならず，人道に対する罪，ジェノサイド(集団殺害)罪もその対象となる。

問10　日本と国連との関係に関する記述として最も適当なものを，次の①～④のうちから一つ選べ。| 10 |

　①　自衛隊を海外に派遣する場合には，事前に国連による平和維持部隊への参加要請が必要とされている。

　②　国連の通常予算の半分以上は日本とアメリカの2か国による分担金で占められており，日本の国連に対する財政的な貢献は極めて大きい。

　③　現在の国連の組織は国際社会の変動に対応していないとして，日本は主要機関の改編を含む国連改革の必要性を繰り返し主張している。

　④　日本は国連の創設時から一貫して経済社会理事会の理事国であり，経済社会面においてリーダーシップを発揮している。

step 2

　大学生のヤマモトさんは，大学で学んでいることについて，次のタイトルで，卒業した高校で講演を行った。

> 卒業生の話を聞いてみよう
> 「争い事の解決〜国際社会の場合〜」

　以下の I ・ II を読み，後の問い（**問 1 〜 4**）に答えよ。

I 　大学で学んでいることについて（その1）

> 　私は，ⓐ国と国との間の争い事がどのように解決されているか，国際法が力の行使をいかに規制しているかに興味をもつようになりました。というのも，高校生にもなれば，自転車置場の取り合いが殴り合いのケンカになることはありませんが，国は時に，他国との争いを力ずくで解決しようとしてきたからです。しかし同時に，そうした力による解決を回避する努力も積み重ねられてきました。
> 　そして今日，国際連合の加盟国は，他国との紛争を平和的手段によって解決する義務を負っています。国際連合憲章は，平和的手段の例をいくつか挙げていますが，そのリストの最初に書かれているのが「交渉」です。身近な生活のなかで生じる争い事もそうですが，話合い，つまり外交交渉を通じて国家間の利害を調整できるなら，それが一番です。

問 1　下線部ⓐに関する記述として**適当でないもの**を，次の①〜④のうちから一つ選べ。　11

　① 　著書『戦争と平和の法』のなかで，戦争行為を，国家間に適用される法によって，緩和することを説いたのは，グロティウスである。

　② 　国際法は，条約のほか，成文法でない慣習国際法（国際慣習法）という形式をとることもある。

　③ 　個別的自衛権と集団的自衛権という2種類の自衛権のうち，国際連合憲章が明示的に規定しているのは，個別的自衛権のみである。

　④ 　日本が掲げる「外交三原則」には，「アジアの一員としての立場の堅持」が含まれる。

Ⅱ　大学で学んでいることについて（その２）

　　国際平和が脅かされた場合，これに対処する主要な責任は，国連安全保障理事会にありますが，常任理事国の拒否権がしばしば平和の維持・回復を難しくしています。拒否権はなぜ導入されたのか。これを理解するためには，国際連盟と比較してみる必要があります。国際連盟の失敗の要因の一つとして，　ア　ことが挙げられます。これを克服するため，国際連合においては，　イ　と考えられました。

　　安全保障制度の構築に加えて，(b)人権の国際的保障，そして国際経済の安定化や開発，また貧困対策を通じて，争いを未然に防ぐ努力も重ねられてきました。国際通貨基金等の(c)国際機構の活動がその例です。雨の朝の自転車置場，その平穏を保つ方法も，様々あり得るかもしれません。

問2　上の文章中の　ア　には次のa・bの記述のいずれかが，　イ　には次のc〜fの記述のいずれかが入る。　ア　・　イ　に当てはまるものの組合せとして最も適当なものを，後の①〜④のうちから一つ選べ。　12

　　　ア　に入る記述
　a　参加しなかったり，脱退したりした大国がいくつかあった
　b　軍事（武力）制裁があまりに頻繁に発動された

　　　イ　に入る記述
　c　集団安全保障を実効的なものとするために，大国に特別な権限を与えることで，それらの国の参加を確保・維持する必要がある
　d　大国の参加が確保・維持できなくても集団安全保障が機能するように制度を設計する必要がある
　e　軍事（武力）制裁の発動がより慎重に決定されるように制度を設計する必要がある
　f　集団的措置は，専ら経済制裁に限定すべきである

　①　ア－a　　　イ－c
　②　ア－a　　　イ－d
　③　ア－b　　　イ－e
　④　ア－b　　　イ－f

問3　下線部ⓑに関して，ヤマモトさんは，高校の授業で学んで以来，ある疑問を抱いていた。大学でこの点について調べ，その**疑問点**とそれを解くための**考察**を次のような**メモ**にまとめた。メモ中の　ウ　にはP・Qの記述のいずれかが入り，　エ　・　オ　にはそれぞれR・Sの語句のいずれかが入る。　ウ　・　オ　に当てはまるものの組合せとして最も適当なものを，後の①〜④のうちから一つ選べ。　13

メモ

> 疑問点：人権条約は，個人が享有する人権を列挙し，それらを保障する義務を締約国に課すものであるが，　ウ　。
>
> 考　察：　エ　の基礎となった　オ　が採択されたのは，第二次世界大戦の前後で行われた深刻かつ大規模な人権侵害に対する反省からであった。その前提には，国内で人権を抑圧する国は，国際社会においても他国の権利を尊重せず，国際平和を脅かしかねないという認識がある。つまり，人権条約の直接の受益者は個人であるとしても，互いに人権条約に加入することで，より多くの国の国内で人権が適切に保障されるようにすることが，国際社会全体のためになり，ひいては各締約国のためにもなると考えられる。

　ウ　に入る記述

P　締約国における人権侵害の根絶・減少に実際につながっているのだろうか

Q　国は，いかなる利益を見いだしてそうした条約の締約国になるのだろうか

　オ　に入る語句

R　国際人権規約　　　　　S　世界人権宣言

① 　ウ−P　　　オ−R

② 　ウ−P　　　オ−S

③ 　ウ−Q　　　オ−R

④ 　ウ−Q　　　オ−S

問4　下線部ⓒに関して，次の記述 *α*・*β* は，**国際機構の表決方法に関する考え方**をまとめたものである。例えば国際通貨基金(IMF)では，加盟国によって出資額に大きな差があり，各加盟国はその額に応じて投票権をもつから，その表決方法は *β* に合致する。国際連盟総会(連盟総会)，同理事会(連盟理事会)，国際連合総会(国連総会)，同安全保障理事会(安保理)の表決方法は，*α*・*β* のいずれに合致するか。その組合せとして最も適当なものを，後の①〜⑥のうちから一つ選べ。　14

国際機構の表決方法に関する考え方

α　主権国家はその大小強弱貧富を問わず平等と見なされ，その帰結として，各国が投じる票はすべて等しいものと取り扱われる。

β　国際機構は，国際平和の維持や国際経済の安定といった特定の問題に対処するために創設されるので，その問題に対処する能力や責任の大きさなどに応じて，各国が投じる票について異なる取扱いが認められることもある。

①　*α* − 連盟総会，連盟理事会，国連総会，安保理
　　β − 合致するものはない

②　*α* − 連盟総会，連盟理事会，国連総会
　　β − 安保理

③　*α* − 連盟総会，国連総会，安保理
　　β − 連盟理事会

④　*α* − 連盟総会，連盟理事会
　　β − 国連総会，安保理

⑤　*α* − 連盟総会，国連総会
　　β − 連盟理事会，安保理

⑥　*α* − 合致するものはない
　　β − 連盟総会，連盟理事会，国連総会，安保理

第4節：戦後国際政治の動向

step 1

4－7　地域・民族紛争

問1　人種・民族紛争に関する記述として**適当でないもの**を，次の①～④のうちから一つ選べ。　　1

①　旧ユーゴスラビア領内では，チェチェン共和国において独立運動が起こり，武力対立が激化したことがある。

②　ルワンダでは，部族間対立により，内戦下での集団殺害（ジェノサイド）が行われた。

③　トルコやイラン，イラクなど複数の国に居住しているクルド人は，民族の独立を目指して運動し，それにより紛争が生じたことがある。

④　スーダンでは，南北の住民の間で対立が続いていたが，南部地域は，新国家として独立し，国連への加盟が認められた。

4－8　冷戦とその終焉

問2　第二次世界大戦後，アメリカが他国に対して行った多額の経済援助に関する記述として**適当でないもの**を，次の①～④のうちから一つ選べ。　　2

①　アメリカはマーシャル・プランを発表し，西ヨーロッパ諸国の経済復興を援助した。

②　第二次世界大戦後のアメリカによる西側諸国への経済援助に対抗して，ソ連は経済相互援助会議（コメコン）を設立した。

③　アメリカの経済援助をヨーロッパに受け入れるために，欧州連合（EU）が設立された。

④　アメリカの経済援助は，ソ連や他の共産圏諸国に対する「封じ込め政策」の一環として行われた。

問3　冷戦後の地域統合や地域機構についての記述として**適当でないもの**を，次の①〜④のうちから一つ選べ。　3

①　アフリカでは，既存の地域機構が再編され，より高度の統合を目指したアフリカ連合(AU)が発足した。

②　東南アジア諸国連合(ASEAN)では，域内の一層の経済協力や貿易促進を目指す ASEAN 経済共同体(AEC)が設けられた。

③　欧州共同体(EC)は，欧州連合条約(マーストリヒト条約)の発効により，欧州連合(EU)に発展した。

④　北大西洋条約機構(NATO)は，ソ連の解体に伴い軍事同盟としての役割を終え，廃止された。

問4　冷戦後の国際社会の構造変化に関する記述として最も適当なものを，次の①〜④のうちから一つ選べ。　4

①　ヨーロッパにおいて地域統合が進展し，ポーランド，ハンガリー，トルコなどが加わり，欧州連合(EU)加盟国数は増加した。

②　国連の経済社会理事会との協議資格をもつ NGO は，署名・批准の手続を経て国家と条約を締結する，国際法上の資格が認められるようになった。

③　チェコスロバキアの分裂や東ティモールの独立などにより，主権国家の数が増え，国連加盟国数は増加した。

④　国連改革が進み，平和維持活動を行う国連平和維持軍(PKF)の設置が国連憲章において明文化された。

4−9　軍縮への取組み

問5　国際社会における軍縮への取組みに関する記述として**適当でないもの**を，次の①〜④のうちから一つ選べ。　5

①　国際原子力機関(IAEA)は，原子力の平和利用を技術的に援助したり，核施設の査察を行ったりしている。

②　化学兵器禁止条約は，化学兵器の生産を禁止しているだけでなく，すでに生産された化学兵器の廃棄も義務づけている。

③　包括的核実験禁止条約(CTBT)は，部分的核実験禁止条約が対象としていない地下の核実験も禁止している。

④　核拡散防止条約(NPT)は，無期限延長に失敗したため，締約国による再検討会議を定期的に開いて，延長を重ねている。

問 6　兵器拡散やその規制に関する記述として最も適当なものを，次の①〜④の うちから一つ選べ。　**6**

①　21 世紀初頭の通常兵器取引において，輸出額の上位 5 か国には，国連 安全保障理事会の常任理事国のいずれかが常に入っている。

②　国連総会で決議された「非核三原則」は，核兵器を「持たない，作らな い，持ち込ませない」ことを非核保有国に義務づけた。

③　核拡散防止条約(NPT)で核保有が認められた国には，国際原子力機関 (IAEA)による査察受入れが義務づけられている。

④　オタワプロセスと呼ばれる手法で有志国と NGO 主導により，包括的核 実験禁止条約(CTBT)が採択された。

4－10　国際平和と国際協力

問 7　難民に関する記述として**適当でないもの**を，次の①〜④のうちから一つ選 べ。　**7**

①　難民条約では，難民とは，政治的意見などの理由で迫害を受けるか，ま たは，受けるおそれがあるために他国に逃れている人々と定義している。

②　日本が受け入れた難民の数は欧米主要国に比べると少ないが，そのなか では，アジア地域からの難民受入れ数が多数を占めている。

③　国連難民高等弁務官事務所(UNHCR)は，冷戦終了後，アフリカでの内 戦により多くの難民が発生したことを契機に設立された。

④　日本は，第一次避難地の難民キャンプに滞在している難民を受け入れる 「第三国定住」の制度を始めた。

問 8　子どもの保護に関する条約や国際機関の説明として最も適当なものを，次 の①〜④のうちから一つ選べ。　**8**

①　18 歳未満の少年が兵士として戦闘に参加するためには，子どもの権利 条約により，本人だけでなく，保護者による合意が必要とされている。

②　武力紛争中であっても，紛争当事国は，子どもたちの生活や教育に支障 が生じないように努力することが国際法で義務づけられている。

③　国連児童基金(UNICEF)は，パレスチナ難民の子どもたちに対する援助 が主な活動であり，中東を中心に活動している。

④　国連教育科学文化機関(UNESCO)は，児童の強制労働の禁止を主要な 活動目的の一つとして掲げている。

問9　NGO に関する記述として最も適当なものを，次の①～④のうちから一つ
選べ。　9

①　地雷処理のように，特殊な技術が必要な分野での協力は，ほとんど政府
の専門家が担当しており，NGO の参加は事実上困難である。

②　有力な NGO の中には，国境なき医師団のように，国連総会へ加盟国と
同様に直接議案を提出する権利を認められているものもある。

③　NGO の中には，国際赤十字のように，国家とは別の立場で各種の条約
の作成において中心的な役割を果たしてきたものもある。

④　NGO は民間組織であり，その財源は寄付やメンバーの会費に依拠して
おり，政府や国際機関等から公的な資金を受け取ることは認められていな
い。

step 2

国際協力サークルに所属している大学生たち（A～E）が，世界的な課題に取り
組んでいる組織やその関連団体に寄付をすることにして，候補を書き出しながら
話し合っている。次の会話文を読み，後の問い（**問1～5**）に答えよ。

ア

人の心のなかに平和の砦（とりで）を！
教育，文化，科学を通じた国際交
流の促進が，平和の砦になる。その
ため，この組織は，世界遺産保護の
分野をリードしてきた。

イ

危機の現場へ迅速に！
この組織は，苦境にある人々の命
を守るために活動を続けてきた。そ
の貢献が評価されてノーベル平和賞
を受賞している。

国連難民高等弁務官事務所

世界では2秒に1人が故郷を追わ
れている！
この組織は，命からがら逃れる人
たちの移動からキャンプでの生活ま
で，サポートしている。

ウ

みんなの健康を守ろう！
個々人の生活に関わる問題につい
ても，一国のみでは対処できない場
合がある。この組織は，健康のため
に，指針や基準を示す。

A：　**ア**　の活動のために寄付するのはどうかな。世界遺産が(a)紛争地域で破壊
されてしまった事例もあるし，保存のための努力が必要だと思う。

B：紛争が引き起こす深刻な問題としては，難民問題もあるよ。ヨーロッパなどでも難民問題については大きな関心がもたれているようだよ。日本でも，一定程度は_ⓑ難民を受け入れてきたけれど，先進国のなかでは少ない方だよね。_ⓒ国外での出来事と国内政治との関連性も踏まえて，日本としての今後の対応のあり方についても考えてみたいな。

C：武力紛争については，戦闘に巻き込まれて負傷した人々を守るために，危機的な状況でも現地で医療を提供し続けることも重要だよ。　イ　の活動のために寄付したいな。

D：そもそも武力紛争に至る前に，交渉や_ⓓ国際裁判などの平和的な方法で対立を解決できればいいと思うんだけど，難しいのかなあ。それと，武力紛争とは直接関わらなくても，世界的な取組みが求められる課題はあるよ。例えば，感染症についても国境を越えた対策が必要だよね。疾病の撲滅事業の奨励・促進を任務の一つとしている　ウ　の活動のために寄付するのはどうだろう。

E：寄付先について多様な候補が出てくるのは，今日の世界的な課題が多岐にわたっていることの証（あかし）といえそうだね。

問1　上の会話文中の　ア　～　ウ　に入る語句の組合せとして最も適当なものを，次の①〜⑧のうちから一つ選べ。　10

① ア UNESCO　イ MSF
　ウ FAO
② ア UNESCO　イ MSF
　ウ WHO
③ ア UNESCO　イ アムネスティ・インターナショナル
　ウ FAO
④ ア UNESCO　イ アムネスティ・インターナショナル
　ウ WHO
⑤ ア UNFPA　イ MSF
　ウ FAO
⑥ ア UNFPA　イ MSF
　ウ WHO
⑦ ア UNFPA　イ アムネスティ・インターナショナル
　ウ FAO
⑧ ア UNFPA　イ アムネスティ・インターナショナル
　ウ WHO

問2　下線部ⓐに関して，様々な地域の紛争や対立に関する記述として最も適当なものを，次の①〜④のうちから一つ選べ。　`11`

① イラン，イラク，トルコなどの国々に居住するクルド人によって，分離・独立や自治獲得などを目指す運動が各地で展開されている。

② 1990年代の激しい紛争を経て，2008年にセルビアからの独立を宣言したのは，ボスニア・ヘルツェゴビナである。

③ パレスチナ紛争が続くなか，国連総会の決定によって，パレスチナは国連加盟国として認められた。

④ 1990年代に，民族や宗教の違いなどを理由としてロシアから独立しようとする動きによって，クリミア半島で紛争が生じた。

問3　下線部ⓑに関して，会話文中のBさんが難民条約の規定を参照したところ，条約上，国家が保護することを義務づけられている「難民」に該当するには，厳格な条件が設けられていることに気づき，困窮した人々に保護が十分に与えられるのか疑問を抱いた。Bさんが難民条約に基づいてつくった次の枠内のまとめ(一部抜粋)を読んで，その「難民」の定義に該当する事例として最も適当なものを，後の①〜④のうちから一つ選べ。　`12`

難民条約第1条における「難民」の定義(以下の三つの条件を満たすこと)
・人種，宗教，国籍，特定の社会的集団の構成員であること，または政治的意見を理由に迫害を受けるおそれがあるという恐怖を有する者
・上記の恐怖のために，国籍国の外にいる者
・国籍国の保護を受けることができない，または上記の恐怖のために国籍国の保護を受けることを望まない者

---

① G国民のXさんは，同国での経済危機の影響によって失業してしまった。そこで，極度の生活苦から家族を救うため，新たな働き口を求めてH国の大都市に移り住んだ。

② 自国政府の政策への批判をインターネット上で書き込んだI国民のYさんは，秘密警察に逮捕され拷問を受けた。裁判等で救済されることも期待できないため，隙を見て逃げ出し，J国内の知人の家に匿（かくま）ってもらった。

③ K国民のZさんが住んでいた山間の集落で，民族間の対立から大規模虐殺が起こった。自らも生命の危険を感じ，500kmほど離れたK国の首都に逃れた。

④ L国の軍事施設がM国による空爆を受け，その巻き添えになってL国民のWさんの住まいも焼失した。Wさん一家は，隣国のN国に設けられた一時避難キャンプに逃げ込んだ。

問4 下線部ⓒに関して，次の | I |～| III |には，冷戦後の国際政治上の出来事P～Rを年代順に並べたものが，| α |・| β |には，日本政治上の出来事S・Tを年代順に並べたものが入る。| I |と| α |に入る出来事の組合せとして最も適当なものを，後の①～⑥のうちから一つ選べ。| 13 |

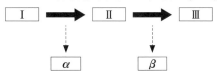

| I |～| III |に入る出来事
P　湾岸戦争が勃発
Q　アメリカで9.11同時多発テロが発生
R　イラク戦争が勃発

| α |・| β |に入る出来事
S　PKO協力法が成立　　　T　テロ対策特別措置法が成立

① I－P　　α－S
② I－P　　α－T
③ I－Q　　α－S
④ I－Q　　α－T
⑤ I－R　　α－S
⑥ I－R　　α－T

問5　下線部⑥に関して，次の文章の　エ　と　オ　に入る記述A～Dの組合せ
として最も適当なものを，後の①～⑨のうちから一つ選べ。　14

　　国際裁判は，国際紛争を処理する手続の一つであり，一般に，第三者機関
が国際法を適用し，紛争の各当事者を法的に拘束する判断を下すものとして，
定義されている。代表的な国際裁判機関として，国際司法裁判所がある。国
際裁判は，当事者の現実の力関係によってではなく，客観的立場から公平に，
法に基づいて問題を解決しようとする点に，大きな意義が認められる。しか
し，紛争処理という国際裁判の機能には限界もある。例えば，　エ　。
　　もっとも，国際裁判が果たす機能は，個別的な紛争の処理にはとどまらな
い。すなわち，国際法を適用して判決が示されるなかで，法規範の内容が明
確化・具体化され，それを通じて，国際社会における国際法の役割が高まる
のである。　オ　。このことは，法の発展という国際裁判の機能の表れとい
える。

A　国際司法裁判所の判決に従わないと，他国から政治的・道徳的な非難を
　　受けるが，いかなる国家も判決に従う義務は課せられていない
B　諸国は，国際裁判で直接取り上げられない事案においても，国際法規則
　　の解釈に当たって，国際司法裁判所の判決を参照している
C　国際司法裁判所が裁判を行うためには，その事件の当事国の同意が必要
　　である
D　国際司法裁判所の判決を履行しない国家に対しては，国連総会が強制措
　　置をとることが，国連憲章上，想定されている

①　エ－A　　　オ－B
②　エ－A　　　オ－C
③　エ－A　　　オ－D
④　エ－B　　　オ－D
⑤　エ－C　　　オ－A
⑥　エ－C　　　オ－B
⑦　エ－C　　　オ－D
⑧　エ－D　　　オ－B
⑨　エ－D　　　オ－C

第 3 編

持続可能な社会づくりに参画するために

step 1

. . . .

課題探究学習の技法

問1 課題について調べたり発表したりする際の活動内容に関する記述ア～ウと，その内容を表す名称A～Dとの組合せとして最も適当なものを，後の①～⑧のうちから一つ選べ。 1 。

- ア　森林のゴミ問題を解決するために地域住民でできるボランティア活動について，批判せずに自由にアイデアを出し合う。
- イ　森林をテーマにした環境教育を実践する市民団体がどのような活動をしているのかを知るため，その団体の代表者と直接会って，詳しく話を聞く。
- ウ　森林で放置される間伐材を有効に活用する方法について研究した結果を，他の人たちの前で報告する。

A	インタビュー	B	ロールプレイ
C	プレゼンテーション	D	ブレインストーミング

①	ア－A	イ－B	ウ－C	②	ア－A	イ－C	ウ－D
③	ア－B	イ－A	ウ－C	④	ア－B	イ－C	ウ－D
⑤	ア－C	イ－A	ウ－B	⑥	ア－C	イ－D	ウ－A
⑦	ア－D	イ－A	ウ－C	⑧	ア－D	イ－B	ウ－A

問2 社会の課題について調査・研究を行う際の留意点に関する記述として**適当でないもの**を，次の①～④のうちから一つ選べ。 2

- ①　日本十進分類法に基づいて本が配架されている図書館では，分類記号を手掛かりに見つけた本の近くを探すと，似たようなテーマの本を見つけられる可能性が高い。
- ②　現地調査(実地調査)において，公園のような公共の場にいる人を，個人を特定できるような写真の公開を意図して，本人等の許可なく撮影するのは望ましくない。
- ③　研究において，文献にはない情報を得るために，人に直接会って話を聞く方法が用いられることはない。
- ④　レポートを執筆する際に，ウェブサイト上に公表されているデータを利用する場合，その出典を明示する。

問3 次の文章中の A ~ C に入る語句の組合せとして最も適当なものを，後の①~⑧のうちから一つ選べ。 3

　多数の人々の意識や現状などに関する全体的な傾向について， A を用いて意見を収集して統計的に把握することを目的とする調査方法がある。 A による調査のうち，世論調査のように調査対象の規模が大きい場合に，よく用いられる手法として B がある。 B は，無作為抽出などの手続きを用いて調査対象全体の傾向を明らかにすることができる。こうして得られたデータを分析した結果をレポートなどにまとめる場合，表やグラフを使って他の人々に視覚的に分かりやすく伝えることも重要である。例えば， C は，データ全体の構成内容と構成比を示すときに適しているとされる。

① A　アンケート　　　B　標本調査　　　C　円グラフ
② A　アンケート　　　B　標本調査　　　C　折れ線グラフ
③ A　アンケート　　　B　全数調査　　　C　円グラフ
④ A　アンケート　　　B　全数調査　　　C　折れ線グラフ
⑤ A　ディベート　　　B　標本調査　　　C　円グラフ
⑥ A　ディベート　　　B　標本調査　　　C　折れ線グラフ
⑦ A　ディベート　　　B　全数調査　　　C　円グラフ
⑧ A　ディベート　　　B　全数調査　　　C　折れ線グラフ

問4 「公共」の授業で，日本の政府開発援助(ODA)の現状について調べてみたところ，次の三つの特徴ア~ウがあることが分かった。後に3種類のグラフA~Cとその特色を示してある。これらの三つの特徴について，グラフの特色を最もいかして説明するには，それぞれどの種類のグラフを用いるのが最も良いか。特徴ア~ウとグラフA~Cの組合せとして最も適当なものを，後の①~⑥のうちから一つ選べ。 4

　ア 2007年の日本のODAの実績を，経済協力開発機構の開発援助委員会構成国の平均値と比べると，「ODA額」や「援助対象国・地域の数」は平均値より高く，「国民一人当たりのODA額」や「対国民総所得比」，「贈与比率」は平均値より低い。

　イ 2007年の日本のODAの実績を地域別に見た場合，全体のなかでアフリカ地域やアジア地域に対する援助額の割合が大きい。

　ウ ここ30年間の一般会計ODA当初予算の推移を見た場合，毎年度の予

算額は，1981年から1997年までは増加し続けていたが，その年以降は減少傾向にある。

A　折れ線グラフ

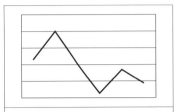

データの数値の変化を，最も分かりやすく示すことができる。

B　円グラフ

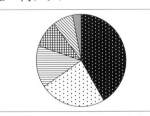

データの構成内容や，全体における構成比を，最も分かりやすく示すことができる。

C　レーダーチャート

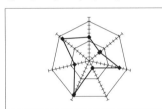

複数のデータ項目のバランスや全体の傾向を，最も分かりやすく示すことができる。

(注)　グラフA～Cは，例示されたものであり，特徴ア～ウの実際のデータの数値が反映されたものではない。

① ア－A　　イ－B　　ウ－C　　② ア－A　　イ－C　　ウ－B

③ ア－B　　イ－A　　ウ－C　　④ ア－B　　イ－C　　ウ－A

⑤ ア－C　　イ－A　　ウ－B　　⑥ ア－C　　イ－B　　ウ－A

step 2

「公共」の授業で，「SDGs(持続可能な開発目標)」から課題を選び，グループ
で探究学習を行うことになった。このことに関して後の問い(**問1 ～ 3**)に答えよ。

図　SDGs の 17 の目標

SDGs は，図に示される 17 の国際的な目標と各目標について設定された 169
のターゲットからなり，2015 年に 161 か国が参加した国連サミットにおいて全
会一致で採択された。

Ⅰ　生徒Aのグループは，SDGsの目標6「安全な水とトイレを世界中に」を探
究学習のテーマに選び，次の**資料1〜4**を参考にして，水資源に関する国内外
の問題について考えた。

資料1　世界各国の降水量と一人当たり水資源賦存量

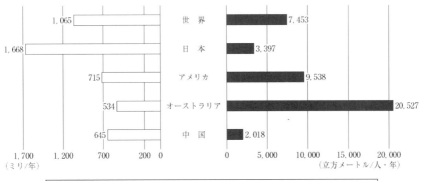

国	平均降水量（ミリ/年）	一人当たり水資源賦存量（立方メートル/人・年）
世界	1,065	7,453
日本	1,668	3,397
アメリカ	715	9,538
オーストラリア	534	20,527
中国	645	2,018

□平均降水量（ミリ/年）　■一人当たり水資源賦存量（立方メートル/人・年）

(注)　水資源賦存量とは〈(降水量−蒸発散量)×当該地域の面積〉で求められる値で，理論
　　　上最大限利用可能な水資源の量を表す。なお，ここで示されているデータは
　　　AQUASTATの2016年11月時点公表のデータを基に国土交通省水資源部が作成したも
　　　ので，水資源賦存量の算出に当たって，平均降水量を用いている。
(出所)　国土交通省『平成28年版日本の水資源の現況』により作成。

資料2　1kg生産するのに必要な水の量(ℓ)

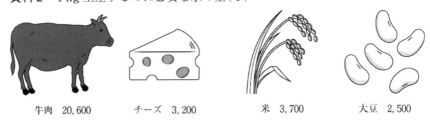

　　　牛肉　20,600　　　チーズ　3,200　　　　米　3,700　　　大豆　2,500
(出所)　環境省Webページにより作成。

資料3 日本全国の水使用量と米の生産量

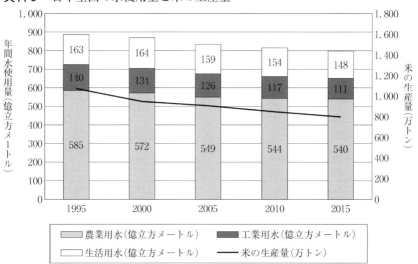

(出所) 国土交通省『令和2年版日本の水資源の現況』と農林水産省『作物統計』により作成。

資料4 2018年農産物の国内生産量と輸入量

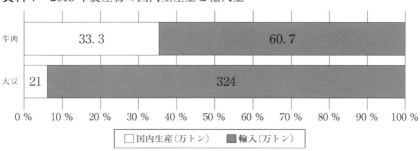

(出所) 農畜産業振興機構「牛肉需給表」，農林水産省「食料需給表」，「農林水産物輸出入概況」により作成。

問1 **資料1〜4**から読み取れる内容として**適当でないもの**を，次の①〜④のうちから一つ選べ。 5

① 日本は降水量に恵まれるが，一人当たり水資源賦存量は世界平均以下である。

② 2015年の日本全国の水使用量は日本の水資源賦存量の半分を上回っている。

③　大量の水を消費する米の生産量と農業用水の使用量とは相関関係がある。
④　日本は牛肉の輸入によって原産国に水の消費を肩代わりしてもらっている。

Ⅱ　生徒Bのグループでは，次の**資料1〜5**を収集し，経済的不平等などが教育に及ぼす影響について考察を進めた。

資料1　読解力，数学，科学分野において基礎的習熟度に達している子ども（15歳）の割合（2015年）

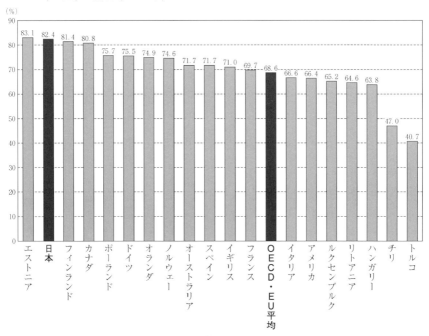

(出所)　ユニセフ・イノチェンティ研究所『イノチェンティ　レポートカード14　未来を築く：先進国の子どもたちと持続可能な開発目標(SDGs)』により作成。

資料1の説明

　2000年よりOECDが3年ごとに実施している生徒(15歳)の学習到達度調査(PISA)結果のうち，読解力，数学，科学分野において少なくとも基礎的習熟度(レベル2以上)に到達している生徒の割合について2015年の数値をグラフで表している。「OECD・EU平均」は，加盟国のうち38か国の平均である。

資料2 児童・生徒，学生一人当たりの年間教育支出（2017年）

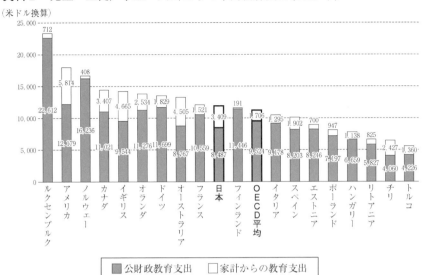

(米ドル換算)

凡例：■ 公財政教育支出　□ 家計からの教育支出

(出所)　OECD『図表でみる教育 OECD インディケータ(2020年版)』により作成。

資料2の説明

　児童・生徒，学生一人当たりの年間教育支出の額を米ドル換算で示したもの。公財政教育支出と家計からの教育支出とを分けて示している。「OECD平均」は，現加盟国(リトアニアは2018年に加盟)のうち35か国の平均である。

資料3　子どもがいる世帯における相対的所得ギャップ(2014年)

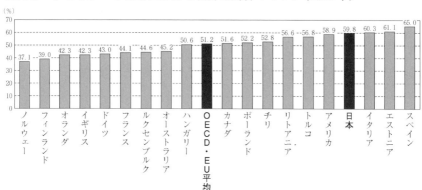

(出所)　ユニセフ・イノチェンティ研究所『イノチェンティ　レポートカード14　未来を築く：先進国の子どもたちと持続可能な開発目標(SDGs)』により作成。

資料3の説明

　最貧困層の子どもたちが社会の「平均的」な水準からどれだけ取り残されているかを測るために，子どもがいる世帯について，所得分布の下から10%目の世帯の所得と中央値の世帯の所得とのギャップを，中央値に対する割合で表したもの。「相対的所得ギャップ」と呼ばれる。数値が小さいほど，相対的所得ギャップが小さい。「OECD・EU平均」は，加盟国のうち41か国の平均である。

資料4 公財政教育支出対 GDP 比(2017 年)

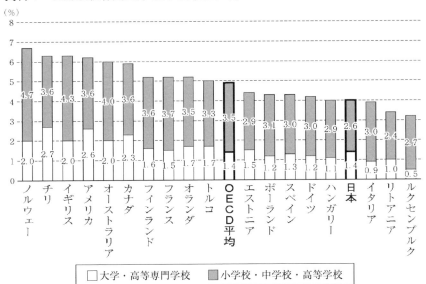

(出所) OECD『図表でみる教育 OECD インディケータ(2020 年版)』により作成。

資料4の説明

　国内総生産(GDP)に占める初等教育から高等教育までの公財政教育支出の割合を示したもの。大学・高等専門学校と小学校・中学校・高等学校とを分けて示している。「OECD 平均」は,現加盟国(リトアニアは 2018 年に加盟)のうち 37 か国の平均である。

資料5　ESCS 指数1単位上昇による，読解力，数学，科学分野の PISA テストのスコアの差(2012年)

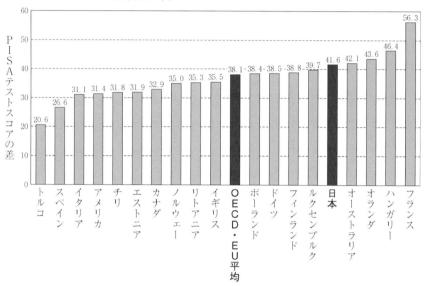

(出所)　ユニセフ・イノチェンティ研究所『イノチェンティ　レポートカード14　未来を築く：先進国の子どもたちと持続可能な開発目標(SDGs)』により作成。

資料5の説明

　PISA における「社会経済文化的背景(ESCS)指数」と学習成果との関係を示したもの。ESCS 指数は，親の学歴，親の職業，家庭の財産，文化的所有物(美術品及び古典文学作品)，教育資源という5つの指標に基づき算出されるものであり，数値が高いほど，社会経済文化的背景が子どもの学習成果に及ぼす影響が大きいことを示している。「OECD・EU 平均」は，加盟国のうち39か国の平均である。

問2　次の会話は，グループの生徒B～Dによる，**資料1～5**の分析についての
議論の一部である。会話文中の　a　・　b　に入るものの組合せとして最
も適当なものを，後の①～⑨のうちから一つ選べ。　6

　生徒B：これまでのところ，日本は高い教育成果をあげているといってよい
　　　　　のかな。

　生徒C：資料から見る限り，他のOECD諸国に比べて，多くの子どもの基
　　　　　礎学力を保障しているといってよいと思うよ。

　生徒D：私もそう思う。きっと，それは日本の経済的格差が小さいからだよ。

　生徒B：そうかな。子どもがいる世帯における所得格差を見ると，日本は
　　　　　OECD諸国の平均より上で，　a　と同じくらいだよね。

　生徒D：いわれてみると，確かにそうだね。

　生徒C：それに，日本は，　a　と同様に，　b　もOECD諸国の平均より
　　　　　大きいから，家庭の経済的格差が子どもの教育に及ぼす影響は大き
　　　　　くなっているといえるかもね。

　a　に入るもの
ア　エストニア　　　　**イ**　フィンランド　　　**ウ**　アメリカ

　b　に入るもの
エ　児童・生徒，学生一人当たりの年間教育支出の総額
オ　児童・生徒，学生一人当たりの年間教育支出に占める家計からの教育支
　出の割合
カ　GDPに占める公財政教育支出の割合

	a	b
①	ア	エ
②	ア	オ
③	ア	カ
④	イ	エ
⑤	イ	オ
⑥	イ	カ
⑦	ウ	エ
⑧	ウ	オ
⑨	ウ	カ

問3　次の会話は，生徒B〜Dが，**資料1〜5**の分析を踏まえて，OECD加盟の国々を比較しながら，SDGsの目標4を達成するために必要な教育に関する政策について議論しているものである。会話文中の　c　・　d　に入る政策の組合せとして最も適当なものを，後の①〜⑨のうちから一つ選べ。　7

　生徒B：教育の機会や条件の不平等は，低い賃金，失業などに結びつきやすく，経済的な不平等が固定化してしまうおそれがあるっていわれているよね。そうすると，教育において，SDGsの「誰一人取り残さない(leave no one behind)」という目標を実現するために，日本は，　c　という政策を検討すべきことになるのかな。

　生徒C：それだけで十分かな。フランスのように，子育て世帯の所得格差は必ずしも大きくないけれども，ESCSの学習到達度に及ぼす影響が強い国もあるよ。

　生徒D：そういえば，経済的状況だけではなく，親の学歴や価値観，家庭の文化的な環境などが，子どもの考え方や行動の傾向を形づくり，学習の関心や意欲，態度に影響を及ぼすという考え方を聞いたことがあるよ。

　生徒B：そうだとすれば，社会全体で，すべての子どもが十分な社会的経済的文化的な環境で学べるようにすることが大切だね。例えば，　d　という教育政策も必要になってくるんじゃないかな。

　生徒C：なるほど，そうすれば，私たちの社会への視野を広げてくれそうだね。

　c　に入るもの
ア　高等教育の水準を高めるために，大学の授業料を引き上げる
イ　義務教育において，授業料の無償だけでなく，給食費，教材費その他の必要な支出についても，手厚く経済支援を行う
ウ　地域に根差した教育を行うことができるように，地方分権を推進し，公財政教育支出に占める国の支出の割合を少なくする

　d　に入るもの
エ　子どもに小学校卒業までに進路を選択させ，その進路にふさわしい専門的な職業教育をすぐに行う学校制度をつくる
オ　学校教育において，子どもを教育する親の権利をできる限り尊重する

カ 学校教育において，子どもが，多様な価値観や考え方などに触れ，職業
　体験や文化活動など，様々な経験を積むことができるようにする

	c	d
①	ア	エ
②	ア	オ
③	ア	カ
④	イ	エ
⑤	イ	オ
⑥	イ	カ
⑦	ウ	エ
⑧	ウ	オ
⑨	ウ	カ

河合塾
SERIES

マーク式
基礎問題集
公共

解答・解説編

河合出版

河合塾
SERIES

マーク式
基礎問題集
公共

解答・解説編

河合出版

目　次

第 1 編

公共の扉

第1章　公共的な空間をつくる私たち

step 1

1－1 現代社会に生きる青年

解答	1	④	2	⑥	3	⑥	4	③
	5	③						

問1 1 ④が正解。**レヴィン**は，子どもから大人への移行期にある青年を，子どもと大人のいずれの集団にも安定した帰属意識をもたない存在として位置づけ，そうした青年のことを**マージナル・マン(境界人)** と呼んだ。

①「第一次性徴」という部分を「第二次性徴」に置き換えると適当な記述になる。性徴とは，性別ごとの身体的な特徴を指す。生まれてすぐに分かる男女の生殖器や生殖腺の特徴を**第一次性徴**と呼ぶのに対し，思春期(青年期の初期)に現れる身体の各部分の性的な変化の諸特徴を**第二次性徴**と呼ぶ。②「青年期を迎える前にあらかじめ達成しておくべき課題」は不適当。ハヴィガーストは，「職業の選択やそのための準備」を青年期の発達課題として位置づけた。③「時代や文化が異なったとしても一定である」は不適当。青年期の始まりと終わりの時期は時代や文化によって異なり，例えば，産業の発達や社会制度の複雑化が進んだ先進国では，青年期は長期化する傾向が見られる。

問2 2 ⑥が正解。

A には「イニシエーション」が入る。**イニシエーション**とは，新しい社会集団の成員として加入するための通過儀礼を指す。したがって，「成年式等，大人への仲間入りの儀礼」はイニシエーションに該当する。**モラトリアム**は猶予期間を意味する語句である。**エリクソン**は，青年期を，大人としての責任や義務の遂行が社会的に猶予されている期間として捉え，こうした猶予期間を**心理社会的モラトリアム**と呼んだ。

B には「エリクソン」が入る。「様々な場面にわたり，自分が自分であることの確信を得ること」は，**アイデンティティの確立**を意味する。このアイデンティティの確立を青年期の重要な発達課題と位置づけたのはエリクソンである。**フロイト**は，精神分析を創始し，人間の心の奥底の**無意識**の領域について論じたことで知られる。

C には「アイデンティティ拡散」が入る。**アイデンティティ拡散**とは，

アイデンティティの確立がうまくいかず，自分がどのように生きたいのか，自分が何者であるかなどを見失っている状態を指す。**第二反抗期**は，親や大人たち，社会に対して反発するなどの態度が現れやすい青年期の一時期を指す。話し言葉を覚えたばかりの幼児期に見られる**第一反抗期**と混同しないように注意したい。

　以上のことから，組合せとして最も適当なものは⑥となる。

問3　　3　　⑥が正解。**マズロー**は，欲求は低次の欲求から高次の欲求へと階層をなしており，低次の欲求が満たされると，より高次の欲求へと向かうと説いた。

＜マズローが提唱した人間の欲求の階層構造＞

| 自己実現の欲求 |
| 自尊の欲求 |
| 所属と愛情の欲求 |
| 安全の欲求 |
| 生理的欲求 |

　設問の**図**においては，Aが安全の欲求，Bが所属と愛情の欲求，Cが自尊の欲求に当たる。**ア**の「自分を尊敬したり，他者から認められたりしたいという欲求」はC，**イ**の「他者と関わり，自分が所属する集団に受け入れてほしいという欲求」はB，**ウ**の「危険を避けて，安全に暮らしていきたいという欲求」はAと，それぞれ合致する。

　以上のことから，組合せとして最も適当なものは⑥となる。

問4　　4　　③が正解。**防衛機制（防衛反応）**は，心理的な適応障害を引き起こすような事態や自我が崩壊しかねないほどに心理的緊張が高じた場合に，自我を守るために無意識のうちに働く心理的メカニズムである。防衛機制の種類として，次表のものがある。

＜防衛機制の種類＞

抑圧		欲求を無意識のうちに抑え込む。
合理化		自分を納得させる理由づけを行う。
同一視	摂取	他人の長所を取り込む。
	投射	不都合な感情を他人に転嫁する。
反動形成		抑圧した欲求と反対の行動をとる。
逃避		苦しい事態に直面したとき，これを避ける。
退行		一段階前の発達段階に逆戻りする。
置き換え	代償	代わりのもので欲求を満たす。
	昇華	社会的に価値の高いものに欲求を向ける。

③は「昇華」ではなく「同一視」についての記述であり，これが適当でないものとして，正解となる。

①は「退行」，②は「反動形成」，④は「合理化」についての記述として，それぞれ適当である。

問5　　5　　③が正解。

　A　には「生涯にわたって」が，　B　には「含む」が，それぞれ入る。**キャリア**とは，もともと職業上の経歴や経験を意味する語句だが，仕事や働き方の多様化に伴い，その人の経歴全体を見通して使われるようになっている。つまり，**キャリア開発**にいうキャリアとは，職業生活を中心としたその人の生涯にわたる経歴全体のことで，余暇の過ごし方や趣味，家事・育児・介護をはじめとする家庭生活，就業以前の学校生活，退職後の生活設計などもキャリアに含まれる。

　C　には「インターンシップ」が入る。**インターンシップ**は，生徒や学生などが職業選択の参考にするなどの目的で，企業などで一定期間，就業を体験することを指す。**ワークシェアリング**は，一人当たりの労働時間を短縮するなどして，雇用機会の拡大を図ろうとすること（仕事を複数の労働者で分かち合おうとすること）をいう。

以上のことから，組合せとして最も適当なものは③となる。

1－2　伝統と文化

解答	6	④	7	②	8	⑥

問6　6　④が正解。

　　アと**B**が合致する。古代日本人は，自然界に存在する様々なものに霊的な力が宿るという**アニミズム**的な考え方を抱いており，多様な自然現象の背後にあって，不可思議な力を顕（あ）わにする畏怖すべき存在を「神（カミ）」と呼んだ。

　　イと**C**が合致する。阿弥陀仏を信じて「**南無阿弥陀仏**（なむあみだぶつ）」と念仏を称（とな）えることで救われるという考えは，浄土信仰の特徴である。浄土真宗の開祖とされる**親鸞**は，信心すら自らの力によるものではなく，念仏さえも自力で称えているのではなく，阿弥陀仏の力によるとする，いわゆる**絶対他力**を説いた。

　　ウと**A**が合致する。**国学**とは，儒教や仏教などによる考え方を排し，直接日本の古典を研究して，そこに日本古来の人間の理想像を見いだそうとする学問を指す。国学を大成した**本居宣長**によれば，**真心**とは，「よくもあしくも，生まれつきたるままの心」を指す。本居宣長は，人間が本来備えている真心が，儒教や仏教などの外来思想の影響によって失われたことを嘆き，その回復を唱えた。

　　以上のことから，組合せとして最も適当なものは④となる。

問7　7　②が正解。イスラーム教における五行には，次のものがある。

信仰告白…「アッラーをおいて神はなし。ムハンマドは神の使徒なり」と唱える。

礼拝………１日５回メッカに向かって，定められた手順により礼拝を行う。

断食………イスラーム暦９月（ラマダーン）の日中に，一切の飲食を断つ。

喜捨………イスラームの救貧税。貧者に対して資産に応じた施しをする。

巡礼………一生に一度，メッカのモスクに巡礼する。

---

　　①「すべての自然物に宿る霊的存在を統合した人格神」は不適当。古代日本人は，雷や風，海や山などに加え，巨木や巨石など，自然界に存在する様々なものに霊的な力が宿ると考え（**アニミズム**），それらを「神（カミ）」と見なした。すなわち，**八百万の神**（や　お　よろず）（数多くの神々）を信仰してきたのであって，様々な「自然物に宿る霊的存在を統合した人格神」を「八百万の神」と位置づけたわけではない。③聖書によれば，「十戒の啓示」を神から授かったのは，「イエス」ではなく「モーセ」である。**十戒**の啓示とは，ユダヤ人を引き連れてエジプトを脱出した**モーセ**が，シナイ山で神より授けられたとされる**律法**（神の命令と掟）である。**イエス**は，律法を形式的に守ろうとするユダヤ教の律法主義を批判したことで知られる。イエスは，「私が律法や預言者を廃するために来たと思ってはならない。廃するためではなく，成就す

るために来たのである」と述べるなど，律法を守ることは大切であるとしたうえで，それを形式的に守るのではなく，律法に込められている精神（神の愛）を知り，これを完成させることが重要であると説いた。④「涅槃」という部分を「無明」に置き換えると適当な記述になる。ゴータマ゠ブッダによれば，人の生における苦の原因の一つは，無常（すべてのものは絶えず変化・生滅する）・無我（すべてのものはそれ自体では存在せず，不変の実体をもたない）についての根本的な無知（無明）にある。涅槃とは，煩悩の炎が消えた解脱の境地を指す。

問8　　**8**　　**⑥**が正解。

　　Aと**ウ**が合致する。**文化相対主義**とは，文化間に優劣をつけず，文化の多様性を前提として諸文化の共存を図ろうとする考え方を指す。**ウ**は「日本の文化」と「他国の文化」がそれぞれ固有の価値をもつことを認め，両者の間に「優劣」をつけない見方についての記述であり，文化相対主義の具体例に該当する。

　　Bと**エ**が合致する。**エスノセントリズム（自文化中心主義，自民族中心主義）**とは，自民族やその文化を絶対的に優越するものと見なし，多民族の文化を排斥する見方や態度を指す。**エ**は「日本の伝統や文化」が「世界で最も優れている」と捉えるとともに，「自国の文化を大切にし，他国の文化の影響を受けないようにすべきだ」と主張しており，エスノセントリズムの具体例に該当する。

　　以上のことから，組合せとして最も適当なものは⑥となる。

step 2

解答	9	③	10	④	11	①	12	①

問1　　**9**　　**③**が正解。**年中行事**は，毎年一定の時期に特定の集団により行われる儀式・行事をいう。「**十三夜**」は，旧暦9月13日の夜のことで，8月15日の**十五夜**と併せてお月見をする風習が各地にある。

　　①②④はいずれも，人の一生における重要な移行期に執り行われる**通過儀礼**であり，年中行事ではない。①「**お食い初め**」は，生まれて100日目，あるいは120日目の乳児に箸をもたせ，初めて食膳につかせる祝いごとである。②「**初七日**」は，原則として人の死後七日目に行われる仏事をいう。④「**米寿**」は，八十八歳のお祝いをいう。

問2　　10　　④が正解。**多文化主義**は，一つの国家ないし社会の中に複数の異なる人種・民族・集団の文化の共存を認め，そのための方策を積極的に進める考え方をいう。④はまさにそうした観点に立つ記述といえる。なお多文化主義は，支配的な文化への同化や吸収を招来する「**同化主義**」と対比される。

　　①②異文化を見下す視点に立っている点で，**文化相対主義**に反する。③**自文化中心主義**あるいは**自民族中心主義**を意味する「**エスノセントリズム**」は，文化相対主義の対極に位置するものの見方である。

問3　　11　　①が正解。アジアでは，仏教，ヒンドゥー教，イスラーム教などの信者が多いが，**フィリピン**や**韓国**ではキリスト教徒の割合が高い。

　　②キリスト教は，唯一絶対の神への信仰を説く**一神教**である。したがって，「あらゆるものに霊的な存在が宿っている」という**多神教**的な考え方を否定するので，選択肢の記述は不適当である。③イスラーム教では，イスラーム暦の９月（ラマダーン）に日の出から日没まで**断食**を行うことを，**ムスリム**（イスラーム教徒）の宗教的務めである五行の一つとして課しているが，キリスト教には断食を宗教的義務として課す教えはない。④三大世界宗教（仏教・キリスト教・イスラーム教）のうち，最後に確立したのはイスラーム教である。

問4　　12　　①が正解。**レヴィン**は，子どもと大人のどちらにも安定した帰属意識をもたない青年のことを，**境界人（マージナル・マン）**と名づけた。

　　②「第一次性徴」という部分を「第二次性徴」に置き換えると適当な記述になる。性徴とは，性別ごとの身体的な特徴のことであり，**第一次性徴**は生まれてすぐに分かる男女の生殖器や生殖腺の特徴を，**第二次性徴**は思春期（青年期の初期）に現れる身体の各部分の性的な変化の諸特徴を，それぞれ指す。③「ルソー」という部分を「エリクソン」に置き換えると適当な記述になる。**エリクソン**は，青年期を，大人としての責任や義務の遂行が社会的に猶予されている期間として捉え，こうした猶予期間を**心理・社会的モラトリアム**と呼んだ。ルソーは，青年期を「**第二の誕生**」と表現したことで知られる人物。ルソーによれば，母親の胎内にいた胎児が母胎を離れることが「**第一の誕生**」であるのに対し，自己や性に対する自覚を強めるようになる青年期は「第二の誕生」である。④「安全欲求の達成」という部分を「アイデンティティの確立」に置き換えると適当な記述になる。**アイデンティティの確立**とは，自己が一貫した連続性をもっているという意識や，自己が属する集団や社会において認知されているという意識をもち，安定した自己像を保持している状態のことをいう。このアイデンティティの確立を，青年期の重要な発達課題として位置づけた人物として，エリクソンがいる。

第2章　公共的な空間における人間としてのあり方生き方

step 1

・・・・・・・・・・・・・・・・・・・・・

2－1　先哲の思想

解答　　1　②　　　2　②　　　3　①　　　4　③

問1　　1　　②が正解。**プラトン**は，理想の国家を実現するには，知恵の徳を身につけた統治者階級（哲人）が，防衛者階級や生産者階級を指導する**哲人政治**が必要であると説いた。したがって，②の「生産者階級が統治者階級と防衛者階級を統制すべきである」という記述や，「哲人政治を否定した」という記述は不適当。

　　①③④は，それぞれ適当である。①**アリストテレス**は，「**人間はポリス（社会）的動物である**」と述べ，人はポリス（社会）を離れては生きることができず，幸福や徳もポリスにおいて実現すると考え，ポリスにおける共同生活に欠かせない重要な倫理的徳として**正義**と**友愛**を挙げた。③**ベンサム**は，ある行為が善であるかどうかは，幸福を実現するのに有効かどうかという功利（有用性）の観点から判断すべきであり，「**最大多数の最大幸福**」という結果を実現することこそ，市民社会にふさわしい道徳と立法の原理であると主張した。④**サルトル**は，人間の自由と責任とを強調する**社会参加（アンガジュマン）**の思想を説いた。

問2　　2　　②が正解。「J.S.ミル」という部分を「サルトル」に置き換えると適当な記述になる。**J.S.ミル**は，『自由論』を著し，個人の自由は最大限に尊重されるべきであり，その人の意思に反して自由を制限できるのは，他者への危害を防止する場合に限られると説いたことで知られる（**他者危害の原則**）。

　　①**ロールズ**は，『正義論』を著し，所得と富の配分の不平等（社会的・経済的不平等）が容認されるのは，地位や職務につく機会が公平であり，**最も不遇な人々の境遇を改善する場合に限られる**と説いた。③**ハーバーマス**は，**対話的理性**（人々が互いを尊重し合いながら，開かれた形で相互に批判を行い，言葉を尽くして互いの理解を深めて合意を形成しようとするときに働く理性）に基づく相互了解（**コミュニケーション的合理性**）こそが，歪んだ支配関係のない社会を形成する 要 になると説いた。④**セン**は，福祉にとって大切なことは，各人がよき生活を送ることができるように，主体的に選択できる

「生き方の幅」，すなわち**潜在能力（ケイパビリティ）**を広げることにあると説いた。

問3　　③　①が正解。「善などについて完全には知っていないということの自覚」とは，**ソクラテス**が真理追究の出発点として重んじた「**無知の知**」のことである。ソクラテスは，本当に大切な善美のことがらなどについて完全には知っていないということを，対話を通じて人々に自覚させることが自分の使命であると考え，それを実践した（問答法，魂の助産術）。

　　②「アリストテレス」という部分を「パスカル」に置き換えると適当な記述になる。**パスカル**は，「人間はひとくきの葦にすぎない。自然のなかで最も弱いものである。だが，それは**考える葦**である」と述べ，人間は自然界の中では弱く悲惨な存在であるが，思考することのできる偉大な存在であり，その点に人間の尊厳があると説いた。③「弁証法」という部分を「帰納法」に置き換えると適当な記述になる。**帰納法**とは，観察や実験によって得られた個々の経験的な事実を土台として，それらに共通する一般的法則を見いだしていく学問の方法を指す。**ベーコン**は，帰納法こそが正しい学問の方法であるとした。**弁証法**は，**ヘーゲル**の思想のキーワードとして知られる。ヘーゲルによれば，世界のあらゆる事物や事象は，それ自体のうちに対立・矛盾するものを含んでおり，この対立・矛盾を契機としてより高次のものへと統合されて発展する。このような論理を弁証法という。④「人間中心主義の考え方が衰退した」ことで「科学技術が発達した」という趣旨の記述は不適当。近代における科学技術の発達は，人間は自分たちのために自然を利用できる存在であるという人間中心主義に支えられてきた。

問4　　④　③が正解。**内村鑑三**は，日本（Japan）に対する愛とイエス（Jesus）に対する愛（**二つのＪ**）は矛盾せず，武士道の高潔な道徳心を土台として日本にキリスト教が根づけば，日本は神の義に適う国になると同時に，世界は「武士道に接木されたるキリスト教によって救はるる」と主張した。

　　①「法然」という部分を「日蓮」に置き換えると適当な記述になる。**日蓮**は，国家の安泰は人々が**法華経**に帰依することで達せられると説いた。**法然**は，浄土に往生するためには，ひたすら「南無阿弥陀仏」と念仏を称えること（**専修念仏**）が必要であると説いた。②「道元」という部分を「親鸞」に置き換えると適当な記述になる。**親鸞**によれば，阿弥陀仏への信心や念仏は，すべて阿弥陀仏の働きに由来するものであり，自力でなし得るものではない（**絶対他力**）。道元は，すべてを投げうち身と心を尽くしてひたすら坐禅につとめること（**只管打坐**）において，欲望や執着などから解き放たれ，身も心も清浄になる（**身心脱落**）と説いた。④国学が「漢意」を理想的な生き方とし

たという趣旨の記述は不適当。国学を大成した**本居宣長**は，儒学や仏教に感化された理屈っぽい精神である**漢意**を批判した。本居宣長が理想的な生き方としたのは，「日本の古代の神々のことばや行動」に現れている**惟神の道**である。

2－2 環境倫理・生命倫理

解答　| 5 | ② |　| 6 | ② |　| 7 | ④ |

問5　 5 　②が正解。

　aと**ア**が対応する。**宇宙船地球号**という比喩は，**ボールディング**が用いたものとして知られる。ボールディングは，地球を宇宙船のように閉ざされた環境にたとえ，人間によるその汚染と破壊は地球全体の生命体にとって致命的であり，地球上のすべての人間が，同じ宇宙船の乗組員という意識で自然環境の保全に取り組むべきだと主張した。

　bと**ウ**が対応する。**生物多様性**は，異なる種の間の多様性や同じ種内の遺伝子の多様性などを指し，人類の生存を支えるのに不可欠なものである。生物の多様性の保全や，生物多様性の構成要素の持続可能な利用，遺伝資源の利用から生ずる利益の公正かつ衡平な配分を実現することを目的に掲げる条約として，**生物多様性条約**がある。

　以上のことから，組合せとして最も適当なものは②となる。なお，**イ**の**共有地の悲劇**は，**ハーディン**によって提唱された，共有地を牧草地として利用する人々の比喩を用いたモデルである。ハーディンは，共有地を牧草地として利用した場合，牧場主の一人ひとりが自分の利益の最大化を求めて家畜の放牧数を増やしていくと，やがて共有地は荒廃してしまうということを例にして，有限な環境の下で，各人が自由に個人的利益を追求し続けると，結果として全員が損失をこうむることになると考えた。

問6　 6 　②が正解。

　Aと**ア**が対応する。**インフォームド・コンセント**は，医療現場において，患者が，医師から病気の内容や治療の方法について十分に説明を受け，それに同意したうえで治療を行うべきだとする考え方(自己決定権を重視する考え方)を指す。

　Bと**ウ**が対応する。**リプロダクティブ・ヘルス／ライツ**は，性と生殖に関する健康／権利を意味する語句である。リプロダクティブ・ヘルスとは，性と生殖に関して，人が身体的，精神的，社会的に良好な状態にあることを指

し，リプロダクティブ・ライツとは，子どもを産むか産まないか，いつ何人産むかなどに関して，自ら決定しうる権利を指す。

　Cと**イ**が対応する。**リヴィング・ウィル**は，生前の意思を意味する語句である。患者自身が治療の選択について自分で判断できなくなった場合に備えて，延命治療の拒否など，あらかじめ医療のあり方についての自分の意思を示しておく文書がこれに該当する。

　以上のことから，組合せとして最も適当なものは②となる。

問7　　7　④が正解。日本の**臓器移植法**では，臓器を提供することになる「ドナー候補が臓器提供について書面による有効な意思表示をしていない場合」，家族の書面による承諾があれば，脳死判定を行った上で，移植のための臓器提供を行うことが認められる。このことは，ドナー候補が15歳以上であっても15歳未満であっても当てはまる。

	ドナー候補	臓器提供への家族の承諾	脳死判定後に臓器を提供することが認められるか否か
A	15歳以上	有	○　認められる
B	15歳以上	無	×　認められない
C	15歳未満	有	○　認められる
D	15歳未満	無	×　認められない

　上記の表のように，「臓器提供への家族の承諾」が「有」とあるAとCが「脳死判定後に臓器を提供できるケース」となる。

　以上のことから，組合せとして最も適当なものは④となる。

step 2　　　　　　　　　　　　　　　‥‥‥‥‥‥‥‥‥‥‥‥‥‥‥‥‥‥‥

　Ⅰ　**解答**　8　④　　　9　④　　　10　①　　　11　②

問1　　8　④が正解。【**考え方A**】の「『快』の量が多いほど，また『苦』の量が少ないほど，その社会は幸福な社会ということになる。『快』と『苦』は量として測定でき，幸福の量を計算することが可能であれば，『快』の総量から『苦』の総量を差し引いたものを，幸福量と見なすことができる」という説明に照らし，④は適当である。なお，【**考え方A**】は，**ベンサム**の思想(**量的功利主義**)についての説明となっている。

　①の「個々人によって幸福の感じ方は異なる」，②の「個々人に幸福を平

等に分配しなければならない」，③の「個々人には幸福を求める義務が最初からある」といった説明は，いずれも【考え方A】中に見当たらないため，不適当。

問2　9　④が正解。【考え方B】の「自分がどのような境遇になるか分からず，また，境遇を決めることもできないという条件で，生まれ変わることができるとする。この場合，自由が奪われた境遇や，恵まれない境遇に生まれ変わりたいなどと，ほとんどの人は思わないだろう」という説明は，④の「人間はどのような境遇に生まれるかを自分で選んだわけではないのだから，その意味ではみな同じ」であるという考え方に最も近く，これが適当であると判断できる。なお，【考え方B】は，ロールズの思想(無知のヴェールに覆われた人々による原初状態を想定した思考実験)についての説明となっている。

　①の「人間はみな自分が生まれた社会の影響を受けながら育つ」「現在の自分の境遇に対して社会が責任をもつべきである」といった説明，②の「一人ひとりは独自の存在なのだから，各々の現在の境遇を個性だと考えるべきである」といった説明，③の「人間は人生を自分で選んで決定している」「現在の自分の境遇に対して自分が責任をもつべきである」といった説明は，いずれも【考え方B】中に見当たらないため，不適当。

問3　10　①が正解。「投票などで明らかになった多数者の意思に基づいて，政策の基本方針を決めるような制度」は，社会の構成員の意思を最大限に反映させようとするものである。これは，「社会全体の幸福量を最大にすることによって，幸福な社会が実現できる」と説く【考え方A】に関連する制度・政策といえる。

　11　②が正解。「累進課税によって所得を再分配するなどして，社会保障を充実させるような政策」は，高所得者層から低所得者層への所得の再分配を促すものである。これは，「社会の全メンバーの自由を最大限尊重しつつも，実際に恵まれない境遇にある人に対して，生活を改善していくような社会が望ましい」とする【考え方B】に関連する制度・政策といえる。

　③の「異文化間の相互理解を促進するような制度」と，④の「経済活動の自由を最大限にすることを目的とするような政策」は，【考え方A】と【考え方B】のいずれとも合致しない。

Ⅱ　解答　12　④　　13　③

問4　12　④が正解。Y3の発言にある「行為の善さは行為の結果にあるの

ではなく，多様な人々に共通している人格を尊重しようとする意志の自由にあるという思想」を唱えた哲学者は**カント**である。**エ**はカントについての記述である。カントは，**道徳法則**に自ら進んで従うことに人間の尊厳を見いだし，そのような自律的自由の主体を**人格**と呼んだ。そして，人々が相互の人格を目的として尊重し合う理想社会を「**目的の国（目的の王国）**」と呼び，それを実現するには全世界の永遠平和が必要であるとして，常備軍の漸減や国際的な平和機構の創設などを提案した。

　①は不適当。**ア**はサルトルの考えを想定した記述である。②も不適当。**イ**はプラトンの考えを想定した記述である。③も不適当。**ウ**はサンデルらが唱えた**コミュニタリアニズム（共同体主義）**を想定した記述である。

問5　　13　　③が正解。

　　X　には「すべては諸原因や諸条件が関係し合って成立するという縁起」が入る。まず，選択肢にある「**縁起**」と「**諸行無常**」の意味を確認しよう（ともに仏教で説かれる）。**縁起**とは，いかなるものも必ず他のものとの因果関係（因縁）によって成立しているのであって，それ自体で孤立して存在しているものは一つとしてない，ということを意味する。**諸行無常**とは，この世のすべてのものは絶えず変化・生滅することを意味する。次に，**現代語訳**に示された第一の言葉に注目しよう。この言葉は，「目前の食事」の生滅について考えさせるというよりも，「目前の食事」が提供されるまでに「どれだけ多くの手数がかかったか」を考えさせるものであり，縁起の考え方に基づいている。したがって，　X　には「すべては諸原因や諸条件が関係し合って成立するという縁起」が入り，「自分の肉体も含めすべては生じては滅びていくという諸行無常」は入らない。

　　Y　には「ひたすら坐禅し」が入る。日本に禅の教えである**曹洞宗**を伝えた**道元**は，心身の統一を得る坐禅をただひたすらせよ（**只管打坐**）と説いたことで知られる。なお，「もっぱら念仏し」という記述からは，**浄土宗**を開いた**法然**を想起できる。法然は，ただ阿弥陀仏の力にすがって，ひたすら「南無阿弥陀仏」と称えること（**専修念仏**）によって，極楽浄土に往生することができると説いた。また，「題目をとなえ」という記述からは，**法華宗（日蓮宗）**を開いた**日蓮**を想起できる。日蓮は，心を尽くして「南無妙法蓮華経」という題目をとなえること（**唱題**）によって救われると説いた。

　以上のことから，組合せとして最も適当なものは③となる。

第3章　公共的な空間における基本原理

step 1

. . . .

3－1　民主政治の基本原理

解答　　1　　①　　　　2　　⑤

問1　　1　　①が正解。**ロック**は，「生命・自由・財産に対する権利」を自然権と考えた。これを「国家から与えられている」としている点が不適当である。市民革命期の思想家ホッブズ，ロック，ルソーは，政治社会が社会契約によってつくられるという**社会契約説**と，人が生まれながらに一定の権利を有するという自然権思想を説いたことで共通している。このうち，ロックは主著『**統治二論**』において，国家の存在とは関係なくすべての人間が生まれながらにもっている自然権の例として**生命・自由・財産**についての権利をあげた。

　②**ルソー**は『**社会契約論**』を著し，公共の利益を目指す全人民の意志(**一般意志**)によって政治が行われるべきだと主張した。③フランスの政治思想家**モンテスキュー**は，国家権力を**立法権**，**執行権**(**行政権**)，**司法権**の三権に分け，それぞれを別々の機関にゆだね相互に抑制と均衡の関係におくべきだとする三権分立の思想を展開した。④**ホッブズ**は，自然状態では人間は**万人の万人に対する闘争状態**にあるが，各人は社会契約によって国家を創設し，主権者に自然権を全面的に移譲すると説いた。

　次に社会契約説の思想についてまとめておく。

	ホッブズ 『リバイアサン』(1651)	ロック 『統治二論』(1690)	ルソー 『社会契約論』(1762)
自然状態	万人の万人に対する闘争	基本的には平和な状態	自由・平等で，憐憫の情を有する理想的な状態。しかし，私有財産を基礎とする文明社会が成立したことにより，理想的な状態は失われる。
社会契約	自然状態を脱するため，各人は主権者に自然権（自己保存の権利）を全面的に移譲。	生命・自由・財産をより確実なものとするため，自然権の一部を代表者に信託。 →政府が本来の役割を果たさなければ抵抗権を行使できる。	人民はすべての自然権を一般意志にゆだねる 一般意志：公益を目指す全人民の意志。譲渡も代表も分割もできない。 人民主権・直接民主制を主張。
影響	ピューリタン革命を批判 絶対王政を擁護	名誉革命を擁護 アメリカ独立宣言に影響	フランス革命に影響

問2 ☐2☐ ⑤が正解。

　　ア：アの「人は生まれながらに人権を有していることを示したもの」は自然権を指している。そして，Cのうちの「生来の権利」とは自然権のことである。したがって，アに合致するのはCである。なお，Cは，憲法的文書のなかで人権を自然権として最初に明文化したバージニア権利章典(1776年)の一部である。

　　イ：イの「何が(近代)立憲主義にとっての本質的な条件かを示したもの」に合致するのは，Aの「権利の保障が確保されず，権力の分立が規定されないすべての社会は，憲法をもつものではない」である。Aでは「憲法」に不可欠な条件として，権利の保障と権力の分立を挙げている。ここには，権力の分立を定めることによって国家権力の濫用を防止し，権利の保障を確かなものにしようとする立憲主義の精神が示されている。なお，Aはフランス人権宣言(1789年)の第16条である。

　　ウ：ウの「抵抗権が存在することを示したもの」に合致するものは，Bの「いかなる政治の形体といえども，もしこれらの〔一定の奪うことのできない権利を確保するという〕目的を毀損するものとなった場合には，人民はそれを改廃し，新たな政府を組織する権利を有する」である。Bの「改廃し，新たな政府を組織する権利」とは抵抗権のことである。なお，Bはロックの

『統治二論』である。

　　以上のことから，組合せとして最も適当なものは⑤となる。

3−2　各国の政治制度

解答　　3　　③

問3　　3　　③が正解。**アメリカの大統領**は連邦議会に対する解散権をもたず，連邦議会も大統領に対する不信任決議権をもたない。

　　①イギリスでは議会主権の伝統が強く，裁判所には議会が制定した法律を無効と判断しその適用を否定する権限(違憲立法審査権)は存在しないと考えられている。したがって選択肢の記述は不適当。これに対してアメリカでは，裁判所に**違憲立法審査権を認める司法権優位の法の支配の思想**が発達した。②中国では憲法上，国家の最高権力機関は**全国人民代表大会**にあるとされている。したがって，国家の最高権力機関が「国務院」であるとする選択肢の記述は不適当である。④**開発独裁**とは，国民の政治的な要求を抑圧しながら，外資導入や輸出主導によって経済開発を進めようとする体制をいい，韓国の朴正煕政権，インドネシアのスハルト政権，イランのパーレヴィ朝などがその例とされる。したがって，韓国には存在しなかったという記述は不適当である。

3−3　日本国憲法の基本原理

解答　　4　　①　　　　5　　④

問4　　4　　①が正解。日本国憲法第95条は「一の地方公共団体のみに適用される特別法は，法律の定めるところにより，その地方公共団体の住民の投票においてその過半数の同意を得なければ，国会は，これを制定することができない」と規定している。

　　②**地方自治法**は，**住民の直接請求権**の一つとして**条例の制定・改廃請求**について規定している。しかし，国会が制定する法律の制定・改廃請求権は，法制度上そもそも存在しないので，選択肢の記述は不適当である。③**憲法改正の国民投票**で改正に必要な投票数は，有効投票総数の「3分の2以上」ではなく，**過半数**である。なお，憲法改正に必要な国会の発議には，衆参両議院でそれぞれ総議員の3分の2以上の賛成を要する。このように日本国憲法

は，改正に当って通常の法律を改正する場合よりも厳格な手続を課している。こうした憲法を**硬性憲法**という。④地方自治法は，住民の直接請求権の一つとして**地方議会の議員の解職請求**（**リコール**）について規定している。しかし，国会議員の解職請求は，法制度上そもそも存在しない。日本国憲法が規定する直接民主的な制度は以下の三つである。

＜日本国憲法における直接民主制的手続＞
・最高裁判所裁判官の国民審査（第79条2項）：リコール
・地方特別法の住民投票（第95条）：レファレンダム
・憲法改正の国民投票（第96条）：レファレンダム

問5 　5　 ④が正解。**大日本帝国憲法**において，天皇は**統治権の総攬者**と位置づけられていた。ここで統治権とは，立法権，行政権，司法権の三権をいう。したがって，裁判も，**天皇の名**において行われるものとされていた。また，通常の司法裁判所以外に，**行政裁判所**，**皇室裁判所**，**軍法会議**という**特別裁判所**の設置が認められていた。

　①大日本帝国憲法に規定された**臣民の権利**は，天皇の恩恵として与えられた権利であり，生まれながらに有する人間生来の権利すなわち**自然権**とは大きく異なっていた。また，「**公共の福祉**」による制約は，現行の日本国憲法で規定されているものであるから，その点でも選択肢の記述は不適当である。②そもそも大日本帝国憲法には「地方自治」に関する規定は存在しなかった。③「軍の指揮監督と組織編成を行う権限」とは**統帥権**のこと。大日本帝国憲法の下では，この統帥権は天皇大権の一つとして天皇に帰属していた。したがって，内閣総理大臣にそれがあるとする記述は誤り。なお，統帥権について，国務各大臣や議会は関与できないものとされ（統帥権の独立），軍部はこれを口実に暴走し，満州事変を引き起こして戦争を拡大していった。選択肢にある「**文民統制**」（シビリアン・コントロール）はこうした反省から日本国憲法に採り入れられた原理である。ここで日本国憲法と大日本帝国憲法の比較を示しておこう。

＜新旧憲法の比較＞

	日本国憲法	大日本帝国憲法
公布・発布 施行	1946年11月3日公布 1947年 5月3日施行	1889年 2月11日公布 1890年11月29日施行
性格	民定憲法	欽定憲法
主権	**国民主権**	天皇主権
天皇	日本国・日本国民統合の象徴	神聖不可侵　統治権の総攬者
国民の権利	**基本的人権の尊重**	臣民の権利 法律の範囲内で保障
戦争・軍隊	**恒久平和主義** 戦争放棄・戦力不保持・交戦権の否認 シビリアン・コントロール	統帥権の独立 兵役の義務
国会 帝国議会	国権の最高機関　唯一の立法機関 衆議院の優越　　　国政調査権	天皇の立法権の協賛機関 貴族院は非民選
内閣	議院内閣制	国務各大臣は天皇の行政権の輔 弼機関
裁判所	司法権の独立 違憲立法審査権（法令審査権）	天皇の名において裁判を行う 特別裁判所
地方自治	地方自治の本旨	規定なし

※**太字は日本国憲法の三大原理**

3－4　基本的人権の尊重

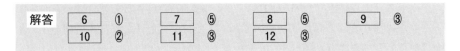

解答	6	①	7	⑤	8	⑤	9	③
	10	②	11	③	12	③		

問6　　6　　①が正解。日本国憲法では，第11条や第97条に規定されているように，基本的人権は「侵すことのできない永久の権利」として保障されており，また，自由権などの18世紀的基本権だけでなく，生存権などの社会権的基本権も保障されている。それに対し，大日本帝国憲法では，**大日本帝国憲法**が規定する「**臣民の権利**」の多くは，**法律の範囲内**で認められたものにすぎず，侵すことのできない永久の権利ではなかった。また，自由権は規定されていたものの，**社会権は規定されていなかった**。したがって，「人権

が今日と同じ程度に保障されていた」という選択肢の記述は不適当である。

　　②ポツダム宣言，③日本国憲法の三大原理，④ワイマール憲法についての記述は，いずれも正しい。

問7　　7　　⑤が正解。請願権は，自由権ではなく請求権あるいは参政権に区分される権利であるから，これが不適当である。日本国憲法が保障する基本的人権は，自由権，平等権，社会権，参政権，請求権と多岐にわたるが，このうち国家からの自由を意味する自由権は，**精神の自由，人身（身体）の自由，経済の自由**に大別できる。選択肢を見てみると，①住居の不可侵と②拷問および残虐刑の禁止は人身の自由，③財産権は経済の自由，④通信の秘密は精神の自由にそれぞれ区分される。

問8　　8　　⑤が正解。日本国憲法が規定する社会権は，**生存権，教育を受ける権利，勤労の権利，団結権・団体交渉権・争議権の労働三権**である。

　　①公務員の選定・罷免権は参政権，②政教分離は自由権（精神の自由）に関る原則，③刑事補償請求権は請求権，④黙秘権は自由権（人身の自由）にそれぞれ区分される権利であるから，社会権として不適当である。

問9　　9　　③が正解。平等についての考えには形式的平等と実質的平等という二つの側面がある。**形式的平等**は，人種，信条，性別，社会的身分，門地などによって差別されることがないという機会の平等を意味する。これに対して**実質的平等**は，国家による積極的な施策すなわち差別是正措置によって初めて実現する平等である。設問はこのうち，実質的平等の例を問うているのであるから，格差是正を図るための国家による積極的な施策が要請される③が正解となる。

　　これに対して，①**選挙人資格の差別の禁止**，②**貴族制度の否認**，④**国籍による差別の禁止**は，いずれも形式的平等に関わる差別の禁止の例であり不適当である。

＜日本国憲法が保障する基本的人権と国民の義務＞

平等権	法の下の平等(14) 両性の本質的平等(24) 教育の機会均等(26) 参政権の平等(44)	社会権	生存権(25) 教育を受ける権利(26) 勤労の権利(27) 労働三権(28) （団結権・団体交渉権・争議権）
自由権	精神の自由 　思想・良心の自由(19) 　信教の自由・政教分離(20) 　表現の自由(21) 　学問の自由(23)	参政権	公務員の選定・罷免権(15) 選挙権(15・44・93) 最高裁判所裁判官の国民審査権(79) 地方特別法の住民投票権(95) 憲法改正の国民投票権(96)
	人身の自由 　奴隷的拘束・苦役からの自由(18) 　法定手続の保障・罪刑法定主義(31) 　不当逮捕の禁止・令状主義(33) 　抑留・拘禁の制限(34) 　住居の不可侵・令状主義(35) 　拷問・残虐刑の禁止(36) 　刑事被告人の権利(37) 　黙秘権(38) 　遡及処罰の禁止・一事不再理(39)	請求権	請願権(16) 国家賠償請求権(17) 損失補償請求権(29) 裁判を受ける権利(32) 刑事補償請求権(40)
		国民の義務	子女に普通教育を受けさせる義務(26) 勤労の義務(27) 納税の義務(30)
	経済活動の自由 　居住・移転・職業選択の自由(22) 　財産権(29)		

問10　　10　　②が正解。日本国憲法には直接規定されていない**新しい人権**で
　　　ある「知る権利」は，日本国憲法の**第21条**の**表現の自由**を根拠として主張
　　　されたものだが，1999年に制定された**情報公開法に知る権利は明記されて
　　　いない**し，知る権利を明文で保障している法律は日本に存在しない。
　　　　①**表現の自由**は民主政治の前提となる不可欠の原理なので，その制限には
　　　慎重でなければならないとされる。③主権者である国民は選挙制度などを通
　　　じて政治に関わるだけでなく，**請願権**を通じて行政や立法に直接働きかけを
　　　することができる。④日本国憲法第15条1項は「**公務員を選定し，及びこ
　　　れを罷免することは，国民固有の権利である**」と明記している。
問11　　11　　③が正解。最高裁判所は，父母など尊属を殺害する**尊属殺人**の
　　　法定刑を普通殺人の法定刑と比べ著しく重い刑に限っている刑法の規定を**違**

憲とする判決を下した。これに伴い，その後，刑法の尊属殺人規定は削除された。これ以外に，最高裁判所が法律の規定を違憲とした事例を次に示しておこう。

刑法尊属殺人重罰規定	1973 年	憲法第 14 条に照らして違憲
薬事法薬局開設距離制限規定	1975 年	憲法第 22 条に照らして違憲
公職選挙法衆議院議員定数配分規定	1976 年 1985 年	憲法第 14 条に照らして違憲 憲法第 14 条に照らして違憲
森林法共有林分割制限規定	1987 年	憲法第 29 条に照らして違憲
郵便法免責規定	2002 年	憲法第 17 条に照らして違憲
公職選挙法在外選挙権制限規定	2005 年	憲法第 15・43・44 条に照らして違憲
国籍法婚外子国籍取得差別規定	2008 年	憲法第 14 条に照らして違憲
民法婚外子相続差別規定	2013 年	憲法第 14 条に照らして違憲
民法女子再婚禁止期間規定	2015 年	憲法第 14・24 条に照らして違憲
国民審査法在外投票権制限規定	2022 年	憲法第 15・79 条に照らして違憲

　①「違反しない」を「違反する」とすれば正しい記述となる。**空知太神社訴訟**で，最高裁判所は，市が市有地を神社に無償で使用させていた行為を**政教分離原則に違反**すると判示した。②「宗教的活動に当たる」を「宗教的活動に当たらない」とすれば正しい記述となる。**津地鎮祭訴訟**で，最高裁判所は，市が行った地鎮祭について，**合憲**と判示した。なお，政教分離の原則をめぐる裁判で最高裁判所は，**愛媛玉串料訴訟**，空知太神社訴訟，**那覇孔子廟訴訟**では，違憲と判断した。④「教科書検定制度」について，**家永教科書裁判**で，検閲制度自体は**合憲**と判示した。これを含め，最高裁判所が教科書検定制度を検閲に当たり違憲と判断したことはない。

問 12　　12　③が正解。最高裁判所は，女性にのみ 6 か月の再婚禁止期間を定める民法の規定について，**100 日を超える部分について違憲**の判決を下した。

　①「違反しない」を「違反する」とすれば正しい記述となる。国籍法の**婚外子国籍取得差別規定**について，最高裁判所は違憲の判決を下している。②最高裁判所は，夫婦同姓を定める民法の規定について違憲の判断を下したことはない。④最高裁判所は，民法の**非嫡出子（婚外子）の法定相続分を嫡出子の 2 分の 1 としていた規定**について違憲の判断を下した。

step 2

・・・・・・・・・・・・・・・・・・・・・・

Ⅰ   **解答**   13   ④   14   ④

問1   13   ④が正解。**カードⅡのB**は，立法権については議会が担うと記述しているので**カードⅠのイ**の内容と一致する。しかし，**カードⅡのB**は，司法権(裁判権)を「常設の機関に担わせてはならない」と記述しているが，**カードⅠのイ**では司法権(裁判権)は「常設の機関が担う」と記述しており内容上一致しない。**カードⅡのC**は，「立法権や執行権は，裁判権に……介入をしない」と記述している。これに対して，**カードⅠのウ**は「三つの権力間で相互に，構成員の任命や罷免などを」行うと記述しており，内容上一致しない。

　　以上のことから，組合せとして最も適当なものは④となる。

問2   14   ④が正解。

　　A：誤文。**カードⅡ**によると，モンテスキューは国家権力を立法権，執行権，裁判権の三つに区別・分離しているが，**カードⅢ**を見ると，ロックは国家権力を立法権と執行権の二つに大別している。

　　B：誤文。「**カードⅢ**にまとめられている国家権力のあり方」とは権力分立制である。これに対して，中国の「民主集中制」と呼ばれる政治体制は，権力分立制を否定的に捉える政治体制なので，内容上，一致しない。

　　以上のことから，組合せとして最も適当なものは④となる。

Ⅱ   **解答**   15   ③

問3   15   ③が正解。

　　ア：新聞への検閲制度を廃止すれば，政府に対する批判がし易くなり，「自由化(公的異議申立て)」が促進されることになる。したがって，Ⅰに該当する。

　　イ：男子制限選挙から男女普通選挙へ移行すれば，有権者の数が増えて，国民全体の選挙に参加する機会が増すので，「包括性(参加)」が促進されることになる。したがって，Ⅱに該当する。

　　ウ：一党制から多党制への移行は，政治における政党相互の競争を促す効果をもつので，政権与党への批判が増え，「自由化(公的異議申立て)」が促進されることになる。したがって，Ⅰに該当する。

　　以上のことから，組合せとして最も適当なものは③となる。

| Ⅲ | 解答 | 16 | ⑤ |

問4　　16　　⑤が正解。

　　ア：「多数決」が入る。イギリスは第一党の与党と最大野党の両党で庶民院の9割近くを占めたのに対し，ドイツは第一党と第二党の両党で連邦議会の約56%の議席しか占めていない。このことはイギリスが「二つの有力な政党が存在」する**多数決型民主主義**の国であることを示している。

　　イ：「コンセンサス」が入る。日本の衆議院は，法律案の議決に関して，参議院が否決した法律案を三分の二以上で再可決すれば成立させることができる（衆議院の優越）。これに対して，アメリカの議会は，片方の院の否決した法案をもう一つの院が再可決することはできない。したがって，アメリカは「片方の院の決定はもう一方の決定に優越しない」**コンセンサス型民主主義**だと判断できる。

　　ウ：「コンセンサス」が入る。ドイツの連邦憲法は，憲法が定める例外事項以外は州の所管とされているので，中央政府と地方政府との間で政治権力の分割が日本よりも明確であると判断できる。

　　以上のことから，組合せとして最も適当なものは⑤となる。

| Ⅳ | 解答 | 17 | ③ | 18 | ④ | 19 | ② | 20 | ① |
| | | 21 | ④ | 22 | ① | 23 | ① | | |

問5　　17　　③が正解。**大日本帝国憲法**では，**独立命令**（第9条），**緊急勅令**（第8条），**統帥権**（第11条），**非常大権**（第31条）のように，広範な天皇大権が認められていたが，日本国憲法において，**天皇は国政に関する権能をもたず**（第4条），憲法に定められた形式的・儀礼的な**国事行為のみを行う**（第6条，第7条）とされ，これらの天皇大権は否定された。

　　①**信教の自由**は，大日本帝国憲法においても「日本臣民ハ安寧秩序ヲ妨ケス及臣民タルノ義務ニ背カサル限ニ於テ」認められていた（第28条）。②日本国憲法が保障する基本的人権は「侵すことのできない永久の権利」（第11条，第97条）とされ**自然権**としての性格を有するものであるから，「大日本帝国憲法と同じように…法律の範囲内でのみ保障されている」ものではない。④**違憲立法審査制度**は第二次世界大戦後，**アメリカ**の制度に倣って導入されたものであり，大日本帝国憲法には存在しなかった。

問6　　18　　④が正解。問われているのは，「**プライバシーの権利**」に密接に

関連する，憲法上の明文規定で保障される権利の例として適当でないもので
ある。④で述べられている**検閲の禁止**(日本国憲法第21条2項)は「プライ
バシーの権利」の保障に関わるものではなく，表現の自由の保障に密接に関
わるものである。したがって，これが不適当だと判断できる。

　　①**黙秘権**(日本国憲法第38条1項)，②**通信の秘密**(同法第21条2項)，③
住居の不可侵(同法第35条)はそれぞれ私事に関してみだりに公開されない
権利という意味でのプライバシーの権利に関わる。

問7　　**19**　　②が正解。知る権利とは，国家などが保有する情報を入手する権
利のことである。情報を入手する主要な手段の一つが，新聞やテレビなどの
マスメディアの報道である。したがって，知る権利を確保するためには，報
道機関の**報道の自由**や取材の自由の保障が不可欠なので，選択肢の記述は不
適当である。

　　①知る権利は，公権力による干渉を受けることなく情報を収集することが
できるという自由権的な側面を有する。③知る権利は，公権力に対して情報
の公開を請求する，公権力による施策を要請するという請求権的な側面を有
する。④知る権利は，憲法第21条の表現の自由を情報の受け手の側から捉
えた権利である。

問8　　**20**　　①が正解。
　　ア：「逮捕令状が発付され，それに基づいて……逮捕」されているので，
「現行犯の場合以外では令状なしに逮捕されない権利」は保障されている。
　　イ：「Aの請求に基づいて，国選弁護人が選任され」ているので，「資格を
有する弁護人に依頼することができる権利」は保障されている。
　　ウ：Aはいったん犯行を認めたが，「国選弁護人が選任され」て以降の取
調べにおいて，「一転して犯行を否認し，その後は一貫して黙秘を貫くとと
もに，供述調書への署名を拒否した」とあるので，「自己に不利益な供述を
強要されない権利」は保障されている。
　　以上のことから，組合せとして最も適当なものは①となる。

問9　　**21**　　④が正解。日本国憲法第12条が「この憲法が国民に保障する自
由及び権利は，国民の不断の努力によつて，これを保持しなければならな
い」と規定しているように，人権は不断の努力により保持すべきものである
から，それを「放棄したり任意に譲り渡したりすることは許されない」。

　　①基本的人権は自然権としての性格を有するものであるから，およそ人間
として生まれたからにはどの人にも保障される普遍的な権利である。した
がって，「国境を越えてまで保障されるわけではない」という選択肢の記述
は不適当である。②日本国憲法は「この憲法が国民に保障する基本的人権は，

侵すことのできない永久の権利として，現在及び将来の国民に与へられる」
（第 11 条），「この憲法が日本国民に保障する基本的人権は，…現在及び将来
の国民に対し，侵すことのできない永久の権利として信託されたものであ
る」（第 97 条）と規定しており，基本的人権が将来の国民に対しても保障さ
れることを明記している。③日本国憲法の第 12 条・第 13 条・第 22 条・第
29 条は，基本的人権といえども「公共の福祉」による制約があり得ること
を明記している。

問 10　　22　　①が正解。私的事項について自らの責任において自由に決定で
きる自己決定権は，日本国憲法第 13 条が規定する「個人として尊重」とい
う個人主義に密接に関連する権利である。

　　②個人主義とは，各人が互いに相手の人格を尊重しようとする姿勢を含む
ものであり，他人の利益を犠牲にしてまで自己の利益を優先する利己主義と
は異なる。③平等原則とは個性をもったそれぞれの人を平等に取り扱い不合
理な差別を禁止するという考え方であり，「多様な個性や価値」を否定する
こととは異なる。④は個人主義と対極をなす全体主義の思想である。

問 11　　23　　①が正解。日本国憲法第 13 条の幸福追求権は，憲法に明文の規
定がない人権を根拠づける条文としてしばしば使われる。①肖像権（人格権）
はまさにそうした憲法に明文のない規定なので，第 13 条に基づいて認めら
れる。

　　②「法律の定める手続によらなければ，生命や自由を奪われない権利」
（法定手続の保障）は日本国憲法第 31 条に明記された権利であり，第 13 条に
基づいて認められた権利ではない。③「健康で文化的な最低限度の生活を営
む権利」は日本国憲法第 25 条の生存権に明記された権利であり，第 13 条に
基づいて認められた権利ではない。④「能力に応じて，ひとしく教育を受け
る権利」は日本国憲法第 26 条に明記された権利であり，第 13 条に基づいて
認められた権利ではない。

MEMO

第 2 編

自立した主体としてよりよい社会の形成に参画する私たち

第1章　民主政治と私たち

第1節：統治機構

step 1

1－1　国会と内閣・行政の民主化

解答　1　③　　　　2　②　　　　3　③

問1　1　③が正解。

　　A：「衆議院のみが権限をもつ」が該当する。「内閣に対して不信任を決議する権限」（**内閣不信任決議権**）は，**衆議院の優越**の一つの例である。参議院も問責決議という形で内閣総理大臣やその他の国務大臣の責任を追及する場合があるが，これは道義的な責任を追及するにとどまり，法的な拘束力もない。なお，他の衆議院優越の例として，**法律案の議決，予算の先議権，予算の議決，条約の承認，内閣総理大臣の指名**がある。

　　B：「衆議院も参議院も権限をもつ」が該当する。「国政に関する調査を行う権限」いわゆる**国政調査権**は，衆参各院がもつ権利である。

　　以上のことから，組合せとして最も適当なものは③となる。

問2　2　②が正解。**国会議員の不逮捕特権**は**会期中**にのみ適用される。したがって，「会期外の期間」においては，「議院の許諾」がなくても国会議員を逮捕することができる。なお，「会期前に逮捕された議員は，その議院の要求があれば，会期中これを釈放しなければならない」（日本国憲法第50条）。以下に国会議員の特権を記しておく。

＜国会議員の特権＞

歳費特権	国会議員は国庫から相当額の歳費を受けることができる（第49条）
不逮捕特権	法律の定める場合を除いて**会期中は逮捕されない**（第50条）
免責特権	国会での発言や表決について**院外で責任を問われない**（第51条）

　　①各議院の権限である国政調査権に基づき喚問された証人は，正当な理由なく出頭を拒否したり，虚偽の証言をしたりした場合，**議院証言法**により処罰される。③**常任委員会**と**特別委員会**，④**国会の種類**についての記述は，いずれも正しい記述である。

＜国会の種類・参議院の緊急集会＞

種　　類	回数	召　　集	会期	主な議題
常　　会 （通常国会）	毎年 1回	1月中召集が常例	150日間	翌年度予算案 の審議など
臨　時　会 （臨時国会）	不定	内閣又はいずれかの議院 の総議員の4分の1以上 の要求による場合	両議院一 致の議決	予算・外交そ の他国政上緊 急に必要な議 事
特　別　会 （特別国会）	不定	衆議院解散後の総選挙 から30日以内	同　上	内閣総理大臣 の指名など
参議院の 緊急集会	不定	衆議院の解散中に緊急の 必要のある場合	不　定	国内上緊急に 必要な議事

問3　　3　　③が正解。**委任立法**とは，法律の委任に基づいて，立法府以外の機関，特に行政機関が，命令や規則という形式で立法を行うことをいう。本来，立法権は国会に属するが，社会の複雑化などにより，法律では大枠のみを定め，細かな事柄については委任立法で定めることが増えてきた。

　①「行政裁判所が審理を行う」は不適当。**行政裁判所は，皇室裁判所，軍法会議**とともに**特別裁判所**の一つとして，大日本帝国憲法下で存在したが，日本国憲法の下ではその設置が認められていない。「行政の活動に関する訴訟」いわゆる**行政訴訟**は，通常の司法裁判所が管轄する。②「行政手続法」を，**国家公務員倫理法**とすれば正しい記述となる。**行政手続法**は，行政指導や届出などに関する手続について定めた法律で，行政運営における公正の確保や透明性の向上を図ることをねらいとして，1993年に制定された。④「政務次官」を，**大臣政務官**とすれば正しい記述となる。1999年に制定された「**国会審議活性化法**」は，副大臣・大臣政務官の創設，政府委員制度の廃止，クエスチョンタイムの創設を主な内容とする。なお，それまで存在した「政務次官」はこの法律に基づいて廃止された。

1−2　裁判所

問4　　**4**　②が正解。日本国憲法には「**すべて裁判官は，その良心に従ひ独立してその職権を行ひ，この憲法及び法律にのみ拘束される**」（第76条3項）と規定されている。

　　①裁判が原則として「非公開」で行われる，という趣旨の記述は不適当。裁判は，原則として公開の法廷で行われる（日本国憲法第82条）。③「国会」が「最高裁判所長官」を指名する，という趣旨の記述は不適当。最高裁判所長官は内閣が指名し，天皇が任命する（日本国憲法第6条）ので，国会は関与しない。④「控訴審」を，第一審とすれば正しい記述となる。**裁判員制度**は，殺人や傷害致死など**重大な刑事事件の第一審にのみ採用**される。

問5　　**5**　③が正解。日本国憲法では**一事不再理**の原則が採用されており，判決が確定した事件を再び審理することはできない。しかし，有罪判決が確定した後であっても，刑をいい渡された者にとって有利となる新たな証拠が見つかるなど一定の条件を満たした場合には，裁判のやり直しが認められる場合がある。これを「**再審**」という。

　　①**和解の制度**は，**民事裁判には存在する**が**刑事裁判には存在しない**ので，選択肢の記述は不適当。和解は「当事者が互いに譲歩をしてその間に存する争いをやめることを約する」制度をいう（民法第695条）。②「裁判官」を，選挙権を有する国民とすれば正しい記述となる。**検察審査会**の審査員は，裁判員裁判における裁判員の場合と同様，**選挙権を有する国民**の中からくじで選ばれる。④「裁判員」を，被害者参加人とすれば正しい記述となる。**被害者参加制度**は，一定の刑事事件の被害者や遺族等が刑事裁判に被害者参加人として参加し，証人尋問，被告人質問，意見陳述などを行うことができる制度をいう。

問6　　**6**　④が正解。日本国憲法は「最高裁判所は，訴訟に関する手続，弁護士，裁判所の内部規律及び司法事務処理に関する事項について，規則を定める権限を有する」（第77条1項）と規定し，**最高裁判所の規則制定権**を明示している。

　　①最高裁判所は，**民事事件**や**刑事事件**はもとより**行政事件**も扱う。②「高等裁判所裁判官の経験が必要とされている」は不適当。最高裁判所の裁判官には，裁判官の経験をもたない法学者が任命されることもある。③**日本国憲法が規定する裁判官の職権の独立**の観点から，最高裁判所には下級裁判所の

出す「判決の内容について，指揮する」権限はない。

問7　　7　　④が正解。国民は，**最高裁判所の裁判官について国民審査**を通じて罷免することができるが，これまで罷免を可とする投票数が過半数となったことはないので，実際に**国民審査で罷免された最高裁判所の裁判官は存在しない**。

　①国民審査の対象となるのは，**最高裁判所の裁判官のみ**である。②罷免に必要な投票数は有効投票総数の**過半数**である。したがって「３分の２」という選択肢の記述は不適当である。③何も書かれていない投票用紙は，罷免としないことの意思表示と見なされる。

1－3　地方自治

解答	8	⑧	9	②	10	④	11	②
	12	③	13	②				

問8　　8　　⑧が正解。

　ア：「分権」が入る。政治上の権能を国(中央政府)に集中させるのではなく，地方公共団体に分散させることを**分権**(**地方分権**)という。**団体自治**は，「国から自立した団体が設立され，そこに十分な自治権が保障されなければならない」とする分権的要請に基づく。

　イ：「民主主義」が入る。**民主主義**とは，権力は人民に由来し，権力行使は人民の意思，多数者の意思に基づいて行使されるべきだとする考え方をいう。**住民自治**は，「地域社会の政治が住民の意思に基づいて行われなければならない」とする民主主義的要請に基づく。

　ウ：「団体自治」が入る。国から地方公共団体への権限や財源の移譲，そして国の地方公共団体に対する関与を法律で限定することは，いずれも国からの自立性を高め地方公共団体の地位や権限を強化するものであるから，**団体自治**の強化を意味する。

　以上のことから，組合せとして最も適当なものは⑧となる。

問9　　9　　②が正解。政治的中立性，利害調整，専門的知識などを必要とする分野では，一般の行政機関からある程度の独立性をもった合議制の**行政委員会**が設置されている。地方公共団体では教育委員会，選挙管理委員会，人事委員会などが，国では公正取引委員会，国家公安委員会，人事院などがそれに当たる。

　①首長を補佐する**副知事**や**副市町村長**については，首長が議会の同意を得

て選任する。したがって，「議会の同意を必要としない」という選択肢の記述は不適当。③**地方公共団体**に置かれる**選挙管理委員会の委員**は，選挙権を有する者の中から地方公共団体の議会が選挙で選出する。④地方公共団体の首長が地方議会で**不信任決議**を受けた場合，首長は地方議会を**解散することができる**。したがって，「首長は議会を解散することはできない」という選択肢の記述は不適当である。

問10　10　④が正解。**自治事務**とは地方公共団体が法令の範囲内で自主的に責任をもって処理する事務であるから，地方公共団体は法令に反しない限り地域の特性に応じた工夫ができる。

　①1999年の**地方分権一括法**により，「**機関委任事務**」は廃止された。②地方分権一括法は従来の事務区分を廃止し新たに**自治事務**と**法定受託事務**に再編したのであるから，選択肢の記述は不適当である。③法定受託事務については国の強い関与が認められているし，また自治自務についても国の関与が全くなくなったわけではない。

問11　11　②が正解。地方公共団体の首長は議会における条例や予算に関する議決について異議があるときは，その送付を受けた日から10日以内に理由を示してこれを再議に付すことができる。この権限は**拒否権**と呼ばれる。なお，議会は再議に付された場合，**出席議員の3分の2以上の多数で再可決**すればその条例や予算を成立させることができる。

　①地方公共団体の首長は自ら議会に条例案を提出することができる。③住民の直接請求に関して，**条例の制定改廃請求**に必要な有権者の署名数は「3分の1以上」ではなく，**50分の1以上**である。④1999年に**情報公開法**が制定されるよりも前に，1982年の山形県金山町の制定を皮切りにすでに多くの地方公共団体で**情報公開条例**が制定されていた。したがって，「国の情報公開法に先んじて情報公開条例を制定した地方公共団体はなかった」という選択肢の記述は不適当である。

問12　12　③が正解。小泉内閣の下で推進された「三位一体の改革」とは，**地方交付税の見直し**，**国庫支出金の削減**，**国から地方への税源移譲**の三つを同時に行うという政策であった。したがって③が正しい。

　①地方交付税の増額は地方公共団体の国への財政依存を高めることになり，「地方公共団体の自主性を高める」ことにはならないので，選択肢の記述は論理的に矛盾している。②「**地方債の発行について内閣総理大臣による許可制が導入された**」といった事実はないので，誤り。④**国庫支出金**には国による使途の指定があるので，選択肢の記述は不適当。国による使途の指定がないのは**地方交付税**である。

＜地方公共団体の財源＞

自主財源：**地方税**など
依存財源：**地方交付税**(自治体間の財政格差是正のため交付，使途は自由)
　　　　　国庫支出金(国が使途を特定して支給)
　　　　　地方債　(原則として都道府県が地方債を発行する場合には国
　　　　　　　　　　との事前協議を要する)

問 13　　13　　②が正解。地方自治法は，不信任決議を受けた首長は10日以内
に議会を解散しなければ失職することなど，議会による地方公共団体の首長
に対する**不信任決議**について規定している(第178条)。なお，日本の地方自
治制度には，議会が首長の不信任決議権をもつ一方，首長は議会の解散権を
もつなどの**議院内閣制的な要素**と，首長の住民による直接選挙や首長がもつ
拒否権のような**大統領制的な要素**がある。
　①「首長」は，地方議会の「議員の解職を請求」する権限をもたない。③
④地方自治法は，住民自治の観点に基づいて，**住民の直接請求権**を保障して
いる。ただし，選択肢にはいずれも請求先に誤りがある。③「首長」を**選挙
管理委員会**に，④「地方議会」を**監査委員**にそれぞれ入れ替えれば正しい記
述となる。
　なお，他のものを含めて，住民による直接請求の種類を以下にまとめておく。

請求の種類	必要署名数	請求先	取り扱い
条例の制定改廃	(有権者の) 1/50以上	首長	首長が議会にかけ，その結果を公表する
事務の監査　④	1/50以上	監査委員	監査の結果を公表し，首長・議会に報告する
議会の解散　③	1/3以上*	選挙管理委員会	住民の投票に付し，過半数の同意があれば解散する
首長・議員の解職　①	1/3以上*	選挙管理委員会	住民の投票に対し，過半数の同意があれば職を失う
主要公務員の解職	1/3以上*	首長	議会にかけ，3分の2以上の出席，その4分の3以上の同意があれば，職を失う

＊有権者が40万人を超える地方公共団体の場合には必要署名数についての緩和措置がある。

step 2

Ⅰ	解答	14	②	15	③	16	④	17	②

問1　**14**　②が正解。国会が国権の最高機関とされる理由は，国会が内閣や裁判所よりも主権者である国民の意思をよく反映するからである。主権者である国民は，自分たちが選出した代表者を通じて国会に自らの意思を反映させることができる。しかし，内閣や裁判所において国民の意思を直接反映する仕組みは，憲法上，最高裁判所裁判官の国民審査以外にはない。

　①大日本帝国憲法(明治憲法)において，天皇は「**統治権の総攬者**」とされ立法権のみならず行政権や司法権を有していた。もし国会が統治権の総攬者であるとすれば，立法権だけでなく行政権も司法権も国会がもつことになってしまう。日本国憲法の下では行政権は内閣に帰属し，司法権は裁判所に帰属するのだから，日本国憲法の下における国会がそれと「同じ地位にある」とはいえない。③国会は，内閣の行った「**閣議決定**」を「直接変更できる」権限をもたない。同様に，「裁判所の判決」についても「直接変更できる」権限をもたない。後者のようなことが行われれば，**司法権の独立**が侵害されてしまう。司法権の独立を想起すれば誤りと判断できるだろう。④日本国憲法上「日本国を象徴」し，「**国事行為を行う**」のは**天皇**である。

問2　**15**　③が正解。「衆議院の議決が国会の議決となる」は不適当。参議院が衆議院の可決した法律案を受け取った後，60日以内に議決をしないときは，「衆議院は，参議院がその法律案を否決したものとみなすことができる」(日本国憲法第59条4項)が，法律が成立するには，衆議院で出席議員の3分の2以上の多数で再可決することが必要となる(日本国憲法第59条2項)。

　①議員が**法律案**を提出するには，衆議院では20人以上，参議院では10人以上の賛成を要する。なお，予算を伴う**法律案**については，衆議院では50人以上，参議院では20人以上の賛成を要する(国会法第56条)。②法律案は原則として，まず，関係する委員会に付託されそこで実質的な審議が行われる(委員会中心主義)。その後，本会議で最終的な議決が行われる。④可決された法律には，主任の国務大臣の署名と内閣総理大臣による連署が必要となる(日本国憲法第74条)。

問3　**16**　④が正解。日本国憲法は「衆議院が解散されたときは，参議院は，同時に閉会となる。但し，内閣は，国に緊急の必要があるときは，**参議院の**

緊急集会を求めることができる」(第54条2項)と規定している。国会の種類についても，整理しておこう。

　①「出席議員の3分の2以上の多数で再可決し，国会の議決とすることができる」という記述が誤り。衆議院が可決した予算について参議院が否決し，**両院協議会**を開きそれでも意見が一致しない場合，あるいは参議院が予算案を受け取った後，国会休会中を除き30日以内に議決しない場合，衆議院の議決が国会の議決となる。②内閣総理大臣の指名について，両議院の議決が一致しないときには，「両院議員総会」ではなく，**両院協議会**が開かれる。③罷免の訴追を行うのは「衆議院」ではなく**訴追委員会**(各議院から10名ずつ選出された国会議員で構成)であり，弾劾の裁判を行うのは「参議院」ではなく**弾劾裁判所**(各議院から7名ずつ選出された計14名の国会議員で構成)である。

問4　　17　　②が正解。アメリカやイギリスをはじめ，主な先進国では**二院制**が採用されてきた。二院制には，**慎重な審議**を実現し，一方の議院の暴走を防ぐことができるというメリットがある。しかし他方では，立法過程が一院制に比べより複雑になるというデメリットもある。

　①「**民主集中制**」は社会主義国において採用されている政治体制である。なお，資本主義国でも例えば韓国のように一院制を採っている国もある。③大日本帝国憲法(明治憲法)下の日本では**民選の衆議院**と**非民選の貴族院**の二院制が採用されていた。④一院制においても二院制においても，**強行採決**の可能性は常に存在している。

Ⅱ	解答	18	⑤	19	③	20	②	21	②

問5　　18　　⑤が正解。

　A　正文：日本の議院内閣制において，**国民を代表**するのは国民の直接選挙で選出された議員からなる**国会**である。しかし，**地方制度**においては，首長と地方議会の議員はともに住民の直接選挙で選出され，それぞれに住民を代表している。こうしたあり方を**二元代表制**という。

　B　誤文：小泉内閣のもとで行われた「**三位一体の改革**」は，**地方交付税の見直し**，**国庫支出金の削減**，国から**地方への税源移譲**の三つを同時に行うという政策をいう。したがって，「国から地方への税財源の移譲は含まれていない」という選択肢の記述は不適当。

　C　誤文：1999年に制定された**地方分権一括法**に基づいて，**機関委任事**

務が廃止されるなど従来の地方自治体の事務区分の変更が行われ，新たに地方自治体の事務が**自治事務**と**法定受託事務**の二つに再編された。したがって，「機関委任事務は，地方分権一括法制定後も残された」という選択肢の記述は不適当。

　以上のことから，組合せとして最も適当なものは**⑤**となる。

問6　　19　　**③**が正解。

　ア：「対等・協力」が入る。1990年代半ばから進められてきた地方分権改革では，機関委任事務の廃止など，国と地方自治体との関係をそれまでの「上下・主従」から「対等・協力」へと改めることが基本理念とされた。

　イ：「自治事務」が入る。1999年の地方分権一括法は，上に記したように，国と地方自治体の関係を「対等・協力」なものとするため，地方自治体が行う事務を自治事務と法定受託事務の二つに再編する内容を含むものであった。これにより，かつて機関委任事務とされていた「都市計画の決定」など多くの事務が自治事務に編入された。なお，国が本来果たすべき役割に関わる法定受託事務の主な例には，国政選挙，旅券の交付，国の指定統計，国道の管理，戸籍事務，生活保護がある。

　ウ：「国地方係争処理委員会」が入る。国地方係争処理委員会は，国と地方自治体との公権力行使をめぐる争いを公平・中立的立場で調整する第三者機関として，地方分権一括法に基づき，2000年に設置された。

問7　　20　　**②**が正解。

　ア：「a」が入る。Xは，その最初の発言で，「議員のなり手が不足しているといわれている町村もあることが資料　**ア**　からうかがえる」と述べるとともに，町村議会議員選挙に「立候補する人が少ない背景」について言及している。立候補者数が改選定数以下となった場合に，投票を行わずに立候補者の全員が当選することを**無投票当選**というが，町村議会議員選挙においては，2010年代の「改選定数に占める無投票当選者数の割合」が1980年代のそれを上回る状況にあり，議員のなり手不足が問題となっている。このような，町村議会議員選挙における「改選定数に占める無投票当選者数の割合」の上昇傾向は，**資料a**から読み取ることができる。

　イ：「b」が入る。Yは，その2回目の発言で，「**資料　イ**　において1983年と2019年とを比べると，投票率の変化が読み取れる」と述べている。1980年代から2010年代にかけて，「統一地方選挙における投票率」は低下傾向にあるということが分かれば，**イ**に入るのは**資料b**であると判断できる。

　ウ：「政治的無関心」が入る。**政治的無関心**は，政治に対する関心が低いあり方を指し，有権者の政治離れ，すなわち投票率の低下傾向を招く一因と

される。**ウ**には，「政治に対する無力感や不信感」から生じ，投票率の低下傾向の要因となりうるものが入ることから，「政治的無関心」が**ウ**に入るものとして適当である。なお，「秘密投票」は当てはまらない。**秘密投票**とは，有権者が投票を行う際に，有権者自身の氏名は記入しないで候補者の氏名のみを選んで記入し，どの候補者に投票したかを秘密にする投票の仕方をいう。

　　エ：「期日前投票」が入る。「選挙権を行使しやすくするための制度」に該当するのは，投票日当日に仕事やレジャーなどで投票所に行くことができない場合に，投票日前に投票できる期日前投票制度である。なお，「パブリックコメント」は入らない。**パブリックコメント**とは，行政機関が政令などを定めようとする際に，事前に，広く一般から意見を募り，その意見を考慮して行政の意思決定に反映させる制度をいう。

　　以上のことから，組合せとして最も適当なものは②となる。

問8　　21　　②が正解。まず，「L市の依存財源の構成比は，表中の他の地方自治体と比べて最も低いわけではありません」という記述から，依存財源の構成比（である地方交付税と国庫支出金の合計の構成比）が7％と最も低い③を排除できる。次に，「L市では，依存財源のうち一般財源よりも特定財源の構成比が高くなっています」という記述から，一般財源である地方交付税よりも特定財源である国庫支出金の構成比の方が低くなっている④を排除できる。そして，「L市の場合は，自主財源の構成比は50パーセント以上となっています」という記述から，自主財源である地方税の構成比が42％である①を排除できるので，②がL市に該当すると判断できる。

Ⅲ　**解答**　22　③

問9　　22　　③が正解。「持続可能なまちづくり」を実現するための二つの政策のポイントをまずは以下に整理する。

| 政策1 | すべての地域の活性化 | 民間サービスが及ばないサービスに支出 |
| 政策2 | 中心市街地の活性化 | 民間事業者の事業に重点的に補助金支出 |

　　その上で，**ア**～**エ**がどの政策に合致するかを確定してみよう。

　　ア：政策2の背景にある考え方(b)に近い内容である。「最も大きな経済効果が期待される対策」に対して配分されるべきだとする考え方は，中心市街地の活性化に効果のある事業を行う民間事業者に対して財政支援を行う政策2につながる。

　　イ：政策1の背景にある考え方(a)に近い内容である。「移動において不利

な条件にある住民の利益享受の機会が失われないように財源を配分」すべき
だとする考え方は，民間事業者によるサービスを受けられない地域に住む
人々に配慮して自治体がサービスを提供する政策1につながる。

ウ：政策1の背景にある考え方(a)に近い内容である。「自治体の役割は，
居住・活動地域にかかわらず……財政面から手厚く措置する」べきだとする
考え方は，「すべての地域の活性化」を目指す政策1につながる。

エ：政策2の背景にある考え方(b)に近い内容である。「自治体の役割は，
……人々が集まりやすい地域に対して，財政面から手厚く措置することにこ
そある」という考え方は，中心市街地の活性化に向けて財政支援を行う政策
2につながる。

以上のことから，組合せとして最も適当なものは③となる。

第2節：政治過程

step 1

1－4　選挙と政党・世論・圧力団体と大衆運動

解答	1	④	2	①	3	③	4	②
	5	②						

問1　　1　　④が正解。「参議院議員選挙」を，衆議院議員選挙に入れ替えれば正しい記述となる。**衆議院議員の比例代表選挙**は，定数を，**全国11ブロック**に割り振り，ブロックごとに選出される。一方，**参議院議員の比例代表選挙は全国を1単位**として実施される。

　①小選挙区比例代表制を採用する衆議院議員選挙においては，小選挙区の立候補者を比例代表の名簿にも登載できる**重複立候補**が認められている。なお，参議院議員選挙においては，選挙区の立候補者を比例代表の名簿に登載することは認められていない。②**連座制**の説明である。候補者の親族（あるいは統括責任者や秘書など）が買収などの選挙違反で刑に処せられた場合には，公職選挙法の規定により，候補者本人の当選が無効となり，その選挙区で5年間は立候補できない。③衆議院議員選挙と参議院議員選挙の比例代表選挙では，**ドント式**により，各党に議席が割り振られている。具体的には，各政党の総得票数を1，2，3…と自然数で割っていき，その商の大きい順に定数まで議席を配分していく。

問2　　2　　①が正解。最高裁判所は，衆議院議員選挙および参議院議員選挙でそれぞれ複数回，「公職選挙法の定数配分または区割り」について，違憲状態であるとの判断を下したことがある。なお，最高裁判所は，衆議院議員選挙に関して2度，「公職選挙法の定数配分または区割り」について，違憲と判断したことがある。

　②「秘密選挙」を，普通選挙にすれば正しい記述となる。**近代的な民主選挙**には，一定の年齢に達したすべての国民に選挙権を認める**普通選挙**，一票の価値を平等とする**平等選挙**，誰に投票したかを秘密にできる**秘密選挙**，有権者が直接被選挙人を選挙できる**直接選挙**の4つの原則が必要とされる。なお，**アメリカの大統領選挙は間接選挙**で実施されていることに注意を要する。③「大選挙区制」と「小選挙区制」を入れ替えれば，正しい記述となる。1選挙区から1名を選出する**小選挙区制**は，複数名を選出する大選挙区制に比

べて，**大政党に有利**となる。したがって，この制度のもとで，選挙が行われ
ると**二大政党制**を促進する。④日本の公職選挙法は「**戸別訪問**」を**禁止**して
いる。したがって，「認められている」という選択肢の記述は不適当。

問3　　3　　③が正解。特定の支持政党をもたない有権者層を**無党派層**という。
日本では，1990年代以降，無党派層の増大が注目され，その動向が選挙結
果に少なからず影響を及ぼすといわれている。この背景には，**利益集団（圧
力団体）**を基礎としたそれまでの政党政治の仕組みが崩れたことや，政党の
離合集散により政党と有権者の関係が弱まったことがあるといわれる。

　　①**政党助成法**に基づき，国は，一定の要件を備えた政党に対して政党助成
金を支出している。したがって，「禁止されている」という選択肢の記述は
不適当。②「革新政党優位」は不適当。1955年に成立した**55年体制**は，保
守政党の合同によって結成された自由民主党（自民党）一党優位の体制をいう。
④選挙に当たり，政党に**マニフェスト（政権公約）**の作成・公表を義務づける
法律はないので，「法律上義務づけられている」という選択肢の記述は不適当。

問4　　4　　②が正解。**圧力団体**は自己の**特殊利益**の実現のために，政党や議
員だけでなく，中央省庁などの行政機関に対しても働きかけを行う。そのこ
と自体を禁止する法律は存在しない。むしろ，日本国憲法第16条も，平穏
に請願する権利（請願権）を認めている。ただし，例えば，圧力団体が公務員
に賄賂を提供するなどの行為を行えばもちろん犯罪に問われる。

　　①圧力団体は一般には，自己の特殊利益や主張を実現するため，自国の議
会や行政府などに対して政治的圧力を行使する。しかし，現代では，環境保
護団体や人権擁護団体などのように広く国を超えて連携したり，他国の政府
に働きかけたりする例も見られる。③④圧力団体は，選挙によっては議会に
反映できない利益を政治に反映させ，代議政治を補完する役割を果たす。し
かし，圧力団体の利害のみが反映されると，有力圧力団体に属さない力の弱
い人たちの声なき声が政治に反映されにくくなり，政治的不平等をもたらす
という問題も生じる。

問5　　5　　②が正解。政党交付金の説明が不適当である。政党交付金は，企
業・団体が政党に対して行う政治献金を意味するものではなく，**政党助成法**
に基づいて，**国会議員が5人以上いる，あるいは国会議員がいて直近の国政
選挙で有効投票総数の2％以上を獲得した政党に対して国により交付**される
ものである。

　　①十分な審議を行わず数の力によって議案の成立を図る**強行採決**は，議会
政治の基本原理である審議の原理に反する。③旧民主党や立憲民主党などの
野党は，政権交代への備えや充実した審議を行うため，イギリスの**影の内閣**

（シャドー・キャビネット）に範をとった**次の内閣**（ネクスト・キャビネット）を組織した。また，自由民主党も野党の座にあった2011年に影の内閣を組織した。**④投票率の低迷が長く続けば，国民が選挙を通じて選んだ代表者に一定期間自らの権力の行使を信託し，間接的に政治参加するという議会制民主主義の根幹を揺るがす事態を招きかねない。**

step 2

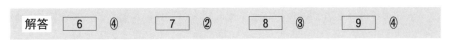

問1　　6　　④が正解。

メモ1から読み取れる内容

例1　**小選挙区制**：A党は約5割に満たない得票率だが議席率では約75％に達している。C党やE党などは，得票率に比べて議席率が低くなっている。全体としての非比例性指数は23.00に達しており，例2と比べ，得票率と議席率との間で比例の度合いを欠いている。

例2　**比例代表制**：A党は得票率と議席率に若干の差はあるが約4ポイントにとどまっており，また，それ以外の各政党の得票率と議席率にも大きな差は生じていない。全体としての非比例性指数は3.64であり，例1と比べ，得票率と議席率との間に比例関係を認めることができる。

メモ2から読み取れる内容

例3　**定数5（ドント式で配分）の場合**：P党は43％の得票率を得ているが，31％の得票率しか得ていないQ党と同じ2議席しか獲得していない。R党は26％の得票率で，1議席を獲得している。

例4　**定数100（ドント式で配分）の場合**：各政党の得票率と議席率は完全に一致している。

以上のことを踏まえて，A・Bの正誤判断を行う。

A　誤文：**メモ2**によれば，例3（定数5の場合）と例4（定数100の場合）を比較すると，定数が少ない方が得票率と議席率の差は拡大するので，選択肢の記述は不適当。

B　誤文：**メモ1**によれば，例1（小選挙区制）と例2（比例代表制）を比較すると，小選挙区制の方が，得票率と議席率の差が大きいので，選択肢の記述は不適当。

以上のことから，組合せとして最も適当なものは④となる。

問2　　7　　②が正解。まずは，政党Xと政党Yの政策を以下にまとめておこう。

| 政党X | 二大政党制を目指す | 地域の結束と家族の統合を重視 |
| 政党Y | 多党制を目指す | 個々人がもつ様々なアイデンティティを尊重 |

その上で，図の二つの対立軸を考察する。

縦軸（単独政権の形成 ↔ 連立政権の形成）

「二大政党制」は単独政権の形成に，「多党制」は連立政権の形成につながりやすい。したがって，政党Xの政策はアかイ，政党Yの政策はウかエ。

横軸（伝統的共同体の価値を尊重 ↔ ライフスタイルの多様性を尊重）

「地域の結束と家族の統合を重視」することは，伝統的共同体の価値を志向するものであり，「個々人がもつ様々なアイデンティティを尊重」することは，ライフスタイルの多様性を重視することにつながる。したがって，政党Xの政策はイかウ，政党Yの政策はアかエ。

以上のことから，政党Xは領域が重なり合うイに位置づけられ，政党Yはエに位置づけられると確定できる。したがって，組合せとして最も適当なものは②となる。

問3　　8　　③が正解。**衆議院議員選挙の比例区選挙**においては，政党が事前に当選順位をつけた候補者名簿を提出し，各政党の獲得議席数に応じて名簿・登載上位順に当選者が決まる**拘束名簿式比例代表制**が採用されている。有権者は政党名で投票する。「**非拘束名簿式比例代表制**」が採用されているのは**参議院議員選挙**である。なお，2018年の公職選挙法の改正により，2019年から参議院議員選挙の比例代表の一部に，政党等が優先的に当選者となることができる候補者を指定する「**特定枠**」が設けられている。

①衆議院議員選挙では，小選挙区で立候補した候補者を同時に比例区の候補者として名簿に登載する**重複立候補**が認められている。②日本国籍を有する国外居住者は，大使館などの在外公館で，衆議院議員選挙に対して投票することができる（在外選挙制度）。④1選挙区から1名を選出する**小選挙区制**は一般に，比例代表制と比較して**大政党に有利**となる。

問4　　9　　④が正解。マスメディアが出口調査の結果を投票時間中から報道すれば，それが後から投票する有権者に様々な影響を及ぼしかねない。したがって，出口調査の結果公表は投票時間終了後に行われるべきである。なお，このことと関連して，各種選挙に際してマスメディアや調査機関が行う予測報道が有権者の投票行動に影響を及ぼすことを**アナウンスメント効果**と呼ぶ。

①偏りのない報道，②主張主体の明確化，③宣伝と事実との区別の明確化は，いずれもマスメディアに要請される事柄として正しい記述である。

第2章　法の働きと私たち

step 1

2 － 1 法や規範・市民生活と私法など

解答　　1　①　　　2　③

問1　　1　①が正解。

法は，形式，機能，内容によって様々に分類される。

A　定まり方による分類：人間の自然的理性に基づき普遍的に通用する**自然法**と，人間の行為によってつくり出され，時間的・場所的に制約された可変的な内容をもつ**実定法**に分類される。さらに実定法は，慣習に由来する**慣習法**，裁判所による判例が法として効力をもつようになった**判例法**，議会などによって制定された**制定法**に分類される。

B　規定内容による分類：刑法・民法・商法など，権利や義務がどのように発生・消滅するかを定めた**実体法**と，刑事訴訟法・民事訴訟法・行政事件訴訟法など，実体法上の権利や義務を実現する手続を定めた**手続法**に分類される。

C　適用範囲による分類：広い範囲に適用される一般的なルールを定めた**一般法**と，特定の分野や事柄を対象として定められる**特別法**に分類される。

以上のことから，組合せとして最も適当なものは①となる。

問2　　2　③が正解。③の最低賃金法は，「社会法」に分類される。**社会法**とは，所有権絶対の原則，契約自由の原則，過失責任主義といった近代私法の原則を修正し，社会的・経済的弱者を保護する法律をいう。③で取り上げられている最低賃金法の他にも，生活保護法，労働基準法，独占禁止法などがある。なお，国家・地方公共団体と個人の関係を規定するのが**公法**，個人や法人などの私人間の関係について規定するのが**私法**である。

他の選択肢を見ると，一般的に，①刑事訴訟法は公法，②財政法は公法，④民法は私法にそれぞれ分類される。

2－2　契約と消費者の権利・責任

問3　| 3 |　③が正解。契約は，一方の当事者が申込みをし，他方の当事者が承諾するという**両当事者の意思表示の合致があれば成立**する。なお，「当事者の一方がある物を相手方に引き渡すとともに相手方がその代金を支払う」という契約は，売主と買主の間で目的物の売買を行う売買契約である。そのほかにも，契約には，賃貸借契約，請負契約，贈与契約，使用貸借契約などがある。

　　　①「無過失責任の原則」は，近代私法の原則の一つである**過失責任主義**を修正した原則なので，不適当。過失責任主義や**契約自由の原則**も近代私法の原則であるが，一般に，「私法の三大原則」といった場合，**権利能力平等の原則，所有権絶対の原則，私的自治の原則**(契約自由の原則はその派生)を指す。②「債権」を**債務**とすれば正しい記述となる。④「取り消すことができない」という選択肢の記述は不適当。保護者などの法定代理人の同意を得ずに未成年者が締結した契約は，原則として，未成年者自身または法定代理人が取り消すことができる(民法第5条)。

問4　| 4 |　③が正解。2022年，**成年年齢**を20歳から**18歳**に引き下げる改正民法が施行された。これにより，18歳に達した成年は「親権者などの同意なく**単独で契約の締結ができる**」ようになった。

　　　①民法には，誰でも，誰とでも自由に契約を結ぶことができるとする**私法の原則**の一つである「**契約自由の原則**」が採用されている。なお，契約が成立するためには**原則として契約書は必要ではなく，互いに申込みと承諾という意思表示の合致があれば契約は成立**する。したがって，「契約書を作成する必要がある」という選択肢の記述は不適当。②「だまされて契約を締結した場合」は詐欺に当たる。民法や消費者契約法は詐欺や強迫などによる契約については救済措置を講じており，契約を取り消すことができる。したがって，「できない」とする選択肢の記述は不適当。④民法上の**不法行為による損害賠償請求**は，相手方に故意や過失があったことを原因として生じた損害が対象となる(**過失責任の原則**)。したがって，故意や過失がなくても責任を問われる「無過失責任の原則が採用されている」という選択肢の記述は不適当である。なお，「**無過失責任**」とは，被害者が加害者の過失を立証しなくても加害者は原則として法的責任を負うという原則をいい，**公害健康被害補**

償法や**製造物責任法**(**PL法**)など，公害関連や消費者関連の法律に採用され
ている。

問5　5　①が正解。**製造物責任法**(**PL法**)は「消費者が欠陥商品によって
被害を受けた場合」には，製造業者は過失がなくても賠償責任(**無過失責任**)
を負う。したがって，「負わない」とする選択肢の記述は不適当。なお，**問
4の④の解説**にも記したように，**民法上の不法行為による損害賠償請求**は，
相手方の故意や過失が原因で生じた損害が対象となる(**過失責任の原則**)こと
に注意を要する。

　②**訪問販売法**や**割賦販売法**は，契約締結後一定期間内であれば，違約金な
しに契約を解除することができる**クーリングオフ**の制度を採用している。③
クレジットカードによる代金の支払いは，クレジット会社(信販会社)が購入
のための代金を立て替え，買主は立て替えてもらった代金をクレジット会社
に返済する債務を負うことを意味する。④企業は，たとえ営利追求を目的と
する私企業であっても，**コンプライアンス**(法令遵守)，**メセナ**(文化・芸術
活動に対する支援)，**フィランソロピー**(社会的慈善活動)など社会の一員と
して果たすべき役割や責任がある。これを企業の社会的責任(**CSR**)という。

問6　6　①が正解。**裁判外紛争解決手続法**(**ADR法**)は，当事者双方が同
意した場合に，民事裁判(訴訟)以外の場で公正な第三者が関与して，紛争の
解決を行う裁判外紛争解決手続(ADR)について規定している。ADRは一般
に，裁判に比べて迅速で安価とされている。なお，ADRを担う機関に，国
民生活センターの紛争解決手続委員会や弁護士会の紛争解決センターなどが
ある。

　②「過失のない場合でも責任を問われる」を，「問われない」とすれば正
しい記述となる。一般に，**民法で損害賠償請求の対象**となるのは，相手方の
行為に**故意**や**過失**があり，他人に損害を与えた場合である。③「幹旋」が不
適当。幹旋は，裁判所が関与しない形で紛争解決を図る仕方である。民事紛
争を解決するための手段のうち，裁判所が関与するものとして，審理終了後
に裁判所が**判決**という形で行うものや，判決に至ることなく，当事者同士が
話し合って何らかの条件で折り合う**和解**によるものを挙げることができる
(和解については，裁判所が関与しない場合もある)。④「契約自由の原則」
を**所有権絶対の原則**とすれば，正しい記述となる。「**契約自由の原則**」とは，
個人の契約関係は契約当事者の自由な意思によって決定され，国家はこれに
干渉せず，これを尊重しなければならないという近代私法の原則をいう。契
約自由の原則は，私法の三大原則(権利能力平等の原則・所有権絶対の原
則・私的自治の原則)のうち，私的自治の原則の具体的な現われと考えられ

る。なお，経済的・社会的弱者を守る観点から，私的自治の原則や所有権絶対の原則などの私法の原則を修正する法は，**社会法**と呼ばれる。

問7 ┌─ 7 ─┐ **④**が正解。**国民生活センター**は現在も存在している。そもそも**消費者保護基本法**が制定されたのは **1968 年**であり，国民生活センターが設置されたのは **1970 年**である。なお，消費者保護基本法は，2004 年に改正され，法律の名称も**消費者基本法**に変更された。

　　①トレーサビリティの説明として正しい。食品の生産，加工，流通などのそれぞれの段階で原材料の仕入れ先や食品の製造元，販売先などの記録をとってそれを保管することによって，食品がたどってきた流通経路を生産段階から最終消費段階までたどれる仕組みを(食品)トレーサビリティという。日本では牛肉とコメに関して，この制度が法制化されている。**②デモンストレーション効果**の説明として正しい。これは周りの人がもっていると，ついそれがほしくなってしまうというように，個人の消費行動が，他者の消費水準や消費支出のあり方から影響を受けることをいう。**③ケネディ大統領**の**消費者の四つの権利**についての記述として正しい。これは 1962 年に発表されたもので，日本の消費者保護基本法にも影響を与えた。

step 2

┌─────────────────┐
│ 解答 ┌─ 8 ─┐ **⑦** │
└─────────────────┘

問1 ┌─ 8 ─┐ **⑦**が正解。

　　ア：契約は**不成立**。当事者双方の意思表示があるので**条件1**は満たしているものの，15 歳の未成年者が締結する契約なので，**条件3**により法定代理人である**保護者の同意が必要**となる。この事例では保護者の同意が得られていないので契約は不成立。

　　イ：契約は**不成立**。18 歳以上の成年者なので，**条件3**は満たしている。しかし，大学生は契約の内容とそれによって生じる結果を理解していないので，**条件2**に照らし，契約は有効に成立してはいないと判断できる。

　　ウ：契約は**成立**。18 歳以上の成年者とアパートの大家との間の賃借契約に関し，当事者双方の意思の内容が合致している。つまり，**条件1**を満たしていることになるので，この契約は有効に成立する(「契約書」を交わさなくても契約は成立する)。

　　以上のことから，組合せとして最も適当なものは**⑦**となる。

第3章　経済的な主体となる私たち

第1節：経済活動と経済循環

step 1

3-1　経済活動

解答　| 1 | ② | 2 | ③ |

問1　| 1 |　②が正解。政策の**トレードオフ**とは，複数の政策目標があり，そのうちの一つを達成すると他のものが犠牲となり達成できなくなるという二律背反状態にある関係をいう。②の場合，国内生産者への所得保障政策と，非関税障壁による輸入制限措置は，いずれも国内生産者の保護を政策目標とするもので，その目標に向けた二つの政策は，相互に矛盾・対立するものではない。

　①「地域間格差なしにユニバーサルサービスを提供」しようとすれば，高コスト・低効率となってしまい，「低コストで効率的なサービスの提供」を図ろうとすれば，ユニバーサルサービスの提供が困難になるといったトレードオフの関係にある。この例としては，ユニバーサルサービス（全国一律のサービス）を行ってきた郵政事業（例えば，過疎地宛ての郵便についても全国一律の料金を適用）と，低コスト・効率性を重んじた郵政民営化の政策を想起するとよい。③「新薬を開発した製薬会社の特許権の保護」を強化しようとすれば，ジェネリック医薬品の普及が阻害され，逆に，「ジェネリック医薬品の普及を促進」させようとすれば，製薬会社の特許権の保護が弱められることになるといったトレードオフの関係にある。なお，ジェネリック医薬品（後発医薬品）とは，先発医薬品の特許が切れた後に，先発医薬品と成分や規格などが同一であるとして，臨床試験などを省略して承認される医薬品のことをいう。これは，先発医薬品に比べ薬の値段が大幅に安いので，その利用促進が医療費削減につながると期待されている。④「高所得者の労働意欲を高める」ために所得税の累進性を緩和すれば，所得格差是正の効果は薄れることになり，逆に，「所得税の累進制により所得格差の是正」を図ろうとすれば，所得税の累進性を高める必要が生じ高所得者の労働意欲が低下することになるといったトレードオフの関係にある。

問2　| 2 |　③が正解。**機会費用**とは，複数の選択肢の中からあるものを選択

した場合，選ばれなかった（放棄された）もののうち**最大の価値のもの**のことである。設問で示されている三つの選択肢の中からカラオケで遊ぶことを選んだ場合，アルバイトや家事手伝いはできなくなる。その選択できなかったアルバイトと家事手伝いとでは，アルバイトが1,800円の価値，家事手伝いは1,000円の価値なので，アルバイトの方が高い価値をもつ。したがって，カラオケの機会費用は放棄されたアルバイトの価値の1,800円となる。「機会費用を含めたカラオケで遊ぶ費用」は，カラオケの費用の1,500円にその機会費用の1,800円を加えた3,300円となる。

3 − 2 　経済循環

解答	3	⑦	4	⑧	5	⑩	6	④
	7	①	8	④				

問3　 3 **：⑦が正解。政府は家計や企業から得た租税などを原資として，企業に補助金**を支給する。

　　　 4 **：⑧が正解。政府は家計や企業から得た租税や社会保険料などを原資として，家計に失業給付などの社会保障給付**を行う。

　　　 5 **：⑩が正解。企業は家計に商品（財・サービス**）を売って，その対価として代金を受け取る。

問4　 6 **　④が正解。可処分所得**とは，自由に処分できる所得部分で，所得から**直接税**と**社会保険料**を差し引いた（控除した）ものである。可処分所得は，消費と貯蓄に配分される。

> 可処分所得＝所得－（直接税＋社会保険料）
> 可処分所得＝消費＋貯蓄

　①住宅ローンの返済のうち元本部分は貯蓄と見なされ，可処分所得に含まれる。②消費税などの間接税は消費と見なされ，可処分所得に含まれる。③消費は可処分所得に含まれる。

**問5　 7 **　①が正解。「消費の時期を早めようとする」という記述は誤り。「将来の物価下落を予想すると」，家計は購入したいと思っている財貨（商品）の価格が低下した段階で購入しようと考えるため，現在の消費を控えようとする。

　②所得の増加は，一般に，家計の消費の拡大を促す。③保有資産の価値の上昇は，一般に，消費の増加を促す。これを**資産効果**と呼ぶ。1980年代後

半に起こったバブル経済は，土地や株の資産価値の上昇が消費の拡大をもたらした。④住宅や自動車のように，「高額の耐久消費財」を購入しようとする場合，しばしば銀行からの借入れでその資金が調達される。その金利が上昇すれば，資金調達のためのコストが上昇するので，借入れを控えようとする。

問6　　8　　④が正解。企業は，自社の株価が上昇すると，**資金調達コストが低下**するため，設備投資を増加させようとするといわれている。株価の上昇は株式市場でその株式に対する需要の増加を意味する。そのため，株価が上昇している企業は，負債となる社債の発行に比べ資金調達コストの低い新株の発行による追加的な資金調達が可能となり，設備投資を増やすことができる。

　　①貸出金利の上昇は資金調達コストを高めるので，企業は設備投資を控えようとする。②業績が悪化すれば，設備投資のための手元資金が不足するため，設備投資に消極的になると考えられるし，また，借入れなど外部から資金を調達する場合にも，金融機関が融資を渋ったり，高めの金利を要求したりすることも考えられる。③過剰な在庫の存在は，生産の増大の意欲をそぎ，設備投資に消極的になる要因となる。

3−3　大きな政府と小さな政府

解答　　9　　③

問7　　9　　③が正解。「公債の消化を中央銀行が引き受ければ，マネーストック（通貨量の残高）が減少することによってデフレーションが生ずる」という記述は誤り。正しくはその逆である。公債を「中央銀行が引き受ければ」，中央銀行から市中銀行に供給された資金が，一般の企業や家計に貸付けられることにつながるので，**マネーストックが増加**し**インフレーション**が生じる可能性が高くなる。

　　①②④はそれぞれ「大きな政府」の弊害を指摘している。①は公共部門の拡大が民業の圧迫をもたらすという弊害。②は公企業の経営の非効率性がもたらす財政赤字の拡大という弊害。④は公共部門の拡大が競争的な市場経済の活動分野を狭め，経済全体の効率性を阻害する「**政府の失敗**」という弊害。こうした「大きな政府」がもたらす弊害に対しては，小さな政府論に立つ論者は，**市場メカニズムを重視**して，市場への政府の介入を必要最小限にとどめるべきだとし，**政府規制の緩和**や**民営化の推進**などを提唱する。

3－4　社会主義の変容

解答　| 10 |　②

問8　| 10 |　②が正解。1985年に誕生した**ゴルバチョフ政権**は，**ペレストロ
イカ(建て直し，改革)**を推進し，ソ連の社会・経済の建て直しを図ったが，
結局ソ連は1991年に解体されるに至った。

　①「中央集権的な計画経済を強化」という記述が誤り。ベトナムの**ドイモ
イ(刷新)**政策は，これとは逆方向の政策で，外資の導入・市場原理の重視な
どを内容とする改革・開放路線を示すものである。③「株式会社制度の導入
は避けられている」という記述が誤り。中国の**社会主義市場経済**は，社会主
義の理念を維持しつつ，経済的には外資や株式会社制度の導入を進めるなど，
市場経済化を推進する政策をいう。④ハンガリーとポーランドは2004年に
EU(欧州連合)に加盟した。

3－5　経済学説

解答　| 11 |　③　　　| 12 |　⑥

問9　| 11 |　③が正解。
　ア：「**最大多数の最大幸福**」という言葉は，Bのイギリスの功利主義者ベ
ンサム(1748～1832年)が**功利性の原理**を示す言葉として使ったことで知ら
れている。ベンサムは，個人の行為の善悪や，政府の政策の良し悪しは，そ
の影響を受ける利害関係者のうち，どれだけ多くの人にどれだけ多くの幸福
をもたらすかによって判定すべきであると考え，最善・最良の行為・政策と
いえるものは，「**最大多数の最大幸福**」がもたらされるものであると主張し
た。
　イ：「**自由放任主義**」の立場から「**小さな政府が望ましい**」と考えたのは，
Aの古典派経済学のアダム・スミス(1723～90年)である。すなわち，アダ
ム・スミスは，自由放任主義の立場から，国家の役割を，公共施設の設置，
国防，治安など必要最小限度に限定する「**安価な政府**」論を主張した。
　ウ：「**有効需要**」不足による不況からの脱出には，政府による**有効需要創
出政策**の推進が必要であると主張したのは，Cのイギリスの経済学者ケイン
ズ(1883～1946年)である。ケインズは，**有効需要**(購買力を伴う消費需要と
投資需要からなる需要)が不足して経済が停滞している場合には，**完全雇用**

(働く意思と能力のある者が全員働ける状態)を実現するために，政府は公共事業を拡大するなどして，有効需要を創出する政策(**有効需要創出政策**)を行うべきだとした。

以上のことから，組合せとして最も適当なものは③となる。

問10 ┃ 12 ┃ ⑥が正解。

A：これは**オ**のデビッド・リカード(1772〜1823年)の**比較生産費説**を述べたもの。

B：これは**エ**のジョセフ・シュンペーター(1883〜1950年)の経済発展についての考えを述べたもの。シュンペーターは，企業家による新製品の開発，販路の拡大，新たな生産方式の開発などの**イノベーション**(**新機軸，新結合／技術革新**)が，従来の経済のあり方に代わる新たなあり方を創造し(**創造的破壊**)，経済を発展させる原動力となると説いた。

C：これは**ウ**の二人の考えを述べたもの。ここに書かれているような**産業構造の高度化**を早い時期に指摘したのがウィリアム・ペティ(1623〜87年)，それを統計的に実証したのがコーリン・クラーク(1905〜89年)なので，この法則は，この二人の名を取って，**ペティ・クラークの法則**と呼ばれている。

D：これは**ア**のアマルティア・セン(1933年〜)の考えを述べたもの。センは，従来の福祉政策が所得や資産の経済的不平等の改善に重点が置かれていた点を批判し，次のような考えを提唱した。すなわち，人は社会的・経済的状況により，また，能力など個人的な事情により，自分の生き方を選択できる幅が限られている。そのため，公共政策や開発政策の目標は，各人がよき生活(well-being/福祉，幸福な生活)を送ることができるように，主体的に選択できる「**生き方の幅**」＝ケイパビリティ(**潜在能力**)を開発することにある。

以上のことから，組合せとして最も適当なものは⑥となる。

step 2

解答	13	④	14	①

問1 ┃ 13 ┃ ④が正解。

X：「機会費用」が入る。生産や消費といった経済活動を行う場合，何を生産するか，あるいは，何を消費するかということを選択しなければならない。複数の選択肢の中から，一つ選んで生産あるいは消費するとすれば，他

の選択肢は放棄したことになる。**機会費用**とは，あるものを選択したことにより，放棄した機会のうち最も貨幣的な価値の高いものをいう。この問題の例でいえば，6時間という有限な資源（「時間」は稀少性をもつ資源の一つである）を，バスに乗車することに充てている。このことにより，時給1,000円のアルバイトをして6,000円を得る機会は放棄されたことになる。この6,000円が，6時間バスに乗るということを選択した場合の機会費用である。

　社会的費用とは，外部不経済が発生している財貨の生産において，その財貨の生産に要した原材料費や人件費などからなる**私的費用**に，市場を経由せずに，その生産活動が他の経済主体に与えた経済的不利益＝**外部費用**を加えた費用の総額のことをいう。

　Y：「3,000」が入る。急行列車では9時間かかったところ，高速道路ができて6時間で行けるようになったので，高速道路ができて「節約できた時間」は3時間となる。この3時間を，時給1,000円のアルバイトに充てれば，3,000円を稼げるということになる。

　以上のことから，組合せとして最も適当なものは④となる。

問2　　14　　①

　ア：「トレード・オフ」が当てはまる。「ある土地をすべて駐車場として利用した場合，……他の用途に利用できない」という関係のように，あることを選択した場合，他のものを選択できなくなるという二律背反の関係を**トレード・オフ**という。**ポリシー・ミックス**は，経済成長と物価の安定のように複数の政策目標を達成するために，例えば金融政策と財政政策など複数の政策手段を組み合わせることをいう。

　イ：「公園」が当てはまる。**機会費用**とは，メモ中にあるように，あるものを選んだとき，選択しなかった他のもののうち，最大の利益を意味する。利益の大きい順に並べると，　駐車場＞公園＞宅地　となる。駐車場を選んだとき，選択されなかった（放棄された）公園と宅地とでは，公園の方が利益が大きいので，公園から得られる利益が駐車場の機会費用となる。

　以上のことから，組合せとして最も適当なものは①となる。

第2節：企業と市場

step 1

3－6　企業

解答	1	④	2	②	3	②	4	④
	5	④	6	②	7	②	8	②

問1　　1　　④が正解。**地場産業**の例としては，鯖江市(福井県)の眼鏡，今治市(愛媛県)のタオル，豊岡市(兵庫県)の鞄などがある。

　①「M&A」が適当でない。正しくは**R&D**である。**M&A**は**合併・買収**のことである。②「カルテル」が適当でない。正しくは**トラスト**である。**カルテル**は，同一産業に属する複数の企業が協定を結んで価格や生産量を調整したりして，市場を支配しようとする行為のことをいう。③「自己資本比率」が適当でない。中小企業基本法では，**資本金の額**および**従業員数**で中小企業を定義している。

問2　　2　　②が正解。「**所有(資本)と経営の分離**」とは，必ずしも株主とは限らない専門的経営者に経営を委ねることをいう。かつては多くの企業で大株主が経営の実権を握っていたが，企業規模が拡大し，株式を多数の法人(企業)や個人が保有するようになり株式の分散化が進展すると，株主に代わって経営の専門家が経営の実権を握るようになった。こうした現象を所有(資本)と経営の分離という。

　①株主に対して出資の対価として支払うのは，「利子」ではなく**配当(金)**である。利子は社債や銀行からの借入金に対する対価である。③ベンチャー企業などが資金調達できる市場として，東京証券取引所などには**新興株式市場**が設けられている。株式会社は株式を発行して資金を調達することができる。そうした株式を売買する市場が株式市場であり，証券取引所が開設する市場がその中心となっている。証券取引所が開設する市場に上場するには一定の審査基準をクリアしなければならない。ベンチャー企業の場合，実績が乏しく財務体質も不安定なため，審査基準を満たせず上場することが困難であった。そこで，そうしたベンチャー企業でも上場可能な審査基準の緩やかな株式市場が開設されるようになった。それが新興株式市場である。④「消費者契約法」は**独占禁止法**の誤り。「公正な競争」を確保することを目的とする法律は独占禁止法であり，この独占禁止法を運用する機関が**公正取引委**

員会である。

問3　[3]　②が正解。

　A：メセナに関する記述として正しい。企業が行う社会的貢献の活動のうち，**芸術や文化活動に対する支援**はメセナと呼ばれる。B：フィランソロピーに関する記述として正しい。フィランソロピーは，医療支援や教育支援を行うなどの慈善的活動あるいはそうした活動への支援をいう。C：アウトソーシングに関する記述として誤っている。**アウトソーシング**とは，「自社製品の差別化を行うこと」ではなく，**企業の業務分野の一部を外部に委託**することをいう。なお，自社製品の差別化は非価格競争の一環として行われる。

　以上のことから，組合せとして最も適当なものは②となる。

問4　[4]　④が正解。**法人**（株式会社などの営利法人や，学校法人のような公益法人などの団体）も，法律上，**自然人**（人間のこと）と同様に，財産を所有したり，契約を結んだり，報道機関のように表現の自由を行使したりするなど，権利・義務の主体となることができる。

　①かつては，法律上，株式会社の設立には 1,000 万円以上の資本金が必要であった（**最低資本金制度**）。しかし，2005 年に会社法が制定され，同法に基づき，**最低資本金制度は撤廃**され，資本金1円でも株式会社を設立できるようになった。②「株主は無限責任を負っている……」という記述は誤りである。株式会社では**有限責任制度**が採用されており，株主は会社の債務に関して，**出資額の範囲内**で責任を負えばよい。そのため，債権者は出資額の範囲を超えて株主の個人的財産に対して，債権を行使することはできない。③「一定規模以上の株式会社」は「証券取引所に上場しなければならない」という法律上の定めはない。大企業でも上場していない企業がある。

問5　[5]　④が正解。株式会社は，株式を発行して不特定多数の者から資金を調達することができ，株主に対して，原則として利益の一部から保有株式数に応じて，**配当**を支払う。

　①「経営に参加する権利はない」という記述は誤り。株主は，株主総会に出席し，保有株式数に応じて議決権を行使することができる。株主総会には取締役の選任や解任を行う権限があるが，株主は，例えば，取締役の選任や解任に関し議決権を行使するなどの形で，経営に参加することができる。②**株式会社の最高意思決定機関は株主総会**であって取締役会ではない。③株主の責任を無限責任としている点が誤り。上の**問4**で示したように，株式会社では株主**有限責任制**が採用されており，株主は，会社の負債に対して出資額の範囲内において責任を負えばよい。

問6　[6]　②が正解。「保有株の価格上昇による利益」という部分が誤り。

株主には，配当金を受け取る権利があるが，配当金は，**企業が得た利益**の一部から支払われるものである。

①株式会社の資本金の額は，原則として，株主が出資した額となる。③株主総会では，表決に関しては原則として**1株1票制**が採用されており，大株主に有利なものとなっている。④株主総会は株式会社の**最高意思決定機関**であり，取締役の選任や解任を行うことができる。

問7　　7　②が正解。高度経済成長期には，民間企業は，主に**間接金融**（銀行からの借入れ）を通じて調達された資金を元手に，設備投資などの投資を活発に行った。1970年代の二度にわたるオイル・ショック以降，直接金融（株式や社債の発行により資金を調達すること）の比重が高まってきた。

①上場会社の所有者別持ち株比率の推移を見ると，バブル崩壊前の1980年代末頃には金融機関が保有する株式数が全体の45％を超えていたが，バブル崩壊後**低下傾向**となり，2021年には約30％となっている（東京証券取引所「2021年度株式分布状況調査」）。③生産性や賃金に関する大企業と中小企業の格差は依然として存在する。④就業者に占める割合を見ると，第二次産業は25％ほど，**第三次産業は70％ほど**である。また，国内総生産（GDP）に占める割合では，第二次産業が20％台，**第三次産業が70％台**である。このように，就業者数の構成比でも国内総生産の構成比でも，**第三次産業が全体の70％以上を占めている**。

問8　　8　②が正解。**カルテル**の説明として正しい。日本では独占禁止法で，カルテルは全面的に禁止されている。

①第二次世界大戦以前から独占的な企業は存在していた。③**コングロマリット**とは，自己と全く関連がないか関連の薄い企業を吸収合併し，自己の一部門に組み入れ，多角的な経営を行う企業のことをいう。「従来からの事業と関連した分野の企業を合併して」巨大化した企業をいうのではない。④日本では独占禁止法に基づいて，独占禁止政策がとられている。

3 - 7 市場機構（メカニズム）

解答　｜ 9 ｜　③　　　｜ 10 ｜　②

問9　｜ 9 ｜　③が正解。「購買意欲が高まった」ならば，需要曲線上のどの価格においても，以前より需要量は多くなるはずだから，需要曲線が右上に，すなわち，**ウ**の方向にシフト（移動）する。その結果，価格は次の図中の P_0 から P_1 へと上昇し，取引量は同じく次の図中の Q_0 から Q_1 へと増加する。

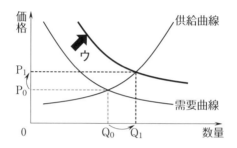

問10　｜ 10 ｜　②が正解。「商品の人気がなくなった」場合，需要曲線上のどの価格においても，以前に比べて売れ行きが落ちる（**需要量が減少する**）ため，需要曲線は次の図のように**左に移動（シフト）**する。移動後は，価格は P_0 から P_1 へと**下落**し，取引量は Q_0 から Q_1 へと**減少**する。したがって，②が正解となる。

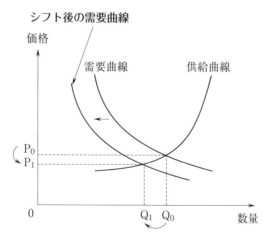

3－8　市場の失敗

解答　　11　①　　　12　③　　　13　②

問11　　11　　①が正解。豊作で供給量が増加すれば，**供給曲線は右にシフト**（移動）し，その結果，市場価格は**下落**する。価格が下落してもそれほど販売量が増加しないタイプの農産物の場合，農家の収入が減少することもある。これを豊作貧乏という。これは**市場メカニズム**の結果であって，市場の失敗ではない。図で示すと次のようになる。ある農作物が豊作になると供給曲線はSからS′へと右にシフトする。その結果，均衡点はeからe′に移り，均衡価格はP_0からP_1へと低下する。農家の収入は，価格×数量で計算でき，図で示すとOP_0eQ_0から$OP_1e′Q_1$へと変化することになる。このときOP_0eQ_0の面積よりも$OP_1e′Q_1$の面積の方が小さければ，その収入は減少したということになる。

図

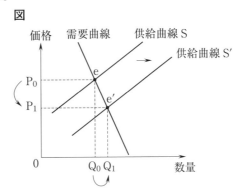

　　②と③はある経済主体の経済活動が他の経済主体に市場を経由せずに不利益をもたらす**外部不経済**の例であり，④は対価を支払わない人の利用を排除できないという非排除性をもつ**公共財**の例である。

問12　　12　　③が正解。公害などの**外部不経済**（ある経済主体の行動が，市場を経由しないで，他の経済主体に不利な影響を与えること）は，市場の限界を示す**市場の失敗**の一つであって，**政府の失敗**ではない。「政府の失敗」とは，政府が市場に介入することによって，かえって経済の効率性が損なわれることをいう。

　　①道路などの**公共財**は，その利用者から料金を取ることが困難（**非排除性**）なので，営利を目的とする企業はそれを生産し供給しようとはしない。その結果，公共財は市場に委ねていたのでは社会的に望ましい水準の量が供給で

きないということになる。この公共財の過少供給は市場の失敗に当たる。**②**
この選択肢には，市場の失敗を回避するために，政府が行う市場への関与の
例が二つ取り上げられている。一つは「法的規制によって市場に介入」，も
う一つが「公共財を提供」という公共財に関する関与である。まず法的規制
による市場への介入の前者の例を二つあげて説明しよう。一つは市場の寡占
化への政府の対応。市場が寡占化すると，**価格の下方硬直化**が生じるなどし
て，価格の自動調節機能が働きにくくなる。そのため，政府は独占禁止法を
制定し，公正な競争を確保する政策（**独占禁止政策**）を推進している。もう一
つは外部効果への政府の対応。例えば，外部不経済の一つである大気汚染を
抑制する政府の法的規制として濃度規制や環境税の導入などがある。次に公
共財の提供の後者。公共財は，**①**で説明したように，社会的に望ましい水準
に比べて**過少供給**となる。そのため，公共財については政府が財政活動を通
じて供給している（**資源配分の調整**）。**④**廃棄物の増大は市場の失敗の一つで
ある外部不経済をもたらすことがありうるが，その問題の解消策の一つに**④**
で述べている**デポジット制**がある。

問13　　13　　**②**が正解。「独占や寡占を制限する法律」としては**独占禁止法**が
あるから，この点については正しい。しかし，この選択肢は，以下の二つの
点で不適当である。独占禁止法は，価格面などで公正な競争を促そうとする
法律なので，「企業間の価格競争を抑制」という記述は誤りである。また，
「非価格競争を促進」するという目的は独占禁止法にはない。

　　①知的財産権は特許法などで保護されている。**③**建築や土地利用について
は，建築基準法，都市計画法，景観法などで規制されている。**④**「排出を規
制する法律」としては，大気汚染防止法や水質汚濁防止法がある。

3－9　寡占市場

解答　　14　　**③**

問14　　14　　**③**が正解。寡占市場の一般的特徴として，価格が下がりにくい
という傾向がある。これを**価格の下方硬直性**という。「供給が過剰になった
り」，生産性が上昇するなどして「生産費が安く」なったりしたとしても，
価格が下がりにくいという傾向が見られる。ただし，薄型テレビにおいて見
られたように，競争的な寡占市場では，価格をめぐる激しい競争が展開され，
大幅に価格が下がることもある。

　　①寡占市場では，企業はしばしば，デザイン，性能，広告・宣伝などを通

じて製品の差別化を行い，マーケット・シェア（市場占有率）の拡大を目指す。こうした価格以外の面での競争を**非価格競争**という。②**管理価格**は寡占市場でしばしば見られる価格形成のあり方である。④ありうる事柄である。

step 2

解答　　15　②　　16　⑤　　17　⑥

問1　15　②が正解。

　会話文中の最初の先生の発言にあるように，**公共財**には対価を支払わない人の消費を排除することが困難であるという**非排除性**と呼ばれる性質がある。一般道路においては，道路の利用者から料金を取ることが困難である。そのため，道路の供給から利益を得ることは期待できないので，企業は供給したがらない。その結果，社会的に望ましい水準よりも過少にしか供給されないことになる。このように，公共財には非排除性という性質があるため，市場に委ねていたのでは過少にしか供給されず，市場の失敗の例に当たる。以上の理解を前提に選択肢を見ていこう。

　A：Aに関して適切な記述内容となっているのは②である。②と③が対立する内容となっている。②は料金を取ることが困難なことを前提とした文であるのに対し，③は「損をする心配がない」と述べていることから料金を取れることを前提とした文である。上で述べたように②が正しい。①のような手続きの複雑さは非排除性とは無関係である。④は記述内容自体は誤りとはいえないが，Bとの組合せ上，正解とはならない。

　B：Bに関して正しい記述内容となっているのは①と②である。①と②は社会的に望ましい水準よりも**過少にしか供給されない**ことを述べているのに対し，③と④はその逆に**過剰に供給される**と述べている。

　以上のことから，最も適当なものは②となる。

問2　16　⑤が正解。

　ア：Cが該当する。「岬の灯台」は，料金を支払わずに灯台を利用する船を排除することは困難なので，**非排除性をもつ**。また，多数の船が同時に灯台を利用してもその利用から得られる便益は減少しない（多数の人が同時に消費できる）ので，**非競合性ももつ**。

　イ：Aが該当する。「ケーブルテレビの有料チャンネル」は，契約している人しか利用することができないので，**非排除性をもたない**。また，契約し

ている人が多数いたとしても，回線がパンクしない限り，多数の人が同時に利用してもそこから得られる便益は減少しない(多数の人が同時に消費できる)ので，**非競合性をもつ**。

　ウ：Bが該当する。「自由に釣りをしてもよい小さな池にいる魚」は，料金を支払わない人でも利用できるのであるから，**非排除性をもつ**。また，小さな池の魚の生息する固体数には限りがあるので，多数の者が釣り過ぎると，魚の個体数が減少し，魚釣りが困難になるので，**非競合性をもたない**。

　以上のことから，組合せとして最も適当なものは⑤となる。

問3　　17　　⑥が正解。

　A：「供給」が入る。「働く年齢層の人が減っている」というのは，労働市場へ労働力を供給する人(労働者)が減少するということである。

　B：「需要」が入る。「無人コンビニなどが増え」れば，コンビニの店員を削減できるので，労働市場での，コンビニを経営している企業の労働力の需要は減少することになる。

　C：「供給」が入る。「雇われて働こうとする女性が増える」ということは，労働市場への女性労働者の参入が増えるということである。

　以上のことから，組合せとして最も適当なものは⑥となる。

第3節：財政と金融

step 1

3 ─ 10 財政

解答　1 ③　　2 ④　　3 ③　　4 ③

問1　1　③が正解。財政の硬直化についての正しい記述である。**財政の硬直化**とは，過去に発行された国債の償還のため，国債の元金や利払いの費用である国債費がかさむようになり，社会保障関係費などの他の政策的経費に回せる割合が低下し，財政の自由度が失われる状態をいう。

　①「消費税は直接税に分類される」というのは誤り。消費税は間接税に分類される。②「1990年代後半……不況への対策として，一般会計における歳出削減を継続した」というのは，論理的にも事実としても誤り。フィスカルポリシー（補整的財政政策）の原則に従えば，不況対策としては「歳出削減」を行うのではなく歳出拡大を行うというのが正しい。また，1990年代後半の一般会計歳出（当初予算）を見ると，1995年度は約71.0兆円，1999年度は80.2兆円であり，この間一貫して増加している。④「黒字」を赤字に替えれば正しい記述になる。2010年度から2023年度までの国の**プライマリーバランスは赤字**である。プライマリーバランスは，基礎的財政収支と訳され，国債発行で得た収入（公債金）を差し引いた歳入から，国債の元金利払い等の償還費用（国債費）を差し引いた歳出を引いて求めた収支のことである。

> プライマリーバランス＝（歳入－公債金）－（歳出－国債費）

問2　2　④が正解。**累進課税**とは，課税対象額が大きくなるにつれて税率が高くなる税制をいう。日本の所得税には累進課税制度が採用され，税の負担能力の高い高額所得者の税率は高く設定され，負担能力の低い低所得者の税率は低く設定されている。

　①**所得の再分配**は，財政の三大機能の一つである。現代の資本主義国家では，一般に，所得格差の是正を図るために，所得税に**累進課税制度**を設け高額所得者からより多くの税金を徴収し，生活保護給付など**社会保障制度**を通じて低所得者に所得移転が図られている。②年金の財源調達方式でいえば，「勤労者が負担し高齢者に支給するという方式」とは**賦課方式**のことである。

この方式は高齢者に支給する年金費用を, 主としてその年度の現役世代の勤労者の拠出する保険料と公費で賄うので, 現役世代から高齢者の世代へと所得が移転しており, その意味で, 「世代間の所得再分配の役割」を果たしているといえる。③消費税などの間接税のもつ**逆進性**についての正しい記述である。逆進性とは, 所得に占める税負担の割合が, 低所得者ほど高くなることをいう。

問3 3 ③が正解。歳出に占める国債費が増えると, 自由に使える政策的経費が少なくなり, 財政の自由度が失われていく。こうした事態を**財政の硬直化**という。

①**国債依存度**とは, 歳入に占める公債金(国債発行額)の割合をいう。国債依存度が低下したとしても, 新たな借金である新規の国債発行額が過去の借金である国債の返済額(償還金)を上回るならば, すなわち, 一般会計歳入の**公債金がその歳出の国債費を上回るならば, 国債残高は増加**する。したがって, 国債依存度が低下したという条件だけでは, 国債残高が減るとも増えるともいえない。例を示そう。次のように仮定する。ある年と翌年の一般会計の規模は 100 兆円, ある年の国債依存度は 40%, すなわち, 国債発行で得た収入(公債金)は 40 兆円, その翌年の国債依存度は 30%, すなわち, 国債発行で得た収入(公債金)は 30 兆円, どちらの年も国債の償還費用(すべて国債の償還に費やされたと仮定する), すなわち, 国債費が 20%(金額では 20 兆円)であるとする。この場合, 国債依存度は 40% から 30% へと低下したが, 翌年の新たな借金である公債金(30 兆円)が, 過去の借金の返済部分である国債費(20 兆円)を上回っているため, 利子増加分を除いた国債残高は, 30 兆 − 20 兆 = 10 兆円分, 増加したことになる。②**財政赤字**とは, 歳出を税収だけでは賄いきれない状態をいう。その場合, 国債を発行するなどして不足分が補われる。この国債の償還は, 「翌財政年度の増税で埋められるほかなく」というわけではない。国債には償還期間が 1 年未満の短期国債もあれば, 5 年を超える長期国債もある。また, 満期がきた国債の償還財源を「増税」という手段だけではなく, 借換債と呼ばれる国債償還のために新たに発行される国債で調達することもできる。④**建設国債**の発行には, 特例法の制定は不要である。特例法の制定が必要な国債は, 歳入不足を補てんするために発行される**赤字国債(特例国債)**である。

問4 4 ③が正解。

イ:「赤字国債」が入る。国債は建設国債と赤字国債に分類できる。**建設国債は, 公共事業費, 出資金および貸付金**に充てる財源を調達するために発行されるもので, **赤字国債**は, それ以外の歳出に充てる財源を調達するため

に発行されるものをいう。したがって，**ア**には建設国債，**イ**には赤字国債が入る。財政法では建設国債の発行を認めているが，**赤字国債の発行を禁止し**ている。そのため，赤字国債を発行する場合には**特例法**の制定が必要となる。

　X：予算の議決に関する衆議院の優越についての知識が問われている。日本国憲法には，「予算について，参議院で衆議院と異なつた議決をした場合に，法律の定めるところにより，**両議院の協議会を開いても意見が一致しない**いとき，又は参議院が，衆議院の可決した予算を受け取つた後，国会休会中の期間を除いて30日以内に，議決しないときは，衆議院の議決を国会の議決とする」（第60条2項）とある。衆議院の優越において，衆議院と参議院とで議決が異なった議案に関し，「衆議院が出席議員の3分の2以上で再び可決した」ときに議案が成立するものは，法律案の議決の場合である。

　以上のことから，組合せとして最も適当なものは**③**となる。

3−11 金融

解答　　5　④　　　6　③　　　7　③

問5　5　④が正解。金融機関とは，余剰資金を有する経済主体と，資金を必要としている経済主体との間に立って資金の融通の仲介を行う機能をもつ機関である。日本では，民間の金融機関としては，普通銀行，信託銀行，信用金庫，信用組合のほか保険会社，証券会社などがある。

　①「外貨準備の保有量に基づいて通貨を発行」という記述は誤り。管理通貨制度は，政府（通貨当局）が，物価の安定や景気の調整を図る観点から，外貨準備の保有量とは直接関係なく通貨量を調節する制度である。②**株式や社債の発行**により資金を調達することは**直接金融**と呼ばれる。**間接金融**は，銀行からの借入れにより資金を調達することをいう。③日本銀行は，政府や市中金融機関とは取引を行うが，その他の事業会社や家計とは取引を行わない。

問6　6　③が正解。**銀行からの借入れ**によって資金を調達することは，**間接金融**と呼ばれる。

　①**株式**を発行して集めた資金は返済の必要のない**自己資本**である。②社債の発行を通じて得た資金は，**他人資本**（負債）であり，元本の返済とその利息の支払いが必要である。④**社内留保**（**内部留保**），すなわち，純利益のうちから配当金などの社外への分配金を除いた社内に残る利益は，返済の必要のない自己資本である。なお，株式会社の場合，自己資本には，社内留保のほか株式発行で集めた資金，減価償却費積立金がある。他人資本（負債）には，銀

行からの借入金，社債の発行を通じて得た資金がある。

問7　7　③が正解。預金業務が行える金融機関は，銀行のほか法律で認められている金融機関に限られる。したがって，「ある一定の大きさの資本をもつ企業であれば」預金業務を行えるという記述は誤りである。

①1993年には定期性預金の金利が，翌94年には当座預金を除く流動性預金の金利が自由化され，**預金金利の自由化は完了**した。②1990年代後半から始まった**日本版金融ビッグバン**に先立ち，1992年に制定された**金融制度改革関連法**により銀行業務と証券業務の自由化が始まったが，ビッグバンの下でも，銀行での投資信託販売の自由化をはじめ，証券会社・信託会社などの業務分野の自由化が進められた。④1997年に外国為替管理法が改正され**外国為替法**となり，**外国為替業務が自由化**された。これにより，原則として日本銀行と外国為替公認銀行に限定されていた外国為替業務を，一般の事業会社も行えるようになった。

3 ― 12　財政政策・金融政策

解答　8　①　　　9　②

問8　8　①が正解。景気過熱期には，政府は**有効需要を抑制**するために，**増税**や**公共投資の縮小**を図り，中央銀行は**市中金利の上昇**を図るために，**政策金利**（無担保コール翌日物金利）を高めに誘導したり，**基準割引率および基準貸付利率**（かつての公定歩合）を引き上げたりする。

②「減税」は，増税の誤り。③不況期には，政府は**公共投資を増やし**有効需要の拡大を図るので，前半部分は正しい。しかし，中央銀行は，不況期には**買いオペレーション**（資金供給オペレーション）を行い，市中銀行の手元資金の増加を図ろうとするので，国債を「市中銀行に売却」は誤りで，市中銀行から購入というのが正しい。④公共投資を「抑制」は，拡大の誤り。

問9　9　②が正解。インフレーションを抑制するためには，市中に流通する通貨（マネーストック，通貨量の残高）を減らせばよい。公開市場操作を通じて**マネーストックを減らそうとする**場合には，中央銀行が市中銀行に対して有価証券を売り，市中銀行の保有する資金を中央銀行に吸収する**売りオペレーション**（資金吸収オペレーション）を行う。

①イギリスの経済学者ケインズによれば，有効需要が不足する不況期に失業率の改善を図るためには，政府は公共事業を拡大するなどして**有効需要を創出する政策**をとるべきである。したがって，「財政支出を削減する」は財

政支出を拡大するの誤りである。③不況期には企業が設備投資を控えたり，家計が住宅建設を控えたりするため，資金需要が減少する。中央銀行が，「不況対策として」そうした事態を改善し，資金需要を拡大させようとする場合には，**政策金利を低めに誘導**して，企業や家計が銀行から資金を調達しやすい環境をつくる。したがって，「政策金利の誘導目標を引き上げるなどしてマネーストック（通貨量の残高）を減らそうとする」という記述は誤りで，正しくは，政策金利の誘導目標を引き下げるなどしてマネーストック（通貨量の残高）を増やそうとする，である。④「不況対策として採られる」財政政策は「増税」ではなく**減税**である。減税を行えば，家計の可処分所得が増え，消費支出の拡大が期待できるし，また，企業も投資に回す資金が増え，投資の増大が期待できる。

step 2

解答　10 ③　　11 ①　　12 ③

問1 10 ③が正解。**事例**にある「銀行が**リスケジューリング**（リスケジュール）を行った会社に対する債権」と，**メモ**中のⅢにある「**債務返済の繰延べ**などの，"救済措置"が与えられた……会社に対する債権」が合致する。リスケジューリングとは，債務返済の繰延べのことをいう。

問2 11 ①が正解。

　ア：30 が入る。A銀行は，D社から預かった1000万の預金のうち，その**30％**に当たる300万を預金準備金として中央銀行に預けている。

　イ：490 が入る。B銀行は，E社から預かった700万の預金のうち，その30％に当たる210万を預金準備金として中央銀行に預けることになる。B銀行は手元に残った**490万**（700万－210万）をF社に貸し出す。

　ウ：1960 が入る。D社はA銀行に1000万を預ける。「預金（支払い）準備率が40％の場合」とあるので，A銀行はそのうちの40％に当たる400万を中央銀行に預け，残りの600万をE社に貸し出す。E社はその600万をB銀行に預ける。B銀行はそのうちの40％に当たる240万を中央銀行に預け，残りの360万をF社に貸し出す。F社はその360万をC銀行に預ける。A，B，Cの3行が受け入れた預金（下線部）は，1000万＋600万＋360万＝1960万となる。

　以上のことから，組合せとして最も適当なものは①となる。

問3　　12　　③

　③が正解。収穫したナスの価値を貨幣という形で保存している（**価値貯蔵 [保蔵]手段**としての機能）。

　①**交換手段**としての貨幣の機能である。②**価値尺度**としての貨幣の機能である。④債務の**支払い手段**としての貨幣の機能である。

第4節：国民所得と産業構造

step 1

・・・・・・・・・・・・・・・・・・・・・・

3 － 13 国民所得

解答	1	②	2	①	3	①	4	④
	5	④						

問1 1 ②が正解。国富は，**国内の非金融資産と対外純資産を合計したも**のである。国内の非金融資産には，生産資産と有形非生産資産が算入されている。生産資産とは，在庫，有形固定資産(建物，機械，鉄道，道路，公園など民間や政府の**生産設備・住宅・社会資本**など)，無形固定資産(コンピュータのソフトウェアなど)のことで，有形非生産資産とは，**土地**，漁場，鉱物資源などのことである。②で示されている生産設備や社会資本は，有形固定資産として国富に算入されている。

① GDP や国民所得は一定期間の経済活動量を示す**フロー**の概念であるが，国富は一定時点に存在する経済量を示す**ストック**の概念である。③国富には有形非生産資産として**土地が算入されている**。したがって，地価の下落は国富の減少要因となる。④「大気汚染や水質汚濁など自然環境条件の変化」は，国富の対象外で，それが「金額評価され」国富に反映される，ということはない。ただし，自然的条件の中でも新たな鉱脈の発見により鉱物資源の評価額が増加すれば，国富の増加要因となるように，鉱物資源など有形非生産資産に算入される資産額の変化は国富に影響を与える。

問2 2 ①が正解。GDP は，一定期間に国内で生産された付加価値の総額を示す指標である。すなわち，GDP は，国内の**総生産額(市場で取引きされた総売上額)**から**中間生産物の価額を差し引いた額**である。

② GDP には国および地方自治体の「経済活動」は，政府最終消費支出あるいは公的投資として算入されている。③この文章は論理的に成り立たない。この文章にあるように「利子・配当などで国外からの受け取りが国外への支払いよりも大きく」なれば，GDP よりも GNP の方が大きくなる。というのも，GDP と GNP には

> GNP ＝ GDP ＋海外からの所得の受け取り－海外に対する所得の支払い

という関係があるからである。④ GDP や GNP には，**輸出は加算されるが**

輸入は加算されない(控除される)。すなわち，輸出は，国内で生産されたものなのでGDPに加算され，また，自国民(居住者)が生産したものなのでGNPにも加算される。しかし輸入は，海外で生産されたものなのでGDPに加算されず控除されるし，また，外国人(非居住者)が生産したものなのでGNPにも加算されず控除される。なお，輸入が控除されるのは次の理由からである。輸入された財やサービスは，国内の経済主体(家計・企業・政府)によって，消費や投資のために購入される。そのため，その輸入額は，民間最終消費支出・政府最終消費支出・国内総資本形成のいずれかの中に算入され，その分，増加することになる。GNPやGDPという形で国民の生産活動や国内の生産活動の成果を示そうとする場合，日本の非居住者(外国人)の生産活動の成果あるいは日本国外での生産活動の成果である輸入による増加分は差し引く必要がある。これが輸入を控除する理由である。したがって，輸入はそれ自体ではGNPやGDPの増減に影響を与えない。

問3　　3　　①が正解。**海外から受け取った所得**とは，自国民(居住者)が海外の生産活動で得た所得のことである。例えば，海外で働いて得た**雇用者報酬**，保有する海外の株式・社債から得た**配当**や**利子**などのことである。これは，自国民の経済活動の成果なので，**GNPに算入される**が，海外での生産活動による付加価値なので，**GDPには算入されない**。したがって，海外から受け取る所得が増え，他の条件に変化がない，という条件の下では，**必ずGNPは増えるが，GDPは変化しない**。

　　②外資系の企業が国内で生産した価値総額は，国内での生産活動の成果なのでGDPに算入され，また，国内の外資系企業は居住者(自国民として扱われる経済主体のこと)となるため，それが生産した価値総額はGNPにも算入される。したがって，その価値総額が増加すれば，**GDPもGNPも増加する**。③上の**問2**の④の解説で述べたように，輸出品は国内で生産され，また，自国民が生産したものなので，**輸出額はGDPにもGNPにも算入される**。したがって，輸出額が増加し，他の条件に変化がない，という条件の下では，**GDPもGNPも増加する**。④無償のボランティア活動は，市場で取引されたものではないので，**GDPにもGNPにも算入されない**。

問4　　4　　④が正解。支出国民所得には，民間部門と政府部門の消費支出も投資も算入されるので，正しい記述である。支出国民所得は，需要側から捉えた国民所得である。すなわち，一国の国民が生産した財やサービスを，国内外で購入された需要面から計算したものである。需要は，投資と消費からなる。したがって，支出国民所得には，国内の政府や民間企業・家計が消費のために購入した財貨，投資のために購入した財貨が算入され，また外国人

が消費や投資のために購入した財貨が輸出として算入されている。

国民総支出(GNE)と国内総支出(GDE)の式を示しておこう。

> 国民総支出＝民間最終消費支出＋政府最終消費支出＋国内総資本形成＋
> 　　　　　　(輸出＋海外からの所得)－(輸入＋海外に対する所得)
> 国内総支出＝民間最終消費支出＋政府最終消費支出＋国内総資本形成＋
> 　　　　　　(輸出－輸入)

①GNPは総売上額(生産総額)から原材料や燃料などの**中間生産物の価額**を引いたものである。②**国民所得の三面等価の原則**から，生産国民所得，分配国民所得，支出国民所得は**同額**となる。したがって，生産国民所得が最も大きいという趣旨の記述は誤り。③地価の上昇分や株価の上昇分などの資産価格の上昇分も，また資産の売却益(キャピタルゲイン)も，国民所得統計に算入されない。

問5　　5　　④が正解。「実質経済成長率もマイナス」は実質経済成長率はプラスの誤り。名目経済成長率＞物価上昇率の場合，実質経済成長率は必ずプラスの値となる。この選択肢の記述には，名目経済成長率の「マイナス成長率よりも物価水準の下落率が大きければ」とあり，マイナス幅は物価上昇率の方が大きいので，この条件に合致する。このことを理解するためには，経済成長率の計算の仕方と，名目経済成長率，実質経済成長率，物価上昇率の関係の理解が必要である。名目および実質経済成長率，実質GDPは次の式で求められる。

> ・名目経済成長率(GDP)＝$\dfrac{\text{比較年の名目GDP}－\text{基準年の名目GDP}}{\text{基準年の名目GDP}} \times 100$
>
> ・実質経済成長率(GDP)＝$\dfrac{\text{比較年の実質GDP}－\text{基準年の実質GDP}}{\text{基準年の実質GDP}} \times 100$
>
> ・実質GDP＝$\dfrac{\text{名目GDP}}{\text{物価指数}} \times 100$

＊物価指数(デフレーター)…名目値を実質値に換算するのに用いられる物価指数で，基準年の物価水準を100とするものである。例えば，デフレーターが100の基準年に比べて20%物価が下落した場合の比較年のデフレーターは80と，10%物価が上昇した場合の比較年のデフレーターは110と表記される。

名目経済成長率が物価上昇率を上回る場合，実質経済成長率は必ず正の値となり，前年に比べて経済規模は拡大している。逆に名目経済成長率が物価上昇率を下回る場合，実質経済成長率は必ず負の値となり，前年に比べて経済規模は縮小する。

> 名目経済成長率＞物価上昇率⇒実質経済成長率は必ず正の値
> 　　　　　　　　　　　　　　　　　（前年に比べ経済規模は拡大）
> 名目経済成長率＜物価上昇率⇒実質経済成長率は必ず負の値
> 　　　　　　　　　　　　　　　　　（前年に比べ経済規模は縮小）

　それぞれ例を挙げて説明しよう。

　名目経済成長率＞物価上昇率の場合：名目経済成長率が10%，物価上昇率が5%(デフレーターは105)，基準年(前年)の名目GDPが400兆円とする。この場合，比較年(今年)の名目GDPは基準年に対して10%増し，すなわち1.1倍に拡大していることになるから，440兆円となる。比較年の実質GDPを求めると，440兆÷105×100≒419兆となる。実質経済成長率は(419兆－400兆)÷400兆×100＝4.75%となり，前年に比べ，約5%経済規模が拡大している。

＊基準年では名目値と実質値が等しいので，基準年では名目GDP＝実質GDPとなる。

　名目経済成長率＜物価上昇率の場合：名目経済成長率が5%，物価上昇率が10%(デフレーターは110)，基準年(前年)の名目GDPが400兆円とする。この場合，比較年(今年)の名目GDPは基準年に対して5%増し，すなわち1.05倍に拡大していることになるから，420兆円となる。比較年の実質GDPを求めると，420兆÷110×100≒381.8兆となる。実質経済成長率は(381兆－400兆)÷400兆×100＝－4.75%となり，前年に比べ，約5%経済規模が縮小している。

　簡便な別の方法を示そう。名目経済成長率，物価上昇率，実質経済成長率の関係を，次のような簡単な式で表すことができる。ただし，この式で求められる値は近似値でしかないことに注意しなければならない。

> 実質経済成長率＝名目経済成長率－物価上昇率

　この問題では，「(名目経済成長率の)マイナス成長率よりも物価水準の下落率が大きければ」という条件なので，(例えば，名目経済成長率が－5%，物価上昇率が－8%のように)名目経済成長率＞物価上昇率ということになる。したがって，この場合，実質経済成長率は必ず正(プラス)の値となり，前年に比べ経済規模は拡大する。

　①**後発開発途上国**(LDC)とは，国連開発政策委員会が認定した基準に基づき，国連が認定するもので，特に開発の遅れた国のことをいう。一人当たりGNI(国民総所得)や，栄養不足人口の割合・5歳以下乳幼児死亡率・中等教育就学率・成人識字率を指標化したHAI(Human Assets Index)などを

基準に，当該国の同意を得て国連総会の決議により，後発開発途上国と認定される。**② NNW は国民純福祉**と訳され，GNP や NNP が必ずしも国民の豊かさを表すわけではない，という考えのもとに，それを修正して国民の豊かさを表そうとした指標である。例えば，国民の豊かさにとってマイナスである公害に関してはその防除費用を差し引き，国民の豊かさにとってプラスである余暇などを貨幣価値に換算して算入するなどして求めたものをいう。**③**所得水準が高いほど，消費支出に占める食費の割合(**エンゲル係数**)は低いと考えられている。これを**エンゲルの法則**という。

3 ― 14 産業構造

解答　　6　　②　　　7　　③

問6　　6　　**②**が正解。1970 年代の石油危機の後，製造業では，鉄鋼や石油化学などの**素材産業**に代わって，**加工組立型産業**が主力産業になった。
　　①軽工業から**重化学工業への転換**の時期が誤り。この転換は，1950 年代半ばに始まった**高度経済成長期**に見られた。**③**前半部分の農業人口の割合の低下についての記述は正しいが，後半の兼業農家の比率が激減は誤り。**兼業化が進行**しその比率は上昇した。**④**前半の**経済のサービス化**が進展したという記述は正しいが，後半の産業の高度化が妨げられたという記述は誤り。経済のサービス化も産業の高度化の一つである。なお，経済のサービス化とは，サービス業などの第三次産業の経済に占める比重が高まることをいう。

問7　　7　　**③**が正解。石油危機後，日本の産業構造は，鉄鋼や造船などの**重厚長大型産業**から家電・エレクトロニクス産業などの**軽薄短小型産業へと転換**していった。したがって，「産業の中心が軽薄短小型産業から重厚長大型産業へ変化した」という記述は誤り。
　　①一般に，経済が発展するにつれて，農林水産業などの第一次産業は衰退し，製造業などの第二次産業，そして，サービス業などの第三次産業の経済に占める比重が高まる。これを**産業構造の高度化**，あるいは，発見者の二人の名にちなんで**ペティ・クラークの法則**という。日本でも，高度経済成長期にその傾向が顕著に見られた。**②**製造業について見ると，高度経済成長期以前は，繊維産業などの**軽工業**が日本経済をけん引してきたが，高度経済成長期に入ると，造船，鉄鋼，石油化学などの**重化学工業**が日本経済をけん引するようになった。軽工業から重化学工業へと経済に占める比重が移行することも，産業構造の高度化と呼ぶことがある。**④** 1970 年代半ば頃に，就業者

数に占める第三次産業の割合が5割を超えるなど，日本でも経済のサービス化が進展していった。上の**問6④**の解説を参照のこと。

3－15 景気変動と物価

問8　8　②が正解。デフレーションからの脱却のために，日本銀行は1990年代末から市中銀行に資金を大量に供給する金融緩和策を実施してきた。当初は，銀行間の短期金融市場(コール市場)の無担保コール翌日物金利を実質的にゼロに誘導する**ゼロ金利政策**が採用され，その後，一層の金融緩和を図るために，日銀当座預金残高に誘導目標を置く**量的緩和政策**が実施された。

①不況下でインフレーション(物価の持続的上昇)が進行するという物価現象は，「デフレスパイラル」ではなく**スタグフレーション**と呼ばれる。**デフレスパイラル**は景気悪化とデフレーション(物価の持続的下落)の悪循環のことである。1970年代の第一次石油危機後，日本やアメリカはスタグフレーションに見舞われた。③「コンドラチェフ」を**クズネッツ**に直せば正しい文になる。**コンドラチェフの波**は**技術革新**によって生じる景気変動(景気循環)をいう。④「金融緩和政策」を**金融引締め政策**に直せば正しい文になる。1989年5月以降，日本銀行は公定歩合(現在の基準割引率および基準貸付利率)を引き上げるなど，金融引締め政策を実施した。

問9　9　①が正解。第二次世界大戦直後のインフレーションについての記述として正しい。「物資の不足」に加え，1947年から始まった**傾斜生産方式**の財源が復興金融金庫債の日本銀行引受けによるものだったため，通貨の大量発行につながり，**インフレーションが一層高まった**(復金インフレ)。

②「円高不況に対してとられた対策」として，「金融緩和策」は正しいが「地価抑制策」は誤りである。**円高不況への対応としてとられた政策**として，日本銀行は，内需の拡大を図るため公定歩合(現在の基準割引率および基準貸付利率)を引き下げるなどの「**金融緩和策**」を実施した。他方，「地価抑制策」は，「円高不況」を乗り越えた後のバブル期において，急騰した地価対策としてとられた措置である。バブル期の地価抑制策の具体例としては，上の**問8**で触れた1989年半ば以降の公定歩合の引上げ(金融引締め策)，金融機関に対する土地関連融資の抑制を図る**総量規制**の導入(1990年)，**地価税**の創設(1991年創設，92年に施行)がある。これらの政策がバブル経済を崩

壊に導いた。③「キチン」はジュグラーの誤り。**キチンの波は，在庫投資の**変動などによって生じる周期が**約40か月の景気循環**である。④「需要の増加」は需要の減少あるいは景気悪化の誤りである。**デフレスパイラルは，上**の**問8の①の解説で述べたように，デフレーションと景気悪化の悪循環**のことである。

step 2

解答	10	③		11	④		12	④

問1　　10　　③が正解。

　　A～Cについて解説する前に，基本的なことを確認する。GDP（国内総生産）は，居住者（6か月以上日本に滞在している外国人を含む）であるか非居住者であるかを問わず，国内で生産された付加価値の合計額を示している。

　　A：含まれる。日本球団がアメリカ人選手に支払った年俸は，日本の居住者が**日本国内で生産した付加価値**に対する対価であるので GDP に含まれる。

　　B：含まれない。日本人アーティストがイギリスで行ったコンサートの興行収入は，**海外で生産した付加価値**なので GDP には含まれない。

　　C：含まれる。日本旅館が外国人観光客から受け取った宿泊料はサービスの輸出に該当し，**日本国内で生産した付加価値**なので GDP に含まれる。

　　以上のことから，組合せとして最も適当なものは③となる。

問2　　11　　④が正解。**景気の自動安定化装置（ビルトイン・スタビライザー）**の役割を担う制度には，所得税の**累進課税制度**と**社会保障制度**がある。

　　①「コンドラチェフの波」は，**技術革新**によって起こる。「**在庫投資の変動**」によって起こる景気変動は**キチンの波**である。②「ジュグラーの波」は，**設備投資**の変動によって起こる。「建設投資の変動」によって起こる景気変動は**クズネッツの波**である。③「景気が悪いときに行われる裁量的財政政策」は財政支出（政府支出）の増大である。「政府支出の削減」は，景気過熱を抑制するために行われる裁量的財政政策である。

問3　　12　　④が正解。物価変動率を見ると，1960年代は6パーセント前後で推移し，1970年代は6パーセントを超えることもしばしばであった。それに対し，2001年から2018年まででは6パーセントを超えることはなかった。

　　①「実質 GDP は減少していったと判断される」は誤り。1961年から

1969 年までの実質経済成長率はプラスで推移していることから，この間の実質 GDP は一貫して増加していることが分かる。②「実質 GDP の減少」は誤り。1975 年から 1979 年までの実質経済成長率はプラスで推移していることから，この間の実質 GDP は一貫して増加していることが分かる。③「物価の下落が継続したと判断される」は誤り。1992 年から 1999 年までの物価上昇率を見ると，プラスである年が多い。プラスは物価上昇を意味するので，下落が継続というのは誤りとなる。

第 5 節：日本経済の発展

step 1

・・・・・・・・・・・・・・・・・・・・

3 ― 16 高度経済成長期

解答　　1　　④　　　　2　　④　　　　3　　③

問 1 　　1　　④が正解。高度経済成長期には，消費ブームが生じた。高度経済成長期の前半には**三種の神器**(白黒テレビ，電気冷蔵庫，電気洗濯機)，後半には**3 C**(クーラー[エアコン]，乗用車[カー]，カラーテレビ)が家庭に普及した。

　①「第三次産業」は**石炭・鉄鋼業**などの**基幹産業**の誤り。傾斜生産方式は，1947 年から実施された日本経済の復興政策である。政府は，石炭や鉄鋼などの基幹産業の復興が日本経済復興のカギを握ると考え，基幹産業に重点的に融資を行うなどしてその優先復興を図った。②「経済安定 9 原則」は国民所得倍増計画の誤り。**国民所得倍増計画**は 1960 年に池田内閣が策定した。一方，**経済安定 9 原則**は，1948 年に日本経済の安定・自立化のために GHQ(連合国軍総司令部)が発した指令で，**均衡財政，徴税強化**などを内容としていた。この原則は翌年の**ドッジ・ライン**や**シャウプ税制改革(シャウプ勧告)**に引継がれた。③「物価が下落」は物価が上昇の誤り。スタグフレーションとは，経済が停滞している状況下で物価が上昇する経済現象をいう。1973 年の**第一次石油危機**をきっかけとして，日本経済は**スタグフレーション**に見舞われた。

問 2 　　2　　④が正解。高度経済成長期(1950 年代半ばから 1973 年頃まで)は東西冷戦期(1940 年代後半から 1990 年代初め頃まで)に当たり，日本はこの時期，東側(社会主義)陣営の中国やソ連とそれほど貿易を行っていない。その点から「石炭，鉄鉱石などの安価な資源が，…中国，ソ連から大量に輸入」という記述は誤りであると判断できる。

　①高度経済成長期には，民間企業が活発に設備投資を行った。それに必要な資金は，**国民の貯蓄率が高かった**こともあり，主に，**間接金融**(銀行からの借入れ)によって賄われた。②高度経済成長の要因の一つに，港湾などの生産関連社会資本の優先整備のほか，低金利政策，租税特別措置法など，政府の産業支援策があった。③高度経済成長の要因の一つに，アメリカなどから**新技術を積極的に導入**し技術革新を図ってきたことがあげられる。

問3　**3**　③が正解。「この資金の大部分は外国資本の導入によって調達された」という記述が誤り。この資金の大部分は国内における**間接金融**を通じて調達された，というのが正しい。高度経済成長期に，民間企業は**設備投資**を活発に行った。投資に必要な資金が企業内部で賄えない場合には主に**銀行からの借入れ**という形で調達された（間接金融）。前の**問2**で述べたように，銀行が積極的に民間事業会社に融資を行うことができたのは，**国民の貯蓄率が高く**，銀行に豊富な手元資金があったためである。しかしながら，この時期の民間事業会社の投資意欲が旺盛であったため，銀行が資金不足に陥ることもあった。そうした場合には，日本銀行が銀行に追加資金の供給を行った。

①高度経済成長期には，繊維産業などの**軽工業**に代わって，鉄鋼，造船，石油化学などの**重化学工業**が日本経済をけん引するようになった。②高度経済成長期の前半には白黒テレビ，電気冷蔵庫，電気洗濯機の**三種の神器**，後半にはクーラー（エアコン），乗用車（カー），カラーテレビの**3C**が消費者の憧れの商品となり，普及した。その一方で**四大公害**（水俣病・新潟水俣病・イタイイタイ病・四日市ぜんそく）**裁判**も始まった。④高度経済成長の要因の一つに**豊富で質の高い労働力**の存在があげられる。毎年春になると，農村部から中学や高校を卒業したばかりの数多くの若者が就職のために都市部に出てきた。

3－17 プラザ合意とバブル経済

解答　**4** ③　　**5** ④　　**6** ①　　**7** ③

問4　**4**　③が正解。1985年の**プラザ合意**の後，急速に**円高**が進んだ。円高は，日本の輸出品のドル建て価格（ドルで表示した価格）を上昇させる。例えば，1ドル＝200円から1ドル＝100円へと円高が進めば，1万円の輸出品のドル建て価格は，輸送費用などがないものと仮定すると，50ドル（10000÷200＝50）から100ドル（10000÷100＝100）へと上昇する。そのため，輸出企業にとって輸出競争力の低下につながり打撃となる。そうしたこともあり，円高は，日本経済の停滞の要因となった（**円高不況**）。

①この文章は論理的に成り立たない。円高が進めば，輸入品の円建て価格は低下する。例えば，1ドル＝200円から1ドル＝100円へと円高が進めば，100ドルの輸入品の円建て価格は，2万円（200×100＝20000）から1万円（100×100＝10000）へと低下する。②プラザ合意以降に経常収支（暦年と年度のいずれにおいても）が赤字となったことはない（2023年3月現在）。した

がって，「日本経済は経常収支の赤字に苦しむ」という記述は誤り。そもそも「外資の流入」分は，直接投資あるいは証券投資として金融収支(旧統計では資本収支)に計上されるものであって，経常収支に直接影響を与えるものではない。④設問文にある「プラザ合意が日本経済に与えた影響」という点からすると，プラザ合意後の円高は，「高度成長」をもたらしたのではなく，**円高不況**をもたらした。したがって，この記述は誤り。また，円高不況を乗り越えた後の日本経済を見ても，1980年代後半から90年代初頭にかけて，いわゆる**バブル経済**が到来し，活況を呈したが，この間の実質経済成長率は3〜6％ほどで推移しており，年平均の実質経済成長率が10％を超えていた高度経済成長期に比べればそれほど高くはない。

問5　　5　　④が正解。「赤字国債の発行を積極的に拡大した」という記述が誤り。1980年代に入ると政府は行財政改革を推進し，**「増税なき財政再建」**を目指した。1980年代後半からバブル景気も始まり，税収も増加したため，国債発行額は年々減少し，**1990年代前半の一時期赤字国債の発行はゼロ**となった。

　①バブル期には，本業とは直接関連のない土地や株式に投資して利益を上げようとする**財テク**が企業の間でブームとなった。②土地や株などの資産価値の上昇は，消費熱をあおった。なお，このように保有資産の価値の増加が支出拡大を生むという効果を**資産効果**という。③**消費税の導入はバブル経済期**(1980年代後半から1990年代初頭)に当たる**1989年**のことで時期として適当であるし，また，消費税は，税収の面では，法人税や所得税などの直接税よりも景気変動の影響を受けにくいといわれているので，後半部分の記述も適当である。

問6　　6　　①が正解。バブル経済期に拡大した不動産向け融資が，バブル経済崩壊後に大量に**不良債権化**し，銀行の経営を圧迫した。この間の事情を詳しく解説しよう。1980年代半ばの円高不況の下で，日本銀行は**超低金利政策**を採用した。余剰資金を抱えた企業や家計は，当時価格が上昇傾向にあった土地や株式への投機に走った。銀行もこの資金需要に応えて企業などに積極的に融資を行った。しかし，1990年代初めには地価・株価が下落してバブル経済は崩壊し，その後長期にわたる景気の低迷が続いた。そのため，返済が滞る債権が多くなるとともに，土地の担保価値も減少したため，銀行は大量の不良債権を抱えることになった。

　②「プラザ合意以降の急激な円安」が誤り。1985年の**プラザ合意**以後は**円高**が急速に進行した。③地価の下落の要因を「急速な円高による輸入品価格の下落」としている点が誤り。地価が下落する直接的な契機となったのは，

日本銀行の金融政策の転換にある。それまで日本銀行は**金融緩和政策**，具体的には，公定歩合(現在の基準割引率および基準貸付利率)を低い水準に維持する低金利政策を続けていた。その金融緩和政策を見直し**金融の引締め政策へと転換**した。具体的には，公定歩合を段階的に引き上げたのである。これがバブルの崩壊のきっかけとなったといわれる。バブルが崩壊した要因としては，そのほかに不動産融資の総量規制や地価税の導入も指摘されている。④「高価格の消費財への需要は低下した」というのは誤り。バブル期は，**地価や株価の高騰**により資産が増え，それが消費熱をあおった。ブランド品，高級乗用車などの「高価格の消費財」が売れ，話題となった。

問7　　**7**　③が正解。年平均の「戦後最悪の失業率」とは**2002年の5.4%**のこと。こうした中，政府は構造改革を推進するなど，規制緩和を進めた。

　①「経常収支……は，赤字に転落した」というのは誤り。日本は，**財政は大幅な赤字**であるが，**経常収支**は，1960年代半ば以降，**黒字基調**にある。ちなみに，バブル経済期以降は一貫して黒字である(2023年3月現在)。②「実質経済成長率は戦後初めてマイナスを記録した」という記述は誤り。**戦後初のマイナス成長は1974年**のことである。④「終身雇用制へ移行させた」という記述が誤り。早期退職優遇制度を導入したり出向を拡大させたりするなど，バブル経済崩壊後，終身雇用制を見直す企業が増えた。

step 2　　· ·

| 解答 | **8** | ④ | **9** | ① | **10** | ② |

問1　　**8**　④が正解。

　Aに当てはまるのは，イの「傾斜生産方式」である。資料文で，「計画化の基本的対象」を「鉄鋼，石炭……等基礎物資の需給と事業資金の供給」としていることから傾斜生産方式と判断できる。**傾斜生産方式**は，鉄鋼や石炭などの**基幹産業の重点復興**を図ろうとする戦後復興期の政策である。政府系金融機関である**復興金融金庫**が，基幹産業に優先的に融資を行った。アの「シャウプ勧告」は，日本の税制改革を内容とするものなので，空欄に当てはまらない。ウの「量的緩和政策」は，2000年代に入ってから行われた日本銀行の金融政策なので，戦後復興期の政策に該当しない。

　「傾斜生産方式」は，第二次世界大戦で壊滅的な打撃を受け，「原料も外貨」も不足していた状況の下で，日本経済の立て直しを図るために採用された政策である。したがって，その背景としてはbが適切である。

以上のことから，組合せとして最も適当なものは④となる。

問2　┃9┃　①が正解。経済成長という視点から見た1980年代の日本の経済状況は，前半と後半で大きく異なる。80年代前半は第二次石油危機（1979年）の影響により低水準で推移した。1985年の**プラザ合意**で円高が進み，景気が後退した（**円高不況**）。日本銀行の低金利政策などもあり，1986年頃から景気が回復し，**バブル経済期**に入った。この景気は1990年代初めまで続いた。以上の特徴を示しているグラフは①である。

　②グラフを見ると，「0」年が10％をやや超える水準にあり，「4」年が**マイナス成長**となっている。以上のことから，**1974年に戦後初のマイナス成長**に陥り，高度経済成長期から安定成長期に移行する1970年代と分かる。③「0」年の経済成長率は6％近くあったが，その後低下傾向を示し，「8」年にはマイナス成長となっている。以上のことから1990年代と分かる。1990年代前半の低下傾向の部分はバブル崩壊後の状況を示している。2000年代も「8」年に大きく景気後退したが，2000年代の経済成長率は全般に低水準で推移した。この点から，「0」年が6％近くある③は2000年代ではないと分かる。④10％を超える年が多く見られるので，高度経済成長期の1960年代と分かる。「4」年から「5」年にかけての低下は，**昭和40年不況**（1965年）を示している。⑤経済成長率が全般に低い水準で推移し，「9」年が大幅なマイナス成長となっている。ここから2000年代と分かる。「9」年のマイナス成長は，2008年の**リーマンショック**の影響である。

問3　┃10┃　②が正解。**ウ**に，「円高が進行した結果……日本国内の景気が低迷した」とあるプラザ合意後の**円高不況**に対処するため，日銀は**イ**にあるように，「**低金利政策**」（現在，基準割引率および基準貸付利率と呼ばれている公定歩合の水準を引き下げる政策）を採用した。この政策の下で生じた余剰資金が株式投資や不動産投資に振り向けられ，**オ**にあるように，「**株式や不動産相場は……高騰**」した。しかしその後，**エ**にあるように，日銀の「**政策金利**（当時は公定歩合）**の引上げ**」などにより「**株式相場は急落**」した。そして，**ア**にあるように，不動産価格も下落し銀行は**大量の不良債権**を抱えるようになり経営が悪化し，「**貸し渋り**」を行うようになった。

第6節：中小企業・農業問題

step 1

3 − 18　中小企業問題

解答　　1　　①

問1　　1　　①が正解。**ベンチャービジネス**とは，大企業が参入をためらうような分野に冒険的に参入する研究開発型の中小企業をいう。先端技術産業分野で活躍しているベンチャービジネスは少なくない。

②大企業と中小企業の間には，一人当たりの有形固定資産額（**資本装備率**）や**労働生産性**（**付加価値生産性**），**賃金**において格差がある。こうした生産性や賃金の面で優れた少数の大企業と，その面で劣る多数の中小企業が併存する日本経済の特質は，**経済の二重構造**と呼ばれてきた。③製造業，卸売業，小売業ではその**事業所数**の**99%**ほどが中小企業である。④中小企業も金融機関からの融資を受けているわけだから，金融の引締めの影響は少なからず受ける。この選択肢で述べられている「金融引締め」の状況とは異なって金融の緩和の時期であったが，バブル崩壊後，銀行による「**貸し渋り**」で苦境に陥っている中小企業が少なくなかったということを想起すれば，中小企業も，資金面で金融機関に大きく依存していることが分かるであろう。

3 − 19　農業問題

解答　　2　　②

問2　　2　　②が正解。1999年に制定された**食料・農業・農村基本法**（新農業基本法）は，**食料の安定供給の確保**，**多面的機能の発揮**，**農業の持続的な発展**，**農村の振興**の四つを基本理念としている。そのうち，多面的機能の発揮とは，農業の生産活動が行われることにより生じる食料の供給機能以外の機能のことで，国土の保全，水源のかん養，自然環境の保全，良好な景観の形成，文化の伝承などのことをいう。

①**食糧管理制度**（1942年創設）は，**食糧法**（主要食糧の需給及び価格の安定に関する法律）の施行により1995年に**廃止**された。③「2000年代に入ってからは増加」というのは誤り。ほぼ横ばいの水準にある。**農業の国内総生産**

(GDP)に占める比率は，1960年には9％近くあったが，1990年には2％を割り込み，2000年初めに1.0％の水準まで低下し，その後，現在に至るまで1.0％の水準で横ばいで推移している。④中山間農業地域では，耕作放棄地が増加している。

3 - 20 農産物問題

解答 ３ ③ ４ ①

問3 ３ ③が正解。日本は，2001年に，シイタケ，ネギ，イグサ製の畳表に関して，**セーフガード（緊急輸入制限措置）**の暫定発動を行ったことがある。セーフガードとは，輸入の急増により，国内生産者に大きな経済的打撃が生じる場合，高関税を賦課するなどして，輸入を制限する措置のことをいう。WTO（世界貿易機関）は，一定の条件の下で，自由貿易の例外的な措置としてセーフガードの発動を認めている。

　①日本は，1980年代にアメリカとの間で**牛肉・オレンジ**の輸入自由化に合意し（1988年），1991年からその自由化を開始した。② GATT の最後の多角的貿易交渉となったウルグアイ・ラウンドの農産物交渉で，**例外なき関税化（非関税障壁の関税化）**が決定された。④ GATT のウルグアイ・ラウンドの合意で，日本はコメに関して**ミニマム・アクセス**を受け入れ，1995年からミニマム・アクセスによる輸入を開始した。そして1999年からは**コメの関税化**を実施した。

問4 ４ ①が正解。日本の食料自給率については，低いものとして，**穀物（約30％）**，**大豆（約5〜10％）**，**小麦（約10〜15％）**を，高いものとして，**米（約95％）**と**鶏卵（約95％）**を，そして総合的なものとして，**供給熱量自給率（約37〜40％）**を押さえておこう。また，食料自給率の国際比較では，**アメリカとフランス**に注目しよう。両国とも農業大国であり，農産物の輸出国家である。そのため，**穀物自給率や総合自給率（供給熱量自給率）が100％を超えている**。これらの点を踏まえて考えると，「穀物」と「総合」（供給熱量自給率）の値からAが日本，「穀物」と「総合」がともに100％を超えていることからBあるいはDがアメリカあるいはフランスであると判断できる。選択肢の並びから正解は①と分かる。

step 2

· ·

解答	5	⑤	6	⑥	7	②

問1　　5　　⑤が正解。

　X：正文。1994年に制定された**食糧法**(主要食糧の需給及び価格の安定に関する法律)の施行(1995年)により，**食糧管理法**が廃止され，コメの生産，価格，流通に関する規制が緩和された。

　Y：誤文。減反政策が維持されているという記述は誤り。1970年頃に始まった**減反政策は2018年度から廃止**された。減反とは，コメの作付面積を減らすための生産調整のことである。

　Z：誤文。コメの関税化が行われていないとする記述は誤り。コメに関しては，GATT(関税と貿易に関する一般協定)のウルグアイ・ラウンドの合意に基づき，1995年から部分開放が行われ，国内消費量の一定割合が輸入されてきた(**ミニマム・アクセス**)。1999年には**コメの関税化が開始**され，国際的な輸入義務となっているミニマム・アクセスを超えた部分(国内消費量の7.2パーセント)についても，関税を払えば輸入できるようになった。

　以上のことから，組合せとして最も適当なものは⑤となる。

問2　　6　　⑥が正解。

　X：誤文。総農家数は，減少傾向にある。1995年には販売農家と自給的農家を合計した総農家数は344.4万戸であったが，2020年には174.7万戸となり，ほぼ半減した。Y：正文。日本では，牛肉とコメに関して**トレーサビリティ制度**(トレサビリティ・システム)が法制化されている。これは，食品の安全性を確保するため，食品の流通経路を，その生産段階から最終消費段階あるいは廃棄段階まで追跡が可能な状態にしておくシステムをいう。

　Z：誤文。食料自給率(カロリーベース)は，アメリカやフランスは100%を超えているが，日本は40%ほどで，先進国の中で低い水準にある。

問3　　7　　②が正解。食料・農業・農村基本法の内容として正しい。**食料・農業・農村基本法**は，農業基本法(1961年制定)に代わる，農政の基本理念や政策の方向性を示す新たな基本法として1999年に制定された。同法は，(1)食料の安定供給の確保，(2)農業の有する多面的機能の発揮，(3)農業の持続的な発展と，(4)その基盤としての農村の振興，を理念として掲げている。

　①は**イ**に当てはまる。③は**ア**に当てはまる。④は**エ**に当てはまる。

第7節：国民生活の諸問題⑴　公害問題，都市問題

step 1

3 － 21　公害問題

解答　| 1 | ④ 　　| 2 | ③

問1　| 1 |　④が正解。**グリーン購入法**は，国・地方自治体・独立行政法人などの公的機関に対して環境に配慮した商品の購入の推進を義務づけ，民間事業者や国民にもできる限りそうした商品の選択を求めている。

　①**環境アセスメント（環境影響評価）法**が制定されたのは1997年のことである。高度経済成長期は1950年代半ばから1973年頃までの時期をいう。したがって，高度経済成長期に環境アセスメント法が制定されたという記述は誤り。②**公害対策基本法**は，1967年に制定されたもので，高度経済成長に伴って深刻化した公害を背景として制定された法律である。再生資源利用促進法（1991年制定，2000年に改正され，資源有効利用促進法と改名）など，「循環型社会の形成に向けた」法制度の整備は，主に1990年代に入ってから行われた。③このような法的義務づけはない。

問2　| 2 |　③が正解。Aは，**直接規制的手法**と呼ばれ，社会全体として守るべき環境基準や目標を法令で示し，それに違反する行為に対しては罰則などの社会的制裁を科すことにより，政策目標を達成しようとする手法である。これに該当するのは，**ア**と**ウ**である。**ア**では，「排出基準」の設定・違反者に対する「改善命令」という措置を通じて政策的に誘導しようとしている。**ウ**では，「許可」制という規制を設けることで，政策的に誘導しようとしている。それに対し，Bは，**経済的手法**と呼ばれ，行為者の環境保全への取組みに経済的インセンティブ（誘引，動機づけ）を与えて，経済合理性をもった行動を誘導することにより，政策目標を達成しようとする手法である。これに該当するのは，**イ**である。**イ**では，「減税」政策を講じることで政策的に誘導している。

　以上のことから，組合せとして最も適当なものは③となる。

3 − 22 都市問題

解答　　3　①　　　　4　③

問3　　3　　①が正解。1980年代から90年代前半の日米経済摩擦をめぐる日米交渉の中で，アメリカは，日本の貿易黒字の削減のために，日本に対し，公共投資の拡大など，**内需拡大を要求**した。

　　②道路などの社会資本は，通常，財政資金で建設・維持され，原則としてその利用者から料金を取ることはない。③④社会資本は，従来，とりわけ高度経済成長期には，「生活関連中心」ではなく生産関連中心に整備されてきた。そのため，下水道の普及率や一人当たりの都市公園面積について欧米の先進諸国と比べると，日本は現在でも見劣りする。

問4　　4　　③が正解。設問文の「既存の都市基盤のままで」という部分に注意しよう。①の「道路を…拡幅する」，②の「自動車専用道路を建設する」，④の「鉄道網を拡張する」はいずれも既存の都市基盤を改良している。それに対し，③は既存の都市基盤はそのままで，新たに税金を賦課することで交通混雑緩和を図っている。

step 2

Ⅰ　解答　　5　⑥

問1　　5　　⑥が正解。

　　循環型社会形成推進基本法は，循環型社会を推進するための施策の優先順位を次のように規定している。優先順位の高い順に，**リデュース（廃棄物の発生抑制）**，**リユース（再使用）**，**リサイクル（再生利用）**，熱回収，適正処分である。すなわち，3Rの優先順位は，リデュース，リユース，リサイクルの順となる。設問で示されている「ヤマダさんの発表内容」の**ア〜エ**をこの優先順位と照らし合わせてみる。

　　ア：食品トレーを新たに加工してプラスチック製品として再生利用しているので，リサイクルに該当する。

　　イ：「埋め立てる」とあるので，適正処分に該当する。

　　ウ：「利用量を削減する」とあるので，リデュースに該当する。

　　エ：「何度も使用する」とあるので，リユースに該当する。

以上のことから，最も適当なものは⑥となる。

Ⅱ 解答 | 6 | ⑦

問2 | 6 | ⑦が正解。

X の「生活の向上を主な目的とする社会資本」は**生活関連社会資本**と呼ばれ，Y の「経済の発展を主な目的とする社会資本」は**生産関連社会資本（産業関連社会資本）**と呼ばれる。

ア：a は Y の生産関連社会資本の具体例であり，b は X の生活関連社会資本の具体例である。**イ**：a は Y の生産関連社会資本の具体例であり，b は X の生活関連社会資本の具体例である。**ウ**：a は X の生活関連社会資本の具体例であり，b は Y の生産関連社会資本の具体例である。

この設問は，X に当てはまるものの組合せを問うている。X に当てはまる具体例の組合せは，**ア**－b，**イ**－b，**ウ**－a ということになる。

以上のことから，組合せとして最も適当なものは⑦となる。

Ⅲ 解答 | 7 | ②

問3 | 7 | ②が正解。

ア：提示された**観点**に基づく取組みである。「地域住民が……民間資本を有効活用する……プロジェクトを中心としたソーシャル・ビジネスを起業する」取組みは，「地域住民が……自ら発案し，自己の能力をいかしてまちづくりの担い手」となろうとする**観点**と整合的である。

イ：提示された**観点**に基づく取組みである。「商店街内に居住する民間事業者が……自己資金で……レストランを営み，地域住民の交流の場として提供する」という取組みは，「地域住民が……自ら発案し，自己の能力をいかしてまちづくりの担い手」となろうとする**観点**と整合的である。

ウ：提示された**観点**に基づく取組みとはいえない。「自治体の取組みをそのまま受け入れ，補助金を申し込む」というのは，「自治体が主導する政策に頼る」ものなので，「地域住民が……自ら発案し，自己の能力をいかしてまちづくりの担い手」となろうとする**観点**と整合的ではない。

以上のことから，組合せとして最も適当なものは②となる。

第8節：国民生活の諸問題(2)　労働問題，社会保障問題

step 1

3 − 23　労働問題

解答	1	①	2	①	3	③	4	②
	5	②						

問1　**1**　①が正解。**労働基準監督署**に関する正しい記述である。
②「労働関係調整法」が不適当。正しくは**労働契約法**である。労働契約法には，5年を超えて有期雇用を更新された労働者は，無期雇用への転換を求めることができると規定されている。③「違法」は不適当。2003年の労働者派遣法の改正により，**製造業務への派遣が解禁**された。④労働審判制度は，例えば，賃金の不払いをめぐる労働者個人と使用者との争いのような**個別的労働関係の民事紛争を解決する**ための制度である。不当労働行為をめぐる労働組合と使用者との間の労働紛争のような集団的労働関係の民事紛争を取り扱うものではない。

問2　**2**　①が正解。
ア：正文。2006年に改正された**男女雇用機会均等法**では，事業主に対して，**セクシュアル・ハラスメント防止措置義務**を課している。
イ：正文。男女雇用機会均等法に基づき，厚生労働大臣は必要と認められる場合に勧告等を行うことができ，事業主がその勧告等に従わなかった場合，その旨の**公表**を行うことができる。
ウ：正文。男女雇用機会均等法は，**妊娠，出産を理由とする不利益取扱いを禁止**している。
以上のことから，組合せとして最も適当なものは①となる。

問3　**3**　③が正解。**裁量労働制**とは，業務の遂行に関して労働者の裁量にゆだねる制度で，労働時間は，実労働時間ではなく労使協定などによりあらかじめ定められた労働時間(みなし労働時間)で計測する労働制のことをいう。裁量労働制は，1987年の労働基準法の改正により初めて導入された。1987年改正時のこの制度の対象は，研究開発の業務など専門性の高い業務に従事する労働者に限定されていた。しかしその後，1998年の労働基準法の改正で，企画や立案にかかわる一般事務職も対象に含まれるようになり，**対象業務は拡大**されてきた。

　①「原則として禁止されている」が誤り。かつての労働基準法は，「事業者は満18歳以上の女子を午後10時から午前5時までの間において使用してはならない」と定め，女性に対する深夜労働を禁止していたが，1997年の労働基準法の改正により，この規定は削除され，女性に対する**深夜労働規制は廃止**された。②「労働関係調整法」が誤り。不当労働行為を禁止している法律は**労働組合法**である。④「年功序列型賃金」の定義が誤り。**年功序列型賃金**は，仕事の成果に基づいて賃金を決める賃金体系（成果主義型賃金体系）ではなく，勤続年数に応じて賃金が上昇する賃金体系である。この賃金体系は高度経済成長期に大企業を中心にして形成されてきたが，1990年代初めに起こったバブル崩壊後，年功序列型賃金に代わり成果主義型賃金体系を取り入れる企業が増えた。

問4　　4　②が正解。問3の③の解説を参照のこと。

　①日本の一人当たり年間総労働時間は，**ドイツやフランスを大きく上回る**。③「低い状態」は高い状態の誤り。2022年の完全失業率（年平均）を見ると，全年齢層では2.6%，15歳から24歳は4.4%，25歳から34歳は3.6%，35歳から44歳は2.4%，45歳から54歳は2.1%，55歳から64歳は2.5%，65歳以上が1.6%であり，**若年層の失業率が高い傾向**にある。④問1の③の解説で述べたように，2003年の労働者派遣法の改正で派遣対象業務が拡大され，**製造業務**についても派遣できるようになった。労働者派遣法の制定（1985年）当初，派遣対象業務は，専門性の高い職種に限定されていたが，1999年の同法の改正により，原則自由化され，2003年の同法の改正により，製造業務への派遣も可能となった。

問5　　5　②が正解。日本では，女性の場合，20代後半から30代前半にかけて，結婚や出産を機に退職する女性が少なくなく，その年齢層の労働力率が低下する傾向が見られた。そのため，女性の年齢階級別労働力率をグラフにすると，その形状はアルファベットのMに似たものになり，**M字型**と呼ばれてきた。近年この傾向に変化が見られ，Mのくぼみが浅くなってきた。このことを知っていれば，女性の年齢階級別労働力率のグラフを古い順に並べると，D→C→Bとなると判断できる。男性の場合，M字型の傾向はないので，Aが2019年の男性となる。なお，労働力率とは，15歳以上人口に占める労働力人口（15歳以上人口のうち就業者〈休業者を含む〉と完全失業者を合計した人口）の比率のことである。

3 － 24　社会保障問題

問6　　6　　⑤が正解。

　ア：世界で初めて「**人間たるに値する生存（生活）**」という**生存権**を保障した憲法は，1919年に制定された**ドイツのワイマール憲法**である。

　イ：**ベバリッジ報告**（1942年）は，第二次世界大戦後のイギリスの社会保障の原型を示した報告書である。

　ウ：**ニューディール政策**は，1933年にアメリカ大統領に就任したF.ローズベルト（在任1933～45）が推進した政策である。

　以上のことから，組合せとして最も適当なものは⑤となる。

問7　　7　　④が正解。まず，社会保障の4本柱と呼ばれている制度の目的と財源を確認しよう。

　公的扶助：生活困窮者に対して**文化的な最低限度の生活の保障**を目指す救貧制度で，財源は**全額公費**である。

　社会保険：**疾病**，**老齢**，**失業**，**労災**，**介護**などによる生活破綻（しっぺい）を防ぐ防貧制度で，原則として，財源は**被保険者と使用者が負担する保険料**と，**公費**である。

　社会福祉：児童や老人など，**社会的弱者への支援**を目的とするもので，財源は主に公費である。

　公衆衛生：環境衛生の改善や伝染病の予防などの衛生活動を行うことにより住民や国民の健康の保持を図ることを目指すもので，財源は主に公費である。

　ア：制度の目的が児童や心身障害者など**社会的弱者への生活支援**で，費用は主として**公費**によって賄われているという点から**社会福祉**であると分かる。

　イ：介護が必要になったときや失業したときのための制度（防貧制度）で，費用は**拠出金（保険料）**と**租税（公費）**で賄われているという点から**社会保険**であると分かる。

　ウ：予防接種などの**衛生環境の保持**を制度の目的としているという点から**公衆衛生**であると分かる。

　エ：**生活困窮者への最低限度の生活の保障**を制度の目的（救貧制度）とし，財源を**全額公費**としているという点から**公的扶助**であると分かる。

　以上のことから，組合せとして最も適当なものは④となる。

問8　　8　　③が正解。日本では，少子高齢化が進行し，総人口に占める生産年齢人口の割合は，1995年には70％ほどであったが，2020年には60％ほどとなり，低下傾向が続いている。その結果，現役世代の費用負担が重くなっている。

①「ドイツ」はイギリスの誤り。イギリスでは，第二次世界大戦中に公にされた**ベバリッジ報告**(1942年)に基づいて，第二次世界大戦後，社会保障制度が整備されていった。②公的扶助は全額公費で賄う税方式が採用されているが，社会保険では被保険者と事業主が保険料を拠出する制度が採用されている。したがって，公的扶助が「税方式」で運営されていないとする点でも社会保険が「税方式」で運営されているとする点でも，この記述は誤りである。④「不況期」と「好況期」を入れ替えれば正しい文になる。**社会保障制度**と**累進課税制度**には，景気を自動的に安定化させる働きがある。これを**ビルトイン・スタビライザー(自動安定化装置)**という。社会保障制度や累進課税制度には，例えば，不況期には社会保障支出が増加し税収が減少することを通じて，有効需要の減少を緩和させる働きがある。

問9　　9　　①が正解。**育児休業**あるいは**介護休業**を行っている労働者に対して，雇用保険から育児休業前あるいは介護休業前の給与の**一定割合が休業給付金として支給**されている。ただし，使用者に対して休業中の賃金支払いを義務づける制度はない。

②「在宅福祉から施設福祉」を施設福祉から在宅福祉に替えれば正しい記述となる。③「全国一律」が誤り。最低賃金額は，全国一律ではなく**地域別に異なる**。なお，地域別最低賃金と並んで地域内の特定産業に関し産業別最低賃金も定められている。④国民皆年金・皆保険に関しては，憲法に規定されていない。なお，**国民皆年金・皆保険は1961年にスタート**した。

問10　　10　　①が正解。日本の年金の財源調達方式は，**少子高齢化が進み生産年齢人口が減少すれば，現役世代の負担が重くなる**という問題点をもつ賦課方式を基本としているので，「生産年齢人口比率の低下による影響から免れている」という記述は誤りである。賦課方式は，当該年度の年金給付費用をその年度に現役世代が拠出した保険料および公費で賄おうとするものである。

②男女雇用機会均等法の改正，子ども・子育て応援プラン，子ども・子育てビジョンや子育て安心プランの実施など様々な施策が行われてきた。③介護保険法制定の背景として正しい説明である。④「公共的性格のある建築物や公共交通機関に対して，高齢者などへの配慮を求める法律」とは**バリアフリー法**(高齢者，障害者等の移動等の円滑化の促進に関する法律)のことである。

step 2

. . . .

問1　　11　　⑧が正解。

　　財源に関する方式：**ウ**が積立方式に当たる。積立方式は，現役時代に被保険者自身が納めた保険料を公的年金の財源とする方式である。**ア**は税方式と呼ばれる。**イ**は賦課方式と呼ばれる。

　　特徴：**Y**が該当する。これは積立方式の問題点を述べたものである。積立方式は，現役の期間に積み立てた保険料を財源とするため，保険料を運用する期間が長期にわたる。そのため，年金給付の財源をその年の現役世代の保険料を財源とする賦課方式に比べ，インフレに見舞われる危険が高くなる。インフレは将来受け取る予定の年金の目減りを招き，公的年金が高齢者の生活を支える役割を果たせなくなる恐れがある。**X**は賦課方式の問題点を述べたものである。少子高齢化が進行する社会では，賦課方式は現役世代の負担が重くなるという問題を抱えている。**Z**は税方式の問題点を述べたものである。

　　以上のことから，組合せとして最も適当なものは⑧となる。

問2　　12　　⑤が正解。

　　Xは，**ユニバーサルデザイン**について述べたものである。「あらゆる人」を対象としているとする記述部分に注目しよう。**Y**は，**バリアフリー**について述べたものである。「特定の人」を対象としているとする記述部分に注目しよう。

　　ア：aは，階段を利用する車椅子の利用者という「特定の人」への配慮なので，**Y**に該当する施策である。bは，エレベーターを利用する「あらゆる人」の利便性が増すので，**X**に該当する施策である。

　　イ：aは，シャンプーを使う「あらゆる人」の利便性が増すので，**X**に該当する施策である。bは，缶に入った飲料を購入しようとする目の不自由な人という「特定の人」への配慮なので，**Y**に該当する施策である。

　　ウ：aは，施設を利用する「あらゆる人」の利便性が増すので，**X**に該当する施策である。bは，施設を利用する人の中で，英語は理解できても日本語は理解できない人という「特定の人」への配慮なので，**Y**に該当する施策である。なお，**ウ**に関してはaでは「国際的に使われているピクトグラム」とし，bでは特定の国・地域の言語である「英語表記」とすることにより，aの施策が「あらゆる人」を対象とするのに対し，bの施策が「特定の人」

を対象とするものであることを示そうとしていることに留意すること。

　以上により，組合せとして最も適当なものは⑤となる。

問 3　　13　　**②が正解。**日本の人口ピラミッドは，1950 年には「富士山型(ピラミッド型)」の形状であったが，2015 年のそれは，少産少死を反映して，「**つぼ型**」の形状へと変化している。

日本の人口ピラミッド

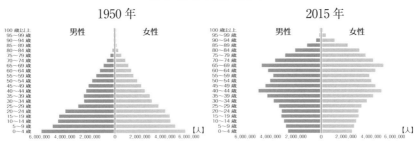

資料：総務省 Web サイト(統計ダッシュボード)により作成。

　①**後期高齢者医療制度**の被保険者は，保険料を徴収されている。③「一定期間に支給する年金をその期間の現役の労働者が支払う保険料で賄う方式」は，「積立方式」ではなく**賦課方式**である。④日本の総人口は，2008 年をピークに，**減少傾向**にある。

第4章　国際社会のなかで生きる私たち

第1節：国際経済の仕組みと動向

step 1

4－1　国際経済の仕組み

解答　[1]　②　　[2]　③　　[3]　④　　[4]　④

問1　[1]　②が正解。外国為替相場は，短期的には**為替の需給関係**によって決まる。円が**超過需要**となれば，**円高**となり，円が**超過供給**となれば，**円安**となる。日本企業が海外に工場を建設する場合，一般に，円を外貨に交換して(円を売って外貨を買って)それを投資資金とする。そのため，円が売られるので(円の供給が増えるので)，**日本から海外への投資の拡大**は，**円安**要因となる。

　　①③④はいずれも円の需要が増え円高要因となる事例である。①外国人投資家が日本の有価証券を買う場合，外貨を円に交換する(外貨を売って円を買う)ので，**海外から行われる日本向け投資の拡大**は，**円高**要因となる。③海外からの旅行者が増加すれば，外貨を円に交換する動きが強まるので，**海外旅行客の増加**は，**円高**要因となる。④海外から特許使用料を受け取った日本の特許権をもつ企業・個人は，外貨を円に交換するはずなので，**海外からの外貨の受取りの増加**は，**円高**要因となる。

問2　[2]　③が正解。**円安**になると，**日本製品のドル表示で見た(ドル建ての)価格は安くなる**ので，日本製品の**輸出競争力**は高まる。例を挙げて説明しよう。1ドル＝100円のとき，1万円の商品は(輸送量などの一切の費用がないものとする)ドル建てでは100ドルとなる。もし，円安が進んで1ドル＝200円になれば，その商品のドル建て価格は50ドルとなり，その商品のアメリカでの競争力が増し，日本の輸出量は増加すると考えられる。

　　①「円がドルに対して高くなると」，すなわち**円高・ドル安**が進むと，「アメリカ製品の円表示で見た価格」，すなわち円建て価格は安くなる。したがって「高くなる」は安くなるの誤り。例えば，1ドル＝200円のとき，100ドルのアメリカ製品の円建て価格は2万円であるが，1ドル＝100円となると，1万円となり，その商品の輸入量は一般に増加する。したがって，「一般に減る」は一般に増えるの誤り。②日本の投資家が**海外，例えばアメ**

リカの**株や国債, 不動産を購入**すると, **ドル需要が増える**(円をドルに交換して投資をする＝ドルを買って投資をする)ので**ドルが高くなり円が安くなる**。したがって, 「円高」は円安の誤り。④外国為替市場で「**円が買われ**」るというのは円の需要が増加することだから**円高**となり, 「**ドルが売られ**」るというのはドルの供給が増加することだから**ドル安**となる。したがって, 「円安」は円高の誤り。

問3　　3　　④が正解。投資の対価である**利子・配当**の支払や受取は, 「**金融収支**」ではなく, 経常収支のうちの**第一次所得収支**(投資収益)に, 受取はプラスで, 支払はマイナスで計上される。したがって, 「金融収支」は第一次所得収支の誤りである。次の国際収支表を参照のこと。

国際収支－IMF 第6版

大項目	中項目	小項目	備考
経常収支	貿易・サービス収支	貿易収支	財の輸出入
		サービス収支	輸送, 旅行, その他サービスの取引
	第一次所得収支	雇用者報酬	賃金の受払
		投資収益	利子・配当の受払
		その他第一次所得	鉱業権の使用料等
	第二次所得収支		国際機関への拠出金, 送金, 消費財向けの無償の援助
資本移転等収支			資本財への無償資金協力などの資本移転
金融収支	直接投資		経営支配に影響のある投資
	証券投資		経営支配に影響を及ぼさない投資
	金融派生商品		
	その他投資		
	外貨準備		政府や日銀が保有する外貨準備の増減
誤差脱漏			

※経常収支では, 資金の受取はプラスで計上, 支払はマイナスで計上。

①輸入は**支払**となるので, 輸入国の**貿易収支**に**マイナス**で計上される。②

消費財向けの無償の援助は援助を行う国の**支払**となるので，援助を行う国の**第二次所得収支**に**マイナス**で計上される。③海外旅行客が支払うサービスの対価は，受け取った方（受取国）から見ると**受取**となるので，**サービス収支**に**プラス**で計上される。

問4　　4　　④が正解。**ミニマム・アクセス**に関する記述として正しい。ミニマム・アクセスについては，日本のコメの部分開放に関するミニマム・アクセスを覚えておこう。日本はGATT（関税と貿易に関する一般協定）の**ウルグアイ・ラウンド**での合意に基づき，コメに関して国内消費量の一定割合を輸入することを内容とする**コメのミニマム・アクセスを受け入れ**，1995年からコメの部分開放を**開始**した。なお，コメの輸入に関しては，日本は1999年から**関税化**をスタートさせている。

　①「水平分業」は垂直分業の誤り。国際分業は，工業製品相互間の分業のように加工度が同じレベル産品間の分業と，原材料と製品のような加工度の異なる産品間の分業に分類できる。前者を**水平分業（水平的分業）**，後者を**垂直分業（垂直的分業）**という。②「クーリングオフ」はセーフガードの誤り。**クーリングオフ**とは，日本の消費者保護の制度の一つで，割賦販売や訪問販売などで購入した商品に関し，一定期間以内ならば，**無償で契約を解除**できるという制度である。特定商取引法や割賦販売法などで導入されている。③「他の国にはその条件を与えないこと」という記述を，他の国にもその条件を与えることと直せば，正しい記述となる。**最恵国待遇**とは，WTO（世界貿易機関）で採用されている**無差別原則**の一つである。WTO加盟国は，この原則に基づき，最も有利な貿易条件をすべての加盟国に適用しなければならない。ただし，WTOではこの原則の例外も認めている。例えば，一定の条件の下で，**自由貿易協定（FTA）**あるいは**関税同盟**（同盟国の域内では無関税とし域外に対しては共通関税とすること）を結成し締約国間で関税上の優遇措置を講じることや，また，開発途上国に対して**一般特恵関税**（開発途上国からの輸入品に関しては低関税率を適用して優遇すること）を供与することを認めている。

4－2　国際経済の動向

問5　 5 　③が正解。「レーガン」（在任1981～89年）はニクソン（在任1969～74年）の誤り。これはいわゆる**ニクソン・ショック（ドル・ショック）**のこと。ニクソン・ショックについて説明しておこう。ブレトンウッズ体制では，アメリカは，各国政府に対して，**金1オンス＝35ドル**のレートで交換を保証することを義務づけられていた。しかし，アメリカの国際収支の悪化を背景に，ドル不安・ドル危機が生じ，アメリカから大量に金が流出した。アメリカはこの事態に耐え切れなくなり，1971年8月にアメリカ大統領**ニクソン**は，**金とドルとの交換を停止**する宣言を発表した。この宣言は世界に大きな衝撃を与えた。

　　① IMFの設立当初の主要な役割に，**為替の安定化**があった。② IMFは国際収支が悪化した国に対して，**短期資金の融資**を行った。④アメリカのドルが基軸通貨に選ばれた理由の説明として正しい。

問6　 6 　④が正解。外国為替取引は，商品の輸出入だけでなく資本の輸出入に伴っても行われる。変動相場制移行後，投機的な資金の取引が増加している。例えば，1997年に発生した**アジア通貨危機**は，アジア諸国からの投機的な短期資金の流出（資本の逃避）が大きな要因といわれている。

　　①「欧米の主要国」はアメリカの誤り。自国通貨と金との交換の保証を義務づけられたのはアメリカである。1944年に締結された**ブレトンウッズ協定**に基づいて，アメリカ政府は，加盟各国政府の要求にこたえて，**金1オンス＝35ドル**（金の公定価格）の割合で，ドルと金との交換に応じることを義務づけられていた。②に述べられているような脱退の事実はない。③「切り下げられた」は切り上げられたの誤り。1971年8月の**金とドルとの交換停止宣言（ニクソン・ショック）**後に締結された**スミソニアン協定**で，1ドル＝360円から**1ドル＝308円**へと円はドルに対して**切り上げられた**（ドルは円に対して**切り下げられた**）。なお，スミソニアン協定では，金の公定価格も変更され，**金1オンス＝38ドル**に改められた。

問7　 7 　①が正解。国際復興開発銀行は，世界銀行とも呼ばれ，現在，主な業務として**開発途上国向けの融資**を行っている。

　　②日本は，国際復興開発銀行から資金を借受け，東海道新幹線や首都高速道路を建設してきた。しかし，借款受入は1960年代半ばには終了した。し

たがって，その後に建設された「山陽，東北，および上越新幹線の建設」では，国際復興開発銀行からの借入は行われていない。③国際復興開発銀行は各国中央銀行に対する貸付けは行わない。④国際復興開発銀行の融資は無利子ではなく有利子である。

問8　　**8**　③が正解。ケネディ・ラウンド(1964～67年)などのGATTの多角的貿易交渉で引き下げられた関税はすべての加盟国に適用された。なお，これとの関連で，GATTの基本原則の一つの，**最恵国待遇**の原則もふり返っておこう(**第4章第1節　4-1**　問4③の解説を参照のこと)。

　　①「当初から」は東京ラウンドからの誤り。GATTは1948年の発効以来，ウルグアイ・ラウンド(1986～94年)まで，八次にわたる多角的貿易交渉を行ってきた。**非関税障壁の軽減**が本格的に交渉の対象となったのは，第七次の**東京ラウンド**(1973～79年)からである。②「一括引下げ交渉方式」と「品目別引下げ交渉方式」を入れ替えれば正しい文になる。最初の関税の一括引下げ交渉となったのがケネディ・ラウンドである。④「数量制限は原則的に禁止されなかった」とする記述は誤り。数量制限は，関税以外の面で自由貿易を阻害する要因，すなわち非関税障壁に当たる。その軽減はGATTが目指してきたものである。ウルグアイ・ラウンドでは，農産物に関しても「非関税障壁の関税化」の合意が得られ，数量制限が原則禁止された。

問9　　**9**　①が正解。WTOは，GATTに比べて，**紛争処理機能を強化**した。紛争処理は二審制をとっている。第一審に相当する機関がパネル(紛争処理の小委員会)と呼ばれ，第二審が上級委員会と呼ばれる。

　　②「全面的な自由化」が誤り。日本は，ウルグアイ・ラウンドで国内消費量の一定割合の最低輸入枠を設ける**ミニマム・アクセス**を受け入れ，1995年から部分開放を開始した。なお，日本は，1999年に**コメの関税化**をスタートさせた。③「輸出自主規制も奨励」は誤り。WTO体制下では，輸出自主規制措置は原則として禁止されている。また，貿易摩擦問題に関して，二国間協議を奨励とする記述も不適切。貿易紛争は，当事国の交渉で解決することが好ましい。WTOでも，まずは当事国間で交渉すべきとしている。しかし，貿易紛争を二国間ですべて解決しようとすると，経済的に弱い立場にある国が一方的に不利になるおそれもある。そうした事態を回避するために，WTOは紛争処理機能を強化し，加盟国間の紛争についても多国間で解決する仕組みをつくったのである。④ウルグアイ・ラウンドで地域的な経済協力機構を発展的に解消するという合意は成立していない。そもそもASEANは現在でも存続している。なお，GATTもWTOも**自由貿易協定**(**FTA**)や関税同盟の設定を，**一定の条件の下に**認めている。

step 2

問1　**10**　④が正解。B国内で取引をした場合，繊維製品1トンの対価として何個の半導体を購入できるかを計算する。B国では，繊維製品1トンと半導体1万個の価格の比率は，繊維製品200に対して半導体250であり，繊維製品1トンの価格は半導体1万個の $\frac{200}{250}=\frac{4}{5}$ 倍の価格となる。したがって，B国内の取引では，繊維製品1トンの対価として半導体1万個の $\frac{4}{5}$ 倍の8,000個を購入できる。④で述べられているように，B国は，A国との間で貿易を行った場合，繊維製品1トンをA国に輸出した対価として半導体を8,000個よりも多く輸入できれば，国内で取引を行うよりも多く半導体を購入することができることになるので，利益となる。なお，この設問の条件設定では，A国では繊維製品1トンの価格は半導体1万個の $\frac{120}{80}=\frac{3}{2}$ 倍の価格となり，B国は，A国に繊維製品1トンを輸出し，その対価として1万5,000個の半導体を輸入できる。

　①「繊維製品1.5トン」は誤りで，正しくは繊維製品 $\frac{2}{3}$ トンである。A国では，半導体1万個と繊維製品1トンの価格の比率は，半導体80に対して繊維製品120であり，半導体1万個の価格は繊維製品1トンの $\frac{80}{120}=\frac{2}{3}$ 倍の価格となる。したがって，A国内では，半導体1万個と繊維製品 $\frac{2}{3}$ トンの価格が等しくなる。②「半導体1.25万個」は誤り。正しくは半導体8,000個である。上で説明したように，B国内では繊維製品1トンと価格が等しくなる半導体の個数は，8,000個である。③「8,000個」は誤り。正しくは1.5万個である。A国では，繊維製品1トンの対価として何個の半導体を購入できるかを計算する。A国では，繊維製品1トンと半導体1万個の価格の比率は，繊維製品120に対して半導体80であり，繊維製品1トンの価格は半導体1万個の $\frac{120}{80}=\frac{3}{2}$ 倍の価格となる。したがって，A国内の取引では，繊維製品1トンの対価として半導体1.5万個を購入できる。A国は，B国との間で貿易を行った場合，繊維製品1トンをB国に輸出し，その対価で

半導体を1.5万個よりも多く輸入できれば，国内で取引を行うよりも多く購入することができるので，利益となる。

問2　　**11**　　②が正解。**「非関税障壁」**とは関税以外の貿易を阻害する制度や措置のことである。「輸入品検品の厳格化」はその例として正しい。

　①「水平分業」が不適当。「原材料」と「製品」とが交換される貿易は，**垂直貿易**である。**水平貿易**は，製品相互間の貿易などをいう。③「円安」が不適当。日本の**貿易収支の黒字幅の拡大**は，**円高要因**となる。貿易黒字が増大すると，日本に流入するドルが増大し，ドルを円に交換する動き（ドルを売って円を買う動き＝ドル供給の増加・円需要の増加）が強くなるからである。④「ドーハ・ラウンド」が不適当。**コメの部分開放（コメのミニマム・アクセス）**を受け入れた多角的貿易交渉は**ウルグアイ・ラウンド**である。ウルグアイ・ラウンドでの合意に基づいて1995年からコメの部分開放が始まった。ドーハ・ラウンドは世界貿易機関（**WTO**）の多角的貿易交渉のことで，2001年にその開始が決定された。

問3　　**12**　　①が正解。経常収支（貿易収支）において，輸入はマイナスとして計上されるが，「海外からの商品の輸入を減少させた」場合，輸入が減少することで支払いが減少し経常収支（貿易収支）のマイナスの幅が小さくなる（従来と比べ数値はプラス方向へと向かう）ことになる。

　②「特許をすべて無料で開放した」とあるので，取引が行われていないことになる。したがって，国際収支に計上されない。③，④経常収支では，**受取りはプラス**として，**支払いはマイナス**として計上される。③も④も支払いの増加なので経常収支のマイナスの幅が大きくなる。③の場合，外国人株主（非居住者の株主）に対する配当金の支払いなので，**第一次所得収支**にマイナスとして計上される。④の場合，復興支援のための外国への無償資金供与なので，**第二次所得収支**にマイナスとして計上される。

問4　　**13**　　②が正解。100ドルの原材料を輸入する場合を想定しよう。円安が進行し，1ドル＝100円が1ドル＝200円になったとする。100ドルの輸入原材料の円建て価格は，1ドル＝100円であれば1万円であるが，1ドル＝200円では2万円となる。このように**円安が進行すると輸入品の円建て価格は上昇**し，輸入原材料価格の上昇によるコスト高の要因となる。

　①1万円の商品を日本からアメリカに輸出する場合を想定しよう。円高が進行し，1ドル＝200円から1ドル＝100円になったとする。1万円の輸出品のドル建て価格は，1ドル＝200円のときは50ドルであるが，1ドル＝100円になると100ドルになる。したがって，「低下」は上昇の，「強く」は弱くの，「促進」は阻害の誤りである。③例えば，1日当たり1万円の日本

の賃金は，１ドル＝100円のときはドル建てでは100ドルであるが，１ドル＝200円へと円安が進むと50ドルへと低下する。したがって，「上昇」は低下の，「増加」は減少の誤り。④「為替差益」は為替差損の誤り。１万円をドル建て資産に投資した場合を想定しよう。１ドル＝200円のときに購入すれば，50ドルの資産を手にすることができる。円高が進行し１ドル＝100円になったときにその資産を円に換えたとする。この場合，利子・配当などを除いた元本で比較すると，50ドルの資産は5,000円となり，当初の１万円が5,000円となってしまい，その差額分の5,000円が円高による**為替差損**となる。

第2節：国際経済の諸問題

step 1 ･･････････････････････

4 − 3　南北問題

解答　　1　①　　　2　④　　　3　②　　　4　①

問1　　1　　①が正解。**新国際経済秩序(NIEO)の樹立宣言**は，1974年に開催
された**国連資源特別総会**で採択されたものである。したがって，1995年に
発足したWTOでこれを打ち出したとする記述は誤り。

　②はフェアトレードに関する，③はFAOの活動に関する，④は累積債務
問題に対する債権国(先進国)の取組みに関する正しい記述である。

問2　　2　　④が正解。国連が，開発途上国の政府を「直接援助することはな
い」という記述は誤り。国連では，例えば，国連開発計画(UNDP)が，労働，
産業，貿易などの政策立案や，行政運営，法制度の構築，自然災害からの復
旧や衛生環境の保持など，様々な面で開発途上国政府を支援している。

　①開発援助は**環境との両立**を欠くことができない。②開発援助の目標の一
つに貧困の撲滅がある。そのためにも**後発開発途上国(LDC)**への支援が課
題となっている。③開発途上国が相互に連携を深めながら，お互いの優れた
開発経験や技術を学習し共有することによって，開発を効果的に進めようと
する「開発途上国間の経済協力」を**南南協力**という。国連貿易開発会議
(UNCTAD)や国連開発計画などの国連の機関は，この南南協力を推進して
いる。

問3　　3　　②が正解。**人間の基本的ニーズ(BHN)**は，衣食住や保健医療・初
等教育など，人間としての生活に最低限必要とされる財やサービスのことで
ある。1970年代半ば頃から，国際復興開発銀行(IBRD)，開発援助委員会
(DAC)などが，開発途上国支援の戦略として提唱した。

　①「国連環境開発会議(地球サミット)」が適当でない。**新国際経済秩序
(NIEO)の樹立宣言**が採択されたのは，1974年に開催された**国連資源特別総
会**においてである。③「最高順位は2位であった」が適当でない。日本は，
ODA供与額に関して，1991年から2000年まで，DAC加盟国中1位であっ
た。④「国際通貨基金(IMF)」が適当でない。正しくは**経済協力開発機構
(OECD)**である。

問4　　4　　①が正解。**輸入代替工業化政策**は，かつて，中南米の国々で採用

された政策である。それに対して香港を除く**アジア NIES** は当初は輸入代替工業化政策を採用していたが，1960 年代頃から外資を積極的に導入し輸出を中心とする工業化の戦略をとるようになった。これを**輸出志向工業化政策**という。なお，香港は当初から輸出志向工業化政策を採用していた。

②**経済特別区**（経済特区）としては，中国の開放経済体制下で進められた改革の一つとして設置されたものが有名である。これは，**税金，土地使用料，出入国手続きなどの面で優遇**することなどを通じて積極的に**外資や外国の技術を導入**しようとするものである。したがって，「特定の地区で課税を強化」という記述は誤りである。③設問にある開発途上国における経済成長促進の例として不適切な文であるし，また内容的にも「垂直分業」は水平分業の誤りである。**垂直分業**とは，**原料と製品間の分業関係**のように，生産水準の異なった産業の生産物の間で行われる国際分業で，例えば，開発途上国が加工を経ていない一次産品の生産を行い，先進国が工業製品を生産するというような分業関係をいう。これに対して，**製品相互間の分業**のように，生産水準の同じ産業の生産物相互間の国際分業は**水平分業**と呼ばれる。④「外国企業の参入を抑制」は開発独裁の説明としては不適切。**開発独裁**とは，1960 年代頃からアジアや南米で見られた政治のあり方で，民主化よりも経済開発を優先し，強権的に政治運営を図るものをいう。特に，アジアにおける開発独裁では，開発を進める上で積極的に**外資の導入**が図られた。

4 ― 4　グローバル化の進展と地域的経済統合

解答　| 5 | ④ |　| 6 | ④ |　| 7 | ④ |

問5　5　④が正解。RCEP（地域的な包括的経済連携）協定は，2022 年に中国や日本などが参加する形で発効した。また，輸出入を合わせた貿易総額で見ると，日本の貿易相手国の 1 位は中国である。

① AEC（ASEAN 経済共同体）では，共通通貨が導入されていないし，その導入を目指してもいない。②「認めていない」は誤り。正しくは一定の条件の下で認めている，である。FTA は「WTO（世界貿易機関）の無差別の原則」のうちの最恵国待遇の原則に反するが，WTO は，無差別原則の例外として，FTA の締結を一定の条件をつけて認めている。③ EPA の説明に誤り。日本が推進している EPA は，物品の関税やサービス貿易の障壁を軽減・撤廃して，財とサービスの貿易の自由化を目指す FTA よりも広範な経済連携を目指すもので，モノやサービスの貿易の自由化だけでなく，**投資**

ルール，知的財産制度の整備，人の移動の自由化なども含むものである。

問6　6　④が正解。ヘッジファンド（特定の顧客から巨額の資金を預かり，デリバティブ［金融派生商品］を駆使して短期間で高収益をねらう投資信託）などの投資家の投資動向が，アジア通貨危機のように，通貨危機の原因となった例がある。

　　①②アジア通貨危機の直接的要因は，アジア諸国からの**資本の逃避**であって，アメリカの反ダンピング政策や日本のバブル崩壊ではない。③ ILO は **IMF（国際通貨基金）**の誤り。

問7　7　④が正解。1951年に採択されたパリ条約に基づいて1952年に**欧州石炭鉄鋼共同体（ECSC）**が創設された。原加盟国は，フランス，西ドイツ，イタリア，オランダ，ベルギー，ルクセンブルクの6か国である。その後，1957年に採択されたローマ条約に基づいて1958年に**欧州経済共同体（EEC）**，**欧州原子力共同体（EURATOM）**が創設された。1967年にはこれらの執行機関が統合され**欧州共同体（EC）**が誕生した。その後，1992年に採択された**マーストリヒト条約**に基づいて1993年に**欧州連合（EU）**が誕生したのである。

　　①「マーストリヒト条約」をリスボン条約に替えれば正しい記述になる。2009年に発効した**リスボン条約**に基づき，EU は **EU 大統領**とも呼ばれる欧州理事会常任議長のポストを創設した。②イギリスは，2016年に EU からの離脱の是非と問う国民投票を行い，**離脱賛成が多数を占めた**。この結果を受けて，2020年にイギリスは EU から**正式に離脱**した。③共通通貨ユーロが導入されたのは1999年のことであり，ユーロ紙幣や硬貨の流通の開始は2002年のことである。1967年に EC へと統合された EEC がユーロに関与することはない。なお，「ユーロの導入国における金融システムの安定化などを目的として」設けられた制度の例としては欧州安定メカニズム（ESM）がある。

step 2

Ⅰ	解答	8	③	9	④	10	①

問1　[8]　③が正解。**国連児童基金(UNICEF)**の設立目的に関する記述として正しい。

　①「世界保健機関(WHO)」は国連難民高等弁務官事務所(UNHCR)の誤り。WHO はすべての人々が可能な最高の健康水準に到達することを目的として設立された国連の専門機関である。②「国連開発計画(UNDP)」は国際労働機関(ILO)の誤り。UNDP は，貧困の撲滅，不平等の是正を目標として活動している国連の機関である。④「国連貿易開発会議(UNCTAD)」は国際復興開発銀行(IBRD)の誤り。UNCTAD は，南北問題を討議する国連の機関として 1964 年に創設された。

問2　[9]　④が正解。「国民総幸福(GNH)」は**ミレニアム開発目標(MDGs)**の誤り。**国民総幸福**(国民総幸福量)とは，**ブータン**で提唱されている指標で，経済成長を重視する姿勢を見直し，伝統的な社会・文化や民意，環境にも配慮した「国民の幸福」の実現を目指そうとする考えに基づくものである。ミレニアム開発目標(MDGs)は，2000 年に開催された国連ミレニアム・サミットで採択された国連ミレニアム宣言などをベースに策定された。これは，人間の安全保障を確保するための目標を示したものである。例えば，2015 年までに 1 日 1.25 ドル未満で暮らす**貧困人口の半減，初等教育の完全普及，乳幼児死亡率の削減**などが目標として示された。なお，国連は，2015 年までに達成すべき目標を定めたミレニアム開発目標を引き継ぐものとして，2030 年までの目標として**持続可能な開発目標(SDGs)**を定めた(2015 年)。

　①**新国際経済秩序(NIEO)樹立宣言**に関する正しい記述である。この宣言は，1974 年に開催された**国連資源特別総会**で採択された。天然資源恒久主権，一次産品の価格の安定，多国籍企業の活動の監視などを内容としている。②**人間開発指数(HDI)**に関する正しい記述である。これは，各国の社会の豊かさや進歩の度合いを測る指標である。具体的には，人間開発(人間の可能性に応じた人生の選択肢と機会の幅の拡大を目的とする取組み)を実現させるための基本となる保健(寿命：平均余命)，教育(知識：成人識字率と就学率)，所得(生活水準：一人当たりの国内総生産)という 3 分野での平均達成度で評価される指標である。国連開発計画(UNDP)が算定を行っている。③**後発開発途上国(LDC)**に関する正しい記述である。LDC は開発途上国の中

でも特に経済状況の厳しい国のことである。一人当たり国民総所得（GNI）や，栄養不足人口の割合，5歳以下乳幼児死亡率，中等教育就学率，成人識字率を指標化した HAI（Human Assets Index 人的資源開発の程度を表すための指標）などを基準に，国連が認定している。

問3　　10　　①が正解。

　　カ：ここには，「給食以外に十分な食事をとれない」子どもが存在する状況を改善する目標，あるいは，「干ばつに苦しむ地域での食料確保」に向けた取組みともかかわる目標が入る。それに該当するのは，「**2　飢餓をゼロに**」である。

　　ケ：ここには，「乳幼児期の死亡率が低くなる」ことがその具体例となる目標，あるいは，「多品種の野菜や果物によって栄養バランスを整え」ることがその達成の要因となる目標が入る。それに該当するのは，「**3　すべての人に健康と福祉を**」である。

　　以上のことから，組合せとして最も適当なものは①となる。

Ⅱ	解答	11	①	12	④	13	②

問4　　11　　①が正解。

　　ア：「TPP11（環太平洋パートナーシップに関する包括的及び先進的な協定）」が当てはまる。会話文中の日本が「2018年に……締結」したもので，「アメリカが離脱した後に成立した」という二つ条件を満たす条約は **TPP11 協定（CPTPP）**である。**APEC（アジア太平洋経済協力会議）**は，1989年に発足したもので，発足当初から日本はこれに参加しており，また，アメリカも参加しているので，上記の条件を満たさない。

　　イ：「**最恵国待遇原則**」が当てはまる。「ある締約国に貿易上有利な条件を与えた場合に他の締約国にもそれを適用する」という原則は最恵国待遇と呼ばれる。「**内国民待遇原則**」は，国産品に与えるのと同等の待遇を輸入品に対しても与えるという原則のことをいう。GATT（関税及び貿易に関する一般協定）は自由，無差別，多角を基本理念としているが，最恵国待遇と内国民待遇は，このうちの無差別原則を構成するルールである。

　　以上のことから，組合せとして最も適当なものは①となる。

問5　　12　　④が正解。

　　カ：200が入る。輸入関税が含まれている販売価格から，輸入関税がゼロのときの販売価格を差し引いた差の値が，A国が製品Xを1単位輸入する際

に得られる関税収入となる。**表**で示された条件の下では，700 円－500 円で計算できる。

　キ：100 が入る。A 国が C 国と FTA を結び関税がかからなくなれば，製品 X の A 国での販売価格は 600 円となる。B 国から輸入すれば 40％の関税がかかり，製品 X の A 国での販売価格は 700 円となる。したがって，輸入先を B 国から C 国に変更すれば，A 国での製品 X の販売価格は 700 円から 600 円へと低下し，100 円分下がることになる。

　ク：100 が入る。A 国が製品 X の輸入先を B 国から，FTA を結んだ C 国へと変更したことによる製品 X 1 単位当たりの損失と利益は，次のようになる。A 国の政府は B 国から輸入したことで得られた関税収入 200 円を失う一方，A 国の消費者は輸入先を B 国から C 国へと変更したことにより 100 円分安く購入できることになり，100 円の利益を得る。FTA を結んだことによる利益は 100 円，損失は 200 円となり，A 国全体にとっては，差し引き 100 円の損失となる。

　以上のことから，組合せとして最も適当なものは④となる。

問 6　　13　　②が正解。「保護貿易の推進」が不適当。GATT（関税と貿易に関する一般協定）は**自由貿易の促進**を目指したものである。

　① APEC とは**アジア太平洋経済協力会議**のことである。③ BRICS は，**ブラジル，ロシア，インド，中国，南アフリカ**の五つの新興国のことをいう。④ IPCC は気候変動に関する政府間パネルのことである。

第３節：国際社会の成立と国際平和組織

step 1

4－5　国際社会の成立

解答 ┃ 1 ┃ ② ┃ 2 ┃ ② ┃ 3 ┃ ①

問１　 1 　②が正解。**宇宙条約**（1966年採択）において，**宇宙空間・天体の領有の禁止**が定められている。

　①「共通の言語」は国家の三要素に該当しない。国家の三要素は，**主権，国民，領域**をいう。③いずれの国の主権も及ばない地域が地球上に存在する。南極がそれである。**南極条約**（1959年調印）に基づき，いかなる国も南極地域について領有権を主張することはできない。④国連憲章にはこのような義務づけはない。国際司法裁判所は，当事国の同意がなければ裁判を行うことができない。すなわち，国際司法裁判所には強制管轄権がない。

問２　 2 　②が正解。アメリカ大統領**ウィルソン**（在任1913〜21年）は第一次世界大戦末期の1918年1月に「**平和14か条**」を発表し，**国際平和機構の設立の必要性**を主張した。なお，「従来の軍事同盟に代わる集団安全保障による平和の維持」とは勢力均衡方式に代わる集団安全保障方式のこと。

　①**グロチウス**（1583〜1645年）が，国内だけでなく国際社会においても従わなければならない自然法が存在すると主張したが，国際平和組織の必要性までは説かなかった。国際平和機構の設立や常備軍の段階的廃止の必要性を説いたのは，『**永久平和のために**』を著したドイツの哲学者**カント**（1724〜1804年）である。③ガンジー（1869〜1948年）は徹底した**非暴力主義**を貫こうとしたのであって，「最低限」とか「可能な限り」という妥協的な立場をとったわけではない。④国際赤十字が「国際的な制裁措置を組織」するための機関であるとする記述は誤り。「**国際赤十字**」は，デュナンが設立した当初は，戦時における傷病者などの救護活動を目的としていた。その後平時における傷病者の救護活動も行うようになった。

問３　 3 　①が正解。人権に関する条約のうち，直接個人の権利を保障した例として，市民的及び政治的権利に関する国際規約（国際人権規約Ｂ規約）をあげることができる。例えば，その第6条には「すべての人間は，生命に対する固有の権利を有する」という規定がある。

　②法的拘束力のある条約として発効するためには，条約の当事国の**署名**・

批准など締結に向けた所定の手続きが必要である。すなわち，条約は締約国のみを法的に拘束する。また，国連総会で採択された条約の中には，包括的核実験禁止条約のように，発効条件を規定するものが少なくない。そのような条約の場合，発効条件が満たされなければ発効しない。③国際法は条約と国際慣習法に大別できる，というのは正しいが，新国際経済秩序の樹立宣言は，拘束力のない国連総会の決議なので，条約に当たらない。④国際司法裁判所には強制管轄権がないので，特別な取決めがない限り（すなわち，国際司法裁判所規程第 36 条 2 項の選択条項を受諾している場合を除き），紛争当事国の同意がなければ裁判を行うことはできない。

4－6　国連憲章と安全保障問題

| 解答 | 4 | ③ | 5 | ④ | 6 | ② | 7 | ③ |
| | 8 | ② | 9 | ④ | 10 | ③ | | |

問4　4　③が正解。国連憲章において自衛のための武力行使（個別的および集団的自衛権の発動）が認められているのは，国連安全保障理事会が必要な措置をとるまでの間である（国連憲章第 51 条）。また，安全保障理事会は，軍事的・非軍事的な強制措置の勧告および加盟国を拘束する決定を行うことができる。したがって，安全保障理事会が停戦の決定をした場合，加盟国はそれに従う義務がある。

　　①②④国連憲章は，「すべての加盟国は，その国際関係において，武力による威嚇又は武力の行使を，いかなる国の領土保全又は政治的独立に対するものも，また，国際連合の目的と両立しない他のいかなる方法によるものも慎まなければならない」（第 2 条 4）と規定している。この憲章の規定の例外として，認められる武力行使は，上の③で解説した個別的および集団的自衛権の発動の場合と，安全保障理事会が軍事的強制措置の勧告および決定を行った場合に限られる。

問5　5　④が正解。1994 年のパラオの独立により，信託統治の対象となる地域がなくなったため，信託統治理事会は，1994 年以来活動を停止している。したがって，「今後もその機能が期待されている」というのは誤り。なお，信託統治とは，独立国として自立し得ない地域の施政を，国際連合（国連）の監督の下で施政権を委ねられた国が行い，独立に導こうとする制度をいう。

　　①「民間団体」というのは NGO（非政府組織）のことである。NGO は経済

社会理事会との協議資格を取得することにより，**国連主催の会議に出席でき**
るなど，国連の場で活動できる。②例えば，1997年から2006年まで事務総
長を務めたアナン（1938～2018年）は，コソボ紛争や中東紛争で調停者とし
ての役割を果たしてきた。③国連の**人権理事会**は，国連人権委員会を改組・
発展させる形で，国連総会の補助機関として，**2006年に創設**された。

問6　　6　　**②が正解**。安全保障理事会の表決方式は，**手続事項**に関するもの
とそれ以外の事項（**実質事項**）とで違いがある。手続事項に関しては，**9理事**
国以上の賛成により決議は成立する。実質事項に関しては，**常任理事国の同**
意を含む9理事国以上の賛成が必要である。すなわち，実質事項に関しては
常任理事国に**拒否権**が認められており，常任理事国が一か国でも反対すれば，
決議は成立しない。

　　①欠席や棄権は**拒否権の行使とは見なされない**。③「すべての加盟国を拘
束する」という点が誤りである。安全保障理事会の決定のうち，軍事的措置
への協力を求める決定に関しては，拘束力をもつのは，安全保障理事会との
間で**特別協定を締結した国に対してのみ**である。もう少し詳しく解説しよう。
安全保障理事会は，確かにすべての加盟国，あるいは一部の加盟国を拘束す
る決定を行うことができる。安全保障理事会が加盟国に要請する措置のうち
「兵力提供の命令のような軍事的措置」については，安全保障理事会があら
かじめ加盟国との間で締結した**特別協定**に従って兵力・便益・援助の提供を
要求することになっている。つまり，加盟国は特別協定によってあらかじめ
定められた義務の範囲を超えて軍事的措置への協力を義務づけられることは
ない。したがって，安全保障理事会は軍事的措置については「すべての加盟
国を拘束する」決定を行うことはできず，できるのは，特別協定を締結した
国について特別協定に従った義務づけを行う決定にとどまる。ただし，2023
年4月現在，このような特別協定が締結された例は一つもないので，安全保
障理事会は，現在のところ，事実上，加盟国に軍事的措置への協力を義務づ
ける決定を行うことはできない。④「安全保障理事会は，……唯一の主要機
関である」とする記述は誤り。国連総会も「平和のための結集」決議に基づ
いて，「世界の平和と安全に関する問題を討議」して，国際社会の平和と安
全の維持のために必要な措置を加盟国に勧告することができる。この「**平和**
のための結集」決議は，安全保障理事会が，常任理事国の拒否権発動で機能
麻痺に陥った場合，総会がその問題を引き継ぎ，武力の使用を含む勧告まで
行えるようにしたものである。

問7　　7　　**③が正解**。PKO（国連平和維持活動）は，一般に，非武装の軍人な
どで編成される停戦監視団や文民選挙要員などで構成される選挙監視団など

の**監視団**と，各国の部隊で編成される兵力の引き離しなどを任務とする**PKF**(**平和維持軍**)に分類される。

　　① PKO の最初の派遣例は，「スエズ動乱のときの国連緊急軍」ではなく，第一次中東戦争に際しての**国連パレスティナ休戦監視機構**(**UNTSO**)といわれている。スエズ動乱(第二次中東戦争)に際して派遣された**第一次国連緊急軍**(**UNEFI**)は，本格的な PKO の始まり，あるいは，初の PKF といわれている。また，国連内部に常設的な PKF は設置されていない。② PKO は**国連憲章に規定されていない**し，また，国連憲章に規定されている正規の国連軍は，現在に至るまで存在しない。④イラク戦争の際に組織されたのは，米英を中心とする**多国籍軍**であって，国連事務総長の指揮の下にあったものではないし，また，PKO でもない。

問8　　8　　②が正解。経済社会理事会だけでなく，国連総会も，「国連分担金の割当てに関係なく」，1国1票制を採用している。

　　① 2022～24 年の分担率で見ると，アメリカが 22.000%，ドイツが 6.111%負担し，両国で 30%に満たない。なお，2022～24 年の分担率は上位5か国は，1位がアメリカ，2位が中国(15.254%)，3位が日本(8.033%)，4位がドイツ，5位がイギリス(4.375%)となっている。③「加盟以来…拠出していない国」は存在しない。④国連分担金の割当ては国連総会で決められる。

問9　　9　　④が正解。国際刑事裁判所は，国際法上の重大な犯罪，具体的には**戦争犯罪**，**人道に対する犯罪**，ジェノサイド(集団殺害)犯罪，**侵略犯罪**にかかわった**個人**を裁判する司法機関である。この裁判所は 2003 年にオランダのハーグに設置された。

　　①国際刑事裁判所は，**国家間の紛争を裁判することはできない**。国家間の紛争を裁判する国連の機関は**国際司法裁判所**である。この記述は，国際司法裁判所の記述としては正しい。②国際刑事裁判所は，1998 年に採択された「国際刑事裁判所に関するローマ規程」に基づいて設立された常設の司法機関である。したがって，「国連安全保障理事会の決議に基づき設立」とする記述や，「常設でない裁判所」とする記述は誤りである。③国際刑事裁判所は，上で述べたように「国際刑事裁判所に関するローマ規程」に基づいて設立されたものなので，「国際刑事警察機構」により設立されたとする記述は誤り。

問10　　10　　③が正解。日本は国連の主要機関の一つである安全保障理事会の改革の必要性を主張し，日本の**常任理事国入り**を要求している。

　　①日本が PKO への自衛隊の派遣を決定するに際して，国連の要請は必要

とされていない。② 2022～24 年の分担率は，**アメリカが 22.000％**，**日本が 8.033％**である。したがって，日米両国で通常予算の半分以上を負担しているという記述は誤り。④ 1945 年に創設された国連に日本が加盟したのは**1956 年**のことである。したがって，「国連の創設時から…理事国」という記述は誤り。

step 2

・・・・・・・・・・・・・・・・・・・・

| Ⅰ | 解答 | 11 | ③ |

問1　　11　　③が正解。国連憲章が個別的自衛権のみを認め集団的自衛権は認めていないという趣旨の記述は誤り。国連憲章では，武力攻撃が発生した場合，国連安全保障理事会が必要な措置をとるまでの間，国連加盟国に**個別的自衛権および集団的自衛権の発動を認めている**。

　　①グロティウスは，国際社会には国家が従うべき自然法に基づく法があると主張したことで，「国際法の父」「近代自然法の父」と呼ばれている。②国際法には，**成文国際法(条約)**と**不文国際法(国際慣習法)**がある。④日本政府が掲げている**外交の三原則**(1957 年に政府が『外交青書』の中で表明)とは「国際連合中心」，「自由主義諸国との協調」，「アジアの一員としての立場の堅持」である。

| Ⅱ | 解答 | 12 | ① | 13 | ④ | 14 | ② |

問2　　12　　①が正解。ア：a が入る。国際連盟の失敗の要因の一つに，大国の国際連盟参加状況が思わしくなかったことがあげられる。アメリカは参加することはなかったし，ソ連が参加したのは 1934 年のことで，1939 年には除名された。また，日本，ドイツ，イタリアは 1930 年代に脱退した。b：国際連盟では軍事的制裁は一度も発動されたことがない。

　　イ：c が入る。集団安全保障を実効的なものとするため，国際連合では，五大国(アメリカ，フランス，イギリス，中国，ロシア〔旧ソ連〕)の一致した協力が必要であると考え，安全保障理事会における**常任理事国**の地位と安全保障理事会の表決における**拒否権**を認めた。d：国際連合の安全保障の仕組みは，五大国に拒否権を認めているように，五大国一致を原則としているので，「大国の参加が確保・維持できなくても集団安全保障が機能するように制度を設計」されたものとはなっていない。e：「軍事(武力)制裁の発動

がより慎重に決定」のうちの「より」の部分が不適切。国際連盟は，設計上，軍事的制裁を想定していないし，事実としても発動されたことはないので，軍事的制裁発動の慎重さは比較の対象とはならない。**f**：国際連合の集団的措置には，経済制裁などの非軍事的措置だけでなく武力制裁という軍事的措置も含まれる。

　以上のことから，組合せとして最も適当なものは**①**となる。

問3 　**13**　**④**が正解。**ウ**：「考察」の内容から**Q**が入ると判断できる。「考察」では，各国が人権条約に加入し人権を適切に保障するようになることが国際平和につながり，国際社会にとっても締約国にとっても利益となる旨が述べられている。**P**：締約国の人権保障の実際の状況（実際的効果）については考察の対象とはなっていないため，**P**は入らない。

　オ：**S**が入る。「国際人権規約」の基礎となったのは「世界人権宣言」である。1948年に国連総会で採択された**世界人権宣言**はすべての国が尊重しなければならない人権の共通の基準を示したものであるが，法的拘束力をもたなかった。そこで，世界人権宣言の理念を実現するために法的拘束力をもつ条約として，1966年に国連総会で採択されものが**国際人権規約**である。

　以上のことから，組合せとして最も適当なものは**④**となる。

問4 　**14**　**②**が正解。国際機関の表決に関しては，大別すると，1国につき1票の投票権を与える**1国1票制**と，一定の基準に従って，それぞれ異なる票数の投票権を各構成国に与える**加重投票制**がある。αは1国1票制の考え方を示したもので，βは加重投票制の考え方を示したものである。「連盟総会，連盟理事会，国連総会」は，1国1票制で，構成国それぞれの票の取扱いは平等なのでαに分類できる。「安保理」は常任理事国の5か国および非常任理事国の10か国にそれぞれ1票の投票権が与えられている。しかし，実質事項（手続事項以外の事項）の表決では，常任理事国に対してのみ**拒否権**が認められていることから，同等の扱いとはなっていない。このことから，「各国が投じる票はすべて等しいものと取り扱われる」のではなく，「各国が投じる票について異なる取扱いが認められることもある」といえるので，βに該当すると判断できる。

　以上のことから，組合せとして最も適当なものは**②**となる。

第4節：戦後国際政治の動向

step 1

. . . .

4 − 7　地域・民族紛争

解答　 **1**　①

問1　**1**　①が正解。「旧ユーゴスラビア領内」はロシア領内の誤り。チェチェン共和国は，**ロシア連邦**に属する。イスラム教徒が多数を占める**チェチェン共和国**では，**ロシア連邦**からの独立を目指す動きが活発化した。ロシア連邦政府はチェチェン共和国の独立を認めず，両者の対立が激化し内戦へと発展した。その後，チェチェン共和国では，ロシア連邦政府寄りの政権が成立し，両者の対立は収束に向かった。

　②**ルワンダ**では多数派のフツ族と少数派のツチ族との間で紛争が激化した。③**クルド人**は，イラン，イラク，トルコ，シリアなどにまたがって住む民族で，民族独立運動を各地で展開している。④**スーダン**では，北部のイスラーム教徒のアラブ系住民と，南部のキリスト教・土着宗教を信じるアフリカ系住民との間で紛争が続いていたが，2005年に和平が成立した。その後，住民投票を経て南部の独立が決まり，**南スーダン共和国**が成立し，**国連に加盟**した(2011年)。

4 − 8　冷戦とその終焉

解答　 **2**　③　　 **3**　④　　 **4**　③

問2　**2**　③が正解。「欧州連合(EU)」は欧州経済協力機構(OEEC)の誤り。1947年に，アメリカの国務長官**マーシャル**は，**欧州復興計画(マーシャル・プラン)** を発表し，翌年，その計画を実施するために**欧州経済協力機構(OEEC)** が設立された。

　①上で説明したように，マーシャル・プランは1947年に発表された欧州復興計画のことである。②**経済相互援助会議(コメコン)** は1949年に設立された東側諸国(社会主義陣営)の経済協力機構である。④「**封じ込め政策**」とは，1947年に打ち出された**トルーマン・ドクトリン**のことである。これは，欧州諸国の社会主義化を食い止めるために，アメリカ大統領トルーマン(在

任 1945〜53 年)がとった外交方針のことである。

問3　　3　　④が正解。**北大西洋条約機構(NATO)**は現存する組織である。
①アフリカ連合(AU)は，アフリカの 55 の国と地域が参加する世界最大級の地域機関(2023 年 4 月現在)で，2002 年にアフリカ統一機構(OAU)に代わる組織として発足した。OAU よりも一層高度な政治的・経済的統合を目指している。**②東南アジア諸国連合(ASEAN)**諸国は，1993 年にスタートした
ASEAN 自由貿易地域(AFTA)を原型として，2015 年に **ASEAN 経済共同体
(AEC)**を発足させ，経済的協力関係を深めている。**③欧州共同体(EC)**は，
1993 年の**欧州連合条約(マーストリヒト条約)**発効により，**欧州連合(EU)**となった。

問4　　4　　③が正解。51 か国を原加盟国として発足した国連は，2023 年 4 月現在，**193 か国の加盟国**を擁する組織となっている。なお，スロバキアの加盟は 1993 年，東ティモールの加盟は 2002 年である。この他，21 世紀に入ってスイス(2002 年)，モンテネグロ(2006 年)，南スーダン(2011 年)が国連に加盟した。
①ポーランド，ハンガリーは 2004 年に欧州連合(EU)に加盟したが，トルコは加盟していない。**②**「条約を締結する，国際法上の資格」が NGO に対して認められたという事実はない。条約は，国家のほか国際機関も締結することができるが，NGO は締結できない。**④**国連憲章には，国連平和維持軍
(PKF)などの国連平和維持活動(PKO)に関する**明文の規定はない**。

4－9　軍縮への取組み

解答　　5　　④　　　　6　　①

問5　　5　　④が正解。1995 年に**核拡散防止条約(NPT)**の「**無期限延長**」が決定されているので，この記述は誤り。この条約(1968 年採択，70 年発効)は，条約発効から 25 年後に条約を無期限とするか一定期間延長するかを決定するために会議を開催することを定めていた。この規定に従い，1995 年に NPT 延長会議が開催され，同条約を**無期限に延長**することが決められた。
①は国際原子力機関(IAEA)の活動内容として正しい。**②**は化学兵器禁止条約の内容として正しい。同条約は，1993 年に調印され，97 年に発効した。
③ 1996 年に採択された**包括的核実験禁止条約(CTBT)**は，**核爆発を伴うすべての核実験を禁止**している。CTBT は，2023 年 10 月現在，アメリカなどが批准していないため発効条件を満たしておらず，**未発効**である。

問6　　6　　①が正解。通常兵器輸出額の2018～2022年の合計を見ると，第
1位のアメリカが40％を，第2位のロシアが16％を占め，国連安全保障理
事会の常任理事国であるこの両国で，**世界全体の5割以上の輸出額**を占めて
いることになる。なお，国連安全保障理事会の常任理事国とは，アメリカ，
フランス，イギリス，ロシア，中国の5か国のことである。

　　②「**非核三原則**」は国連総会の決議ではなく，**日本の国会決議**によるもの
なので，②の記述は誤り。③国際原子力機関（IAEA）による**査察の受入れ義
務**を負うのは，**核兵器非保有国**である。「核拡散防止条約（NPT）で核保有が
認められた国」はその義務を負わない。日本の原子力関連施設に対する査察
も行われている。④「**オタワプロセス**」という手法で採択にこぎつけた条約
は，包括的核実験禁止条約（CTBT）ではなく，**対人地雷全面禁止条約**（1997
年採択）である。この条約はNGOの連合体である地雷禁止国際キャンペー
ンの後押しがあって，採択までこぎつけることができた。2008年に採択さ
れた**クラスター爆弾禁止条約**も，NGOの後押しがあった。この手法は**オス
ロプロセス**と呼ばれている。

4－10　国際平和と国際協力

解答　　7　③　　　8　②　　　9　③

問7　　7　　③が正解。「**国連難民高等弁務官事務所（UNHCR）**」の設立は，
1951年のこと。また，「冷戦終了」の兆しは，1985年のソ連のゴルバチョフ
政権の誕生から始まるが，現実の動きとなって現れるのは1989年の**東欧諸
国の民主化**や，冷戦終結を宣言した**マルタ会談**からで，その後，1991年の
COMECON（経済相互援助会議），**ワルシャワ条約機構の解体**を経て，同年
のソ連の解体により冷戦は終了した。したがって，UNHCRが冷戦終了後に
設立されたという記述は誤りである。

　　①難民条約による難民の定義に関する記述として正しい。国境を越えず故
国にとどまっている**国内避難民**や経済上の理由で故国を離れた**経済難民**は，
難民条約が定める難民に該当せず，同条約によっては保護の対象とならない。
②日本はすでに難民条約に加盟し，難民を受け入れている。その日本の難民
受入れ状況についての記述として正しい。④「**第三国定住**」制度とは，難民
キャンプなど一時的な庇護（ひご）を受けている避難先に定住できず，また，故国に
も帰還できない難民を，当初の避難先の国から新たに受入れに合意している
第三国に移住させることをいう。日本は，2008年に閣議決定で，軍事政権

下のミャンマーを逃れ，タイの難民キャンプに暮らす少数民族カレン族の受入れを決め，2010年に第三国定住の第一陣が来日した。

問8　　8　　**②**が正解。国際人道法の一つである1949年のジュネーヴ四条約の一つに文民条約があり，その中に**②**に書かれている趣旨の規定がある。また，子どもの権利条約にも同様の趣旨の条文(第38条)がある。

　①子どもの権利条約にはこのような規定は存在しない。子どもの権利条約では，子ども兵士(チャイルドソルジャー)に関する規定は，「締約国は，15歳未満の者を自国の軍隊に採用することを差し控えるものとし，また，15歳以上18歳未満の者の中から採用するに当たっては，最年長者を優先させるよう努める」という規定のみである。なお，2000年に採択された**武力紛争における子どもの関与に関する選択議定書**では，武力紛争において18歳未満の子どもが敵対的行為に直接参加することのないようにする措置をとることを，締約国に求めている。**③**国際児童基金(UNICEF)の主たる活動がパレスチナ難民の子どもへの支援としている点が誤り。UNICEFは，現在，パレスチナ難民にとどまらず，広く開発途上国の子どもなどへの食糧支援や教育，職業訓練などを行っている。**④**国連教育科学文化機関(UNESCO)は，教育，科学，文化の面での国際協力を促進して世界の平和と安全に貢献することを目的とする国際連合の専門機関。児童の強制労働の禁止に関しては，例えば，1999年にILO(国際労働機関)が「最悪の形態の児童労働の禁止及び撤廃のための即時の行動に関する条約」(182号条約)を採択している。

問9　　9　　**③**が正解。上で触れた1949年のジュネーヴ四条約のように，戦争の手段や方法を規制する原則や規則を定めた国際法規や，武力紛争に際し，戦闘員・一般住民の生命や人間的尊厳を人道的立場から保護することを目的とする国際法規を国際人道法というが，この国際人道法の整備に国際赤十字は大きな役割を果たしてきた。また，**対人地雷全面禁止条約**でもNGOの連合体である**地雷禁止国際キャンペーン**が成立に大きな役割を果たした。

　①例えば，アフガニスタンなどでNGOの協力を得ながら地雷処理が行われてきた。**②**NGOの中には国連主催の国際会議への参加が認められているものもあるが，議案提出権はない。**④**「公的な資金」であるODA(政府開発援助)の一部はNGOを通じて実施されている。

step 2

・・・・・・・・・・・・・・・・・・・・・・

解答	10	②	11	①	12	②	13	①
	14	⑥						

問1 　10　 ②が正解。

　ア：カードにある二つの情報から UNESCO（国際連合教育科学文化機関）が入ると分かる。一つは，「平和の砦」となることを目指しているという情報である。ユネスコ憲章の前文は次の文章で始まっている。すなわち，「この憲章の当事国政府は，その国民に代って次のとおり宣言する。戦争は人の心の中で生れるものであるから，人の心の中に**平和の砦**を築かなければならない」。もう一つは，「世界遺産保護の分野をリードしてきた」という情報である。たとえば，**世界遺産条約**は，1972 年にユネスコ総会で採択された。**UNFPA**（国連人口基金）は，開発途上国などに対して人口関連の支援を行う国連の機関である。

　イ：カードにある「苦境にある人々の命を守るために活動を続けてきた」組織であること，ノーベル平和賞を受賞した組織であること，という二つの情報と，会話文中のCの発言にある「現地で医療を提供」ということから，**MSF** が入ると分かる。MSF は**国境なき医師団**と訳される。国境なき医師団の英文字の略称を覚えている人は少ないだろう。しかし，この略称を知らなくても MSF が入ると判断することができる。というのも，もう一つの選択肢である「**アムネスティ・インターナショナル**」は，死刑廃止運動を展開したり「良心の囚人」の釈放を求めたりしてきた国際的な**人権擁護団体**であることから，イには該当しないと判断できるからである。

　ウ：カードにある「健康のために，指針や基準を示す」活動を行っている組織であるという情報と，会話文中のDの発言にある「感染症について……国境を越えた対策」として，「疾病の撲滅事業の奨励・促進を任務」としている組織であるということから，**WHO**（世界保健機関）が入ると分かる。例えば，2020 年 3 月に，世界保健機関のテドロス事務局長は，新型コロナウイルス感染症について「**パンデミック**（感染症の世界的な大流行）と見なすことができる」と表明した。**FAO**（国連食糧農業機関）は，世界の栄養水準の向上，食糧と農業生産の増大，農村地域の生活改善などを任務とする国連の専門機関である。

　以上のことから，組合せとして最も適当なものは②である。

問2 　11　 ①が正解。

　これは**クルド人問題**を取り上げたものである。クルド人は，**トルコ，イラン，イラク**などにまたがって居住する民族で，その数は推定 2500〜3000 万といわれ，**祖国をもたない最大の民族**といわれている。各地で独立に向けた運動を行っている。

　②「ボスニア・ヘルツェゴビナ」をコソボに替えれば正しい記述となる。セルビアに属していた**コソボ**は，2008 年に独立を宣言した。③パレスチナが「国連加盟国として認められた」とする記述は適当でない。国連総会は，2012 年に賛成多数でパレスチナを「**オブザーバー国家**」として承認する決議を採択した。オブザーバー国家は，国連の正式の加盟国ではないが，国連総会などに出席し，発言することができる。ただし，議決権はない。④1990 年代にクリミア半島で，ロシアからの独立を求める動きは存在しない。1991 年のソ連崩壊後，クリミアは，クリミア自治共和国としてウクライナに属することになった。2014 年に，クリミア自治共和国で行われた，ロシアへの編入の是非を問う住民投票でロシアへの編入を求める票が多数を占めたことを受け，**ロシアはクリミアを併合**した。

問3　12　②が正解。設問で示された三つの条件を満たしているのは②である。三つの条件とは，第一に，「人種，宗教，国籍，特定の社会的集団の構成員であること，または政治的意見を理由に迫害を受けるおそれがあるという恐怖を有する」こと。第二に，国籍国の外にいること。第三に，国籍国の保護を受けることができない，またはそれを希望していないこと。②は「自国政府の政策への批判」を理由に「拷問を受け」とあるので，第一の条件を満たし，国籍国である I 国内ではなく「 J 国内 」にいるとあるので第二の条件を満たし，「裁判等で救済されることも期待できない」としているので第三の条件を満たしている。

　①国外に逃れる理由が「経済危機の影響によって失業」したことにあるので，第一の条件を満たしていない。③国籍国である K 国内にとどまっているため第二の条件を満たしていない。Z さんは難民ではなく国内避難民である。④W さんは迫害を受けていないので第一の条件を満たしていない。

問4　13　①が正解。
　P は 1991 年，Q は 2001 年，R は 2003 年の出来事である。S は 1992 年，T は 2001 年の出来事である。したがって，I には P が入り，α には S が入る。
　以上のことから，組合せとして最も適当なものは①である。

問5　14　⑥が正解。
　エ：C が入る。ここには国際裁判の機能の限界についての記述が入る。C

では国際司法裁判所(ICJ)が裁判を行うためには，**当事国の同意**が必要である旨が述べられている。

オ：Bが入る。ここには，「個別的な紛争の処理にはとどまらない」国際裁判が果たす機能に関する記述が入る。A～Dのうち，個別的紛争やその処理に関わらない国際裁判の機能に関して述べているものはBのみである。

AとDは記述内容に誤りがある。A：いかなる国家も国際司法裁判所の判決に従う義務がないとする旨の記述は適当でない。**国際司法裁判所の判決に従う義務がある**というのが正しい。国連憲章は「各国際連合加盟国は，自国が当事者であるいかなる事件においても，国際司法裁判所の裁判に従うことを約束する」(第94条1項)と規定している。D：「国連総会が強制措置をとることが，国連憲章上，想定されている」とする記述は適当でない。国際司法裁判所の判決を履行しない国に対して，その判決の履行のために必要な措置を決定するのは**安全保障理事会**である。国連憲章は「事件の一方の当事者が裁判所の与える判決に基いて自国が負う義務を履行しないときは，他方の当事者は，安全保障理事会に訴えることができる。理事会は，必要と認めるときは，判決を執行するために勧告をし，又はとるべき措置を決定することができる」(第94条2項)と規定している。

以上のことから，組合せとして最も適当なものは⑥となる。

第 3 編

持続可能な社会づくりに
参画するために

step 1

課題探究学習の技法

解答　　1　⑦　　　2　③　　　3　①　　　4　⑥

問1　　1　⑦が正解。

　　　アとDが合致する。**ブレインストーミング**とは，ある課題やテーマに関する発想を広げるために，会議に参加した各人が思いつくままに意見やアイデアを自由に出し合う集団思考方法のことである。ブレインストーミングを行う場合，他人の意見やアイデアを批判・評価せず，アイデアの質より量を重視して出し合うことが好ましい。

　　　イとAが合致する。**インタビュー**とは，直接面会をしたり電話をしたりして聞き取りを行う調査方法のことである。インタビュー調査を行う場合，訪問予約（アポイントメント）をとり，質問内容や必要な資料を準備したり関連情報の把握に努めたりするなど，事前に様々な準備をしておくことが望ましい。

　　　ウとCが合致する。**プレゼンテーション**とは，発表者が聞き手に対して，一定の情報を適切な手段・方法で正確にかつ効果的に伝え，納得させる手法・発表などのことである。

　　　以上のことから，組合せとして最も適当なものは⑦となる。なお，**ロールプレイ（ロールプレイング）**は，様々な場面を想定し，ある一定の役割を決めて，参加者がそれぞれの役割を演じることにより，問題点やその解決方法などを考える学習方法を指す。

問2　　2　③が正解。「人に直接会って話を聞く方法が用いられることはない」は不適当。人に直接会って話を聞く方法，いわゆる**インタビュー**調査は，文献にはない情報を得るのに有効な方法である。

　　　①②④は，それぞれ適当な記述である。①**日本十進分類法**とは，多くの図書館で採用されている図書の分類法を指す。日本十進分類法に基づいて配架されている図書館の本は，「類・綱・目」を示す3ケタの番号に基づいて図書が分類・配置されており，「類→綱→目」という順序で探していくことで，目的の図書を探すことが容易になる。②**現地調査（実地調査）**はフィールドワークとも呼ばれる。公開を意図するような写真を撮影する場合，プライバシー保護の観点から，本人の許可をとることが望ましい。④**レポート**とは，調査研究活動の手順や方法，調査研究活動から分かった事実，それに基づく

自分の意見などをまとめた報告書を指す。レポートを執筆する際には，「ウェブサイト上に公表されているデータ」や文献からの引用を利用する場合，それぞれの出典を明示すべきである。

問3 　3 　①が正解。

　A　には「アンケート」が入る。**アンケート調査**は，あるテーマに関する質問項目を記載した用紙などを用いて回答者の意見を集め，その動向を統計的に把握することを目的とする調査手法である。**ディベート**とは，ある課題やテーマに関して，会議の参加者が異なる立場(例えば，肯定派と否定派に立つなど)に分かれて，相手方や第三者である審査員を説得するために，討論することを指す(自分たちの主張が正しいことを，資料などを用いて主張したり，相手側の主張を批判したり論じ返したりする形の討論)。

　B　には「標本調査」が入る。**標本調査**とは，観察しようとする母集団の構成要素の一部を標本(サンプル)として無作為に抽出し，その調査結果に基づいて母集団全体についての結果を推計する方法を指す。これに対し，**全数調査**は，観察しようとする対象のすべての構成要素を調査対象とする方法である。

　C　には「円グラフ」が入る。**円グラフ**は，データ全体の構成内容と構成比を示すときに用いる。これに対し，**折れ線グラフ**は，経年変化のように，値が時間により変化する状況を示すのに適している。

　以上のことから，組合せとして最も適当なものは①となる。

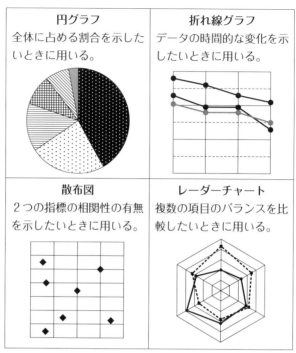

問4　4　⑥が正解。

　　アとCが合致する。アについては，複数の事項(「ODA 額」「援助対象国・地域の数」「国民一人当たりの ODA 額」「対国民総所得比」「贈与比率」)を開発援助委員会構成国の平均値と比較するのに適したグラフを用いることが望ましい。これに該当するのは，Cである。

　　イとBが合致する。イについては，全体の構成比(全体の援助額に占める「アフリカ地域やアジア地域に対する援助額の割合」)を示すのに適したグラフを用いることが望ましい。これに該当するのは，Bである。

　　ウとAが合致する。ウについては，経年変化(「ここ 30 年間の一般会計ODA 当初予算の推移」)を示すのに適したグラフを用いることが望ましい。これに該当するのは，Aである。

　　以上のことから，組合せとして最も適当なものは⑥となる。

step 2

· ·

Ⅰ　**解答**　| 5 |　②

問1　　| 5 |　②が正解。「半分を上回っている」は不適当。**資料1**によれば，日本における一人当たりの水資源賦存量は3,397立方メートルである。この数値に日本の総人口(2015年の総人口は約1.27億人)を掛けることで「日本の水資源賦存量」を求めることができ，その数値は4,000億立方メートルを上回る。**資料3**によれば，2015年の日本全国の水使用量は約800億立方メートルであり，この数値は「日本の水資源賦存量」の半分を下回る。

　　①③④は，それぞれ適当。①**資料1**からは，日本の平均降水量(1,668ミリ／年)が世界平均(1,065ミリ／年)を上回っていることや，日本の一人当たり水資源賦存量(3,397立方メートル／人・年)が世界平均(7,453立方メートル／人・年)を下回っていることが読み取れる。③**資料3**からは，米の生産量が減少するにつれて，農業用水の使用量も減少していることが読み取れる。このことから，米の生産量と農業用水の使用量との間には相関関係があると考えることができる。④**資料2**によれば，牛肉を1 kg生産するのに必要な水の量は20,600ℓである。**資料4**にも示されているように，日本は牛肉の多くを海外からの輸入に依存しているが，言い換えれば，牛肉を海外から輸入することによって，その生産に必要な分だけ原産国に水の使用量を肩代わりしてもらっていると考えることができる(肩代わりしてもらっている水の量= 20,600ℓ×牛肉の輸入量)。なお，食料や工業製品などを海外から輸入している国が，仮にその輸入量を自国で生産・製造した場合に，どのくらいの水が必要になるか，を示すものを**バーチャルウォーター**という。

Ⅱ　**解答**　| 6 |　⑧　　| 7 |　⑥

問2　| 6 |　⑧が正解。

　　| a |には**ウ**の「アメリカ」が入る。| a |の直前に「子どもがいる世帯における所得格差を見ると，日本はOECD諸国の平均より上」とある。「子どもがいる世帯における所得格差」は，**資料3**から読み取ることができる。**資料3**によれば，子どもがいる世帯における相対的所得ギャップは，「日本」が59.8%と，「アメリカ」の58.9%に近い値(その差は0.9ポイント)となっている。そして，「日本」と「アメリカ」の数値がOECD諸国の平均より高い数値となっていることも読み取れる。

　アの「エストニア」の数値は61.1%と日本の59.8%に近い値だが，その差は1.3ポイントとなっているため，**ウ**の「アメリカ」の方が適当であると判断できる(アメリカと日本の差は0.9ポイント)。また，生徒Cの「日本は，　a　と同様に，　b　もOECD諸国の平均より大きい」という発言に着目し，　b　に入るものを確定させたときに，　a　に「エストニア」は入らないと判断することもできる(　b　に入るものについては後述)。**イ**の「フィンランド」の数値は39.0%で，OECD諸国の平均より低い数値となっている。

　　b　には**オ**の「児童・生徒，学生一人当たりの年間教育支出に占める家計からの教育支出の割合」が入る。　b　の直後に「家庭の経済的格差が子どもの教育に及ぼす影響は大きくなっているといえるかもね」とあることから，　b　には家庭の経済的格差にかかる指標が入ると考えられる。**資料2**の「児童・生徒，学生一人当たりの年間教育支出」に占める「家計からの教育支出」の割合は，家庭の経済的格差(教育支出における格差)にかかわる数値といえる。**資料2**によれば，「児童・生徒，学生一人当たりの年間教育支出に占める家計からの教育支出の割合」は，「日本」$\left(約28.7\%\left[\dfrac{3,409}{8,487+3,409}\times100\fallingdotseq28.7\right]\right)$と「アメリカ」$\left(約32.3\%\left[\dfrac{5,814}{12,179+5,814}\times100\fallingdotseq32.3\right]\right)$がOECD諸国の平均$\left(約15.2\%\left[\dfrac{1,706}{9,524+1,706}\times100\fallingdotseq15.2\right]\right)$よりも大きくなっている。これに対し，「エストニア」$\left(約7.8\%\left[\dfrac{700}{8,246+700}\times100\fallingdotseq7.8\right]\right)$と「フィンランド」$\left(約1.6\%\left[\dfrac{191}{11,446+191}\times100\fallingdotseq1.6\right]\right)$はOECD諸国の平均(約15.2%)よりも小さくなっている。

　エの「児童・生徒，学生一人当たりの年間教育支出の総額」と**カ**の「GDPに占める公財政教育支出の割合」は，家庭の経済的格差(教育支出における格差)を直接示す数値ではない。したがって，**エ・カ**は　b　には入らない。なお，**エ**の「児童・生徒，学生一人当たりの年間教育支出の総額」は**資料2**から読み取ることができる。**資料2**によれば，「児童・生徒，学生一人当たりの年間教育支出の総額」は，「アメリカ」「日本」「フィンランド」の3か国がOECD諸国の平均を上回り，「エストニア」だけが平均を下回っていることが分かる。また，**カ**の「GDPに占める公財政教育支出の割合」は**資料4**から読み取ることができる。**資料4**によれば，「GDPに占める公財

政教育支出の割合」は，「アメリカ」「フィンランド」の2か国がOECD諸国の平均を上回り，「エストニア」「日本」の2か国は平均を下回っていることが分かる。

以上のことから，組合せとして最も適当なものは⑧となる。

問3　　7　　⑥が正解。

　　c　にはイの「義務教育において，授業料の無償だけでなく，給食費，教材費その他の必要な支出についても，手厚く経済支援を行う」が入る。イは，「給食費，教材費その他の必要な支出」を負担することが困難な経済的に困窮した世帯の子どもを含む，すべての国民が義務教育を受けられるように「手厚く経済支援を行う」というものである。これは，「誰一人取り残さない」という目標を実現するための政策といえる。

　アの「大学の授業料を引き上げる」という政策は，経済的に困窮する学生から大学で学ぶ機会を奪いかねないことから，「誰一人取り残さない」という目標に沿ったものとはいえず，不適当。ウの「公財政教育支出に占める国の支出の割合を少なくする」という政策は，イの反対で，経済支援が減らされたり受けられなかったりする可能性が出てくるものである。したがって，ウも「誰一人取り残さない」という目標の実現につながるものとはいえないので，不適当。

　　d　にはカの「学校教育において，子どもが，多様な価値観や考え方などに触れ，職業体験や文化活動など，様々な経験を積むことができるようにする」が入る。会話文中では，生徒Dが「経済的状況だけではなく，親の学歴や価値観，家庭の文化的な環境などが，子どもの考え方や行動の傾向を形づくり，学習の関心や意欲，態度に影響を及ぼすという考え方」があることを指摘し，これを受けて生徒Bは「社会全体で，すべての子どもが十分な社会的経済的文化的な環境で学べるようにすることが大切」だと述べている。カは，子どもが「多様な価値観や考え方」に触れ，「社会的経済的文化的な環境」で学ぶことを重視する政策であり，生徒Dや生徒Bの発言に沿ったものといえる。

　エの「子どもに小学校卒業までに進路を選択させ，その進路にふさわしい専門的な職業教育をすぐに行う学校制度」は，多様な価値観や考え方に触れる機会を広げるというよりも狭めることになりかねないため，不適当。オの「子どもを教育する親の権利をできる限り尊重する」という考え方は，子どもをどのような環境で学べるようにするか，という視点に立つ生徒Dや生徒Bの発言に沿ったものとはいえないため，不適当。

　以上のことから，組合せとして最も適当なものは⑥となる。